AF636721

BOB BLUME

Warum noch lernen?

mosaik

BOB BLUME

WARUM NOCH LERNEN?

Wie Schule in Zeiten
von KI, Krisen und sozialer
Ungerechtigkeit
aussehen muss

mosaik

Wir haben uns bemüht, alle Rechteinhaber ausfindig zu machen, verlagsüblich zu nennen und zu honorieren. Sollte uns dies im Einzelfall aufgrund der schlechten Quellenlage bedauerlicherweise einmal nicht möglich gewesen sein, werden wir begründete Ansprüche selbstverständlich erfüllen.

Der Verlag behält sich die Verwertung der urheberrechtlich geschützten Inhalte dieses Werkes für Zwecke des Text- und Data-Minings nach § 44 b UrhG ausdrücklich vor. Jegliche unbefugte Nutzung ist hiermit ausgeschlossen.

Für M. und N.

MIX
Papier | Fördert gute Waldnutzung
FSC® C014889

Penguin Random House Verlagsgruppe FSC® N001967

3. Auflage
Originalausgabe September 2024
Copyright © 2024: Mosaik Verlag, München, in der Penguin Random House Verlagsgruppe GmbH,
Neumarkter Str. 28, 81673 München
Redaktion: Regina Carstensen
Umschlag: Sabine Kwauka
Umschlagfoto: Benji Friant
Satz: Satzwerk Huber, Germering
Druck und Bindung: Friedrich Pustet GmbH & Co. KG, Regensburg
Printed in Germany
KW · CB
ISBN 978-3-442-39423-4

www.mosaik-verlag.de

Im Mittelpunkt aller besonderen Arten der Tätigkeit nämlich steht der Mensch, der ohne alle, auf irgendwas Einzelnes gerichtete Absicht, nur die Kräfte seiner Natur stärken und erhöhen, seinem Wesen Wert und Dauer verschaffen will.

Wilhelm von Humboldt[1]

Inhalt

TEIL III
Lernen ist nicht gleich lernen

TEIL IV
Erfülltes Lernen für eine dynamische Welt

TEIL V
Die Schule brennt – und was man tun kann, damit sich was ändert

Vorwort: Das Experiment sind wir

In deutschen Schulen wird nicht gelernt. Dieser Satz fiel mir ein, während ich über das hiesige Bildungssystem nachdachte. Konnte ich ihn überhaupt in dieser Radikalität äußern?

Aber doch, ja: In deutschen Schulen wird nicht gelernt. Das ist nicht als Affront gemeint, nicht als Anklage gegen Lehrpersonen, die in den Schulen in Zeiten des Mangels ihr Bestes geben, um Kindern und Jugendlichen einen möglichst reichhaltigen Schatz mitzugeben, von dem sie ihr Leben lang zehren sollen. Und es ist auch keine Anklage gegen Kinder und Jugendliche, die medial, wenn überhaupt, nur dann beachtet werden, wenn es um den ewig wiederholten Verfall von Moral, Anstand, Tugend oder Leistungsbereitschaft geht.

Nein, die Behauptung, in der Schule wird nicht gelernt, ergibt sich aus einer über Jahrzehnte eingeübten und festgezurrten Praxis, die aus einer anderen Zeit stammt und nicht mehr mit unserer heutigen in Einklang zu bringen ist.

Natürlich ist nicht alles schlecht. Denn auch wenn allenthalben erklärt wird, das deutsche Bildungssystem würde sich nicht bewegen, ist deutlich hervorzuheben: Vieles hat sich geändert. Nicht mehr nur ein Bruchteil von Kindern besucht das Gymnasium und genießt den Vorteil, nach der Schule alle Chancen zu haben. Dennoch muss im selben Atemzug erwähnt werden, dass noch immer viel zu viele Schülerinnen und Schüler wenige oder gar keine Chancen haben. Aber: Mehr Menschen denn je können an Bildung teilhaben.[2] Gleichzeitig erscheint das zentrale Anliegen der Schule, wie in den Landesschulgesetzen formuliert, zunehmend in der Krise. Vielleicht sollte man sagen: wiederholt und verschärft.

Das hat mehrere Gründe, die in diesem Buch eine Rolle spielen werden. Das Drama der deutschen Bildungsmisere spielt sich – neben Lehrer- und Ressourcenmangel, Investitionsstau und Bildungsföderalismus – auch in dem riesigen Canyon ab, der zwischen den Bildungseinrichtungen und der Welt, in der wir leben, entstanden ist.

Wir sind an der Schwelle zu einer weiteren digitalen Revolution. Manche würden sagen, dass wir sie schon übertreten haben. Die künstliche Intelligenz (KI) kann – und wird – so viele Aufgaben übernehmen, dass zahlreiche Menschen in den verschiedensten Branchen ihren Job verlieren könnten. Es ist nicht verwunderlich, dass auch und gerade Eltern sich die Frage stellen, ob Schule, wie sie heute funktioniert, ihren Kindern noch alle wichtigen Kompetenzen für eine solche Welt vermittelt.

Gleichzeitig warnen nicht wenige Vertreter dieses Wandels davor, den Wettlauf um die beste KI uneingeschränkt zuzulassen.[3] Nach dem Titel eines Buchs des Autors und Hochschulprofessors Christian Stöcker könnte man zusammenfassen: »Das Experiment sind wir.«[4]

Aber es hilft nicht weiter die realen und konkreten Gefahren, die sich aus einer unkontrollierten und unkontrollierbaren KI ergeben, zu relativieren. Schon jetzt entsteht ein unkontrolliertes Netz aus sozialen Medien, KI und Bots, die Effekte auf uns haben, die wir noch nicht absehen können.

Wenn die künstliche Intelligenz nun in der Lage ist, die unangenehmen, die langweiligen, die basalen Kompetenzen zu übernehmen, ergibt sich daraus ein fundamentales Problem für alle, die lernen oder das Lernen ermöglichen wollen. Für das Bildungssystem insgesamt, die Schulen, aber auch die einzelnen Schülerinnen und Schüler, Studierenden und Eltern. Dies ist nicht auf Deutschland beschränkt. Alle Länder der Welt stehen vor derselben Herkulesaufgabe (sofern man nicht, wie etwa die chinesische Regierung, schon seit Jahren Kurse im Umgang mit KI anbietet[5]). Denn wie soll jungen Menschen deutlich gemacht werden, dass Lernen sie persönlich, kulturell, finanziell und gesellschaftlich weiterbringt, unabhängig und mündig macht, wenn der Weg, der sie ans Ende eines solchen Lernens bringt, sehr viel leichter von einem digitalen Assistenten übernommen werden kann?

Und nicht nur im Bereich der technischen Entwicklung haben wir es mit einer schwer zu fassenden Beschleunigung zu tun: Die Große Beschleunigung – ein Begriff, der laut Christian Stocker darauf hinweist, dass sich »eine ganze Reihe von Kennzahlen und Messwerten [...] seit vielen Jahren exponentiell verändert, das heißt, in absoluten Zahlen betrachtet: immer schneller.«[6] In einem solchen Zeitalter zu lernen, bedeutet auch, die Zusammenhänge so zu verstehen, dass wir auch weiterhin auf dieser Erde leben können.

Jeder, der durch eigene Neigung oder beruflichen Zwang weiterlernen muss, wird zustimmen, dass es nicht um einen Abschluss des Lernens geht. Auch wenn der deutsche Begriff genau das glauben machen will: Abschluss. Doch gerade in einer sich so schnell verändernden Welt ist es zentral, immer weiter zu lernen. Aber wie sollen junge Leute, denen erklärt wird, dass ein Zertifikat am Ende der Schullaufbahn Bildung darstellt, erkennen, dass es eigentlich erst um den Anfang geht? Viele Eltern werden schon jetzt die Diskussion am Esstisch kennen, in der sich alles darum dreht, warum zum Teufel Aufgaben abgearbeitet werden sollen, die doch der digitale Assistent viel besser und schneller bearbeiten kann. Oder deren Sinn gar nicht erst erkannt wird. Verliert man diese Diskussion und spielt die Autoritätskarte, mag das Kind die Hausaufgaben machen. Zum frohen Lernenden wird es dadurch nicht.

Damit verkehrt sich der Vorteil von KI (und im Grunde auch der zahlreichen Lernvideos, Plattformen und Kommunikationsmöglichkeiten) ins Gegenteil. Denn die Potenziale sind enorm. Es kommt aber auf die Phase an, in der man sich – in der Ausbildung, beim Lernen oder innerhalb der Arbeit – befindet. Genau *weil* man die scheinbar einfachen Aufgaben nicht mehr selbst bewältigen muss, erlernt man sie gar nicht mehr. Die Gefahr ist, dass dies so weit geht, dass man sie auch mit Hilfe nicht mehr lernen kann, wenn man es muss. Im übertragenen Sinn könnte man es so sagen: Während man sich also noch über den elektrischen Akku des neuen Fahrrads freut, verlernt man, überhaupt zu fahren.

Das Problem dabei sind Schulen, deren Selbstverständnis auf Instruktionen, auf einen vorgeplanten (oder schlimmer: ungeplanten) Unterricht basiert. Anders formuliert: Wenn jener Ort, der dafür da ist, dass man Bildung erfährt, nichts weiter bietet als gleichgeartete Erklärungen, in denen der Einzelne nicht die Möglichkeit hat, sich großartig zu orientieren, geschweige denn seine eigenen Schwerpunkte zu setzen, macht er sich überflüssig. Das individuelle Lernen muss dann zu Hause passieren.

Dieses Selbstverständnis wird von Generation zu Generation weitergegeben, weshalb sich das System selbst erhält. Gerade im Referendariat, dessen gravierende Probleme Armin Himmelrath vom *Spiegel* gar als »Hölle« bezeichnete, geht es immer noch oft um perfekte Stunden, die genauestens geplant und nach strengem Takt durchgeführt werden. Die Konsequenz: immenser Druck für die Lehramtsanwärter, die zum Teil von Selbstaufopferung und Erniedrigung berichten.[7] Mit anderen Worten: Die neue Generation der Lehrkräfte scheitert nicht selten an einem Anspruch, der im Grunde völlig überholt ist. Und einem, der Lernen nach Hause verlagert.

Geschieht Lernen aber nur dort, profitieren die, denen geholfen werden kann. Oder deren Eltern sich die beste Nachhilfe leisten können. Die anderen lassen sich die Arbeit von einer KI oder weiteren Tools abnehmen und merken zu spät, dass Lernen eigentlich das Großartigste ist, das der eigenen Persönlichkeit und der eigenen Weiterentwicklung geschehen kann. Und dass ein solches Lernen im besten Fall zu Bildung führt, einer Bildung, die nicht abgeschlossen ist. Denn jede Form der Bildung, die nutzbar gemacht werden kann, ist die Grundlage für einen nächsten, vielleicht höheren Schritt. Somit ist Bildung die Voraussetzung für ihre eigene Erweiterung.

Deshalb ist meine These denkbar einfach: Schulen müssen Orte des Lernens sein. Oder sie müssen es werden. Oder: Das Lernen muss ins Zentrum von Bildung.

Das klingt einfach, ist aber schwer. Das Lernen ins Zentrum zu bringen, bedeutet nämlich eine Veränderung aller Ebenen schulischer Bildung. Warum und wie das aussehen kann, ist Teil dieses Buchs. Und zwar innerhalb und außerhalb der Schule, zu Hause und, im Großen, im gesamten Schulsystem.

Es soll aber nicht nur darum gehen. Die Sinnhaftigkeit dessen, was wir Bildung nennen, wird zudem auf den Prüfstein gestellt. Gefragt wird, ob sie für junge (und alte) Menschen relevant ist. Relevanz bedeutet nicht (nur) Nützlichkeit. Relevanz bedeutet auch Verständnis, dass der Gegenstand einen bewegt und berührt. Dass man also weiß, warum man etwas tut und dies auf eine Weise, die die Gefühle berührt. Das mag sich abstrakt anhören, ist jedoch Kern von Bildung.

Doch nicht nur das Bildungssystem wird in diesem Buch unter die Lupe genommen, auch wenn der erste Teil mit seinen zunächst naiv wirkenden Fragen an die einzelnen Elemente dieses Systems versucht, scheinbar unverrückbare Säulen der Schule kritisch zu beleuchten. Dies bildet die Grundlage, um abzuwägen, was überdacht, verändert, aber auch beibehalten werden sollte.

Ich beschäftige mich zudem damit, wie Lernen überhaupt initiiert werden und wie jeder Einzelne Teil eines solchen Lernens sein kann. Das gilt für den Unterricht, die Schule, aber ebenso für das Lernen zu Hause.

Dabei hebe ich immer wieder bestimmte Methoden des Lernens hervor. Es soll darum gehen, wie nachhaltiges, sinnstiftendes Lernen funktionieren kann. Und zwar ganz praktisch anwendbar.

Genauso wichtig sind Erkenntnisse der Philosophie, Psychologie, Hirnforschung und der Soziologie, um das Lernen in all seinen Dimensionen zu erfassen und in die momentane Praxis einzuordnen. Einer Praxis, deren Teil ich immer noch bin. Meist mit Freude, wenn es möglich ist, die eigenen Ansprüche in die Tat umzusetzen. Meine eigenen Erfahrungen sind überhaupt ein wichtiger Grund dafür, warum ich dieses Buch geschrieben habe. Als Lehrer mit reformpädagogischer Vergangenheit, aber auch Erfahrungen im amerikanischen Schul- und englischen Hochschulsystem, versuche ich, im staatlichen Schulsystem so zu arbeiten, dass die Kinder und Jugendlichen das Lernen als sinnstiftend erfahren. »Wenn der Stoff nicht sehr bedeutend, relevant und zeitgemäß ist, unterliegt er dem schnellen und weitgehenden Vergessen«,[8] so der weltbekannte Bildungsforscher John Hattie. Dies mag keinen erstaunen, der selbst erlebt hat, wie schnell das menschliche Gehirn in der Lage ist, uninteressante Informationen über Bord zu werfen und sich an alle Details von etwas zu erinnern, das uns wirklich wichtig ist.

Zu der Praxiserfahrung kommt eine Sichtweise hinzu, die durch meine Arbeit als Netzaktivist (oder Bildungsinfluencer) und Blogger, der seit vielen Jahren im Austausch mit Wissenschaft, Zivilgesellschaft und Politik steht, entstanden ist. Ich versuche, Theorie, Praxis und Visionen in eine konkrete Form zu bringen.

Wenngleich an vielen Stellen Forschungsbeiträge sowie die Erkenntnisse zahlreicher Experten, Pädagogen und Erziehungswissenschaftler eingeflossen sind, versteht sich *Warum noch lernen?* nicht als wissenschaftliche Abhandlung. Es gibt eine lange Liste pädagogischer, erziehungstheoretischer, philosophischer und didaktischer Vorreiter, darunter Platon, Sokrates, Jean-Jacques Rousseau, Immanuel Kant, Johann Friedrich Herbart oder Maria Montessori, die nur am Rande erwähnt oder komplett ausgelassen werden mussten. Ich bin mir darüber absolut im Klaren, auf den Schultern von Riesen zu stehen. Im besten Fall soll dieses Buch eine herausfordernde Anregung für alle sein, die an Schule und Bildung interessiert sind, diese kritisch sehen oder für verbesserungswürdig halten und sich neu orientieren wollen. Und Argumente dafür bieten, warum sie das müssen. Es soll allen eine Sprache der Veränderung an die Hand geben, die an zeitgemäßem Lernen interessiert sind, ob es nun Lehrerinnen und Lehrer, Politikerinnen und Politiker, Schülerinnen und Schüler oder Eltern sind.

Und es soll einen Fixpunkt bilden. Eine Erkenntnis, nach welchen Maßgaben sich Lernen – und damit Bildung – im

21. Jahrhundert orientieren kann. Wie man auf die unterschiedlichen Entwicklungen unserer Zeit reagieren kann, ohne in kurzfristigen Aktionismus oder in ein hohles Lamento zu verfallen. Dabei geht es nicht darum, die hier vorgeschlagenen Ansätze als einzig richtige, meine aufgezeichneten Wege als einzige Möglichkeit oder einzige Wahrheit zu betrachten. Doch ich hoffe, dass der konstruktive Diskurs über Bildung, an dem ich auch mit meinem letzten Buch *10 Dinge, die ich an der Schule hasse* teilhaben konnte, weiter an Fahrt aufnehmen wird.

Meine Überzeugung ist, dass wir es besser können. Meine Vorstellung ist, dass es besser geht. Und mein Wunsch ist, dass wir ins Handeln kommen.

TEIL I

FRAGEN AN DAS SYSTEM SCHULE

Die neue Bildungskatastrophe

»Weißt du, Papa, das ist gar nicht so schwer: Diejenigen, die schon alles verstanden haben, helfen den anderen beim Lernen. Und wenn es dann alle verstanden haben, machen wir zusammen weiter.« Das sagte meine Tochter an einem verregneten Sonntag im Winter 2022.

Wenn Menschen in den sozialen Medien über ihre Kinder schreiben, ist für mich immer Vorsicht geboten. Zu gut hört es sich an, was die Kleinen da angeblich alles von sich geben. Aber es ist auch keinem zu verübeln, denn jeder, der selbst Sprösslinge hat, kennt den unbändigen Stolz, den man als Elternteil verspürt, wenn das Kind etwas präsentiert, das es geübt, gelernt oder verstanden hat.

Insofern gebe ich zu, dass es sich fast zu perfekt anhörte, was meine Tochter am Frühstückstisch sagte, als sie von einer Schulstunde erzählte. Es war eigentlich viel zu spät für ein Frühstück, wir hatten zusammen getrödelt und es genossen, uns angesichts des Wetters gar nicht erst so anzuziehen, als wollten wir noch rausgehen. Die ganze Familie war also im Schlabberlook. Wie so oft am Esstisch gab die damalige Erstklässlerin das Thema vor, es ging ums Lernen.

Das mochte damit zu tun haben, dass sich ihre Eltern oft übers Lernen unterhalten. Meine Frau ist Erzieherin, sie spürt den Personalmangel in ihrer Kindertagesstätte genauso wie die Kolleginnen und Kollegen in Tausenden von Schulen, die sich mit Vertretungen über Wasser halten, bis jeder nachvollziehen kann, dass die Bildungsmisere überall angekommen ist.[9] Und ich spreche als Lehrer, Vortragsredner und Podcaster sowieso häufiger mal über Schule, Bildung und Lernen. Ab und zu hört sie sogar zu, wenn ich im Radio Meinungen von mir gebe. Wir sind also alle im Thema.

Aber das Wichtigste ist: Meine Tochter lernt unglaublich gerne, nicht erst seitdem sie in die Schule gekommen ist, sondern schon zuvor. Seitdem aber umso mehr. Sie macht mit Freude Hausaufgaben und bleibt oftmals noch länger über ihnen sitzen, als sie müsste, weil sie entweder Zusatzaufgaben löst oder ihre Aufgaben verziert. Manchmal darf sie mit digitalen Lernplattformen üben – sofern der Wunsch von ihr kommt.

Und natürlich lernt sie mit uns gemeinsam auch andere Dinge, fragt uns aus, übt Gedichte, spielt Video- und Gesellschaftsspiele. Viel lernt sie ebenso draußen. Sie lernt, sich durchzusetzen und nachzugeben, wenn sie mit den Nachbarskindern spielt. Lernt, etwas zu bestimmen und sich an anderen Ideen zu orientieren. Lernt, sich in andere hineinzuversetzen und zusammen mit anderen neue Welten zu kreieren.

Kinder lernen fürs Leben gerne. Wenn sie können. Denn bei Weitem haben nicht alle solche Lernbedingungen wie meine Tochter. Sie können nicht einfach rausgehen und mit den Nachbarskindern spielen. Nicht ins eigene Regal fassen und sich ein Buch herausnehmen, weil sie selbst oder ihre Eltern keine Bücher haben. Längst ist klar, welch fundamentales Problem es für eine Gesellschaft bedeutet, wenn ein Viertel der Viertklässler nicht richtig lesen kann.[10] Aber sie können auch keine Gesellschafts- oder Videospiele spielen, weil das voraussetzt, dass jemand da ist, der mitmacht. Oder jemand, der bei Videospielen sagt, dass es nun Zeit sei aufzuhören. Ob Kinder ihren Drang, etwas lernen zu wollen, ausleben können, hängt also stark von der Umgebung ab, in der sie sich befinden, von ihrem Milieu, ihrer Herkunft und den oftmals damit einhergehenden finanziellen Möglichkeiten.[11] Was passiert, wenn dies zu wenig berücksichtigt wird, haben die katastrophalen Ergebnisse nationaler und internationaler Vergleichsstudien gezeigt. Zwar sorgten die Folgen der Corona-Pandemie global für einen Leistungsrückgang der Kinder und Jugendlichen, aber der Abstand zwischen privilegierten und sozial benachteiligten Jugendlichen in Deutschland ist größer als im OECD-Durchschnitt.[12] Dies gilt auch für die Unterschiede zwischen Kindern mit und ohne Migrationshintergrund. Mit anderen Worten: Bildungserfolg in Deutschland hängt immer noch vor allem vom Elternhaus ab.

Nicht nur aus diesem, aber auch aus diesem Grund sind Schulen so fundamental wichtige Orte für das Lernen und die Bildung der Kinder. Übrigens ebenso der Kinder, die sehr gute Voraussetzungen haben. Der Soziologe Aladin El-Mafaalani bringt diese Funktion von Schulen auf den Punkt: »Wenn … etwas systematisch den Effekt der sozialen Herkunft und der Milieuzugehörigkeit abzuschwächen imstande ist, dann sind es die Institutionen der Erziehung und Bildung.«[13]

Doch der in allen Schulgesetzen des Landes auf ähnliche Weise festgeschriebene »Erziehungs- und Bildungsauftrag«[14] wird von der Institution Schule in den meisten Fällen nicht eingelöst. Oder kann nicht eingelöst werden. Das ist fatal, weil Bildung letztlich bedeutet, überhaupt an der Gesellschaft teilnehmen zu können. Nicht umsonst ist Bildung ein Menschenrecht, das in Artikel 26 der Allgemeinen Erklärung der Menschenrechte verankert ist.[15]

Warum dieser Auftrag nicht eingelöst wird, hat unterschiedlichste Gründe. Ein Grund ist aber sicherlich: Lernen spielt für die gesetzlich festgeschriebene Funktion der Schulen keine Rolle! Im gesamten Schulgesetz des Landes Baden-Württemberg etwa findet sich der Begriff »Lernen« genau sieben Mal! Einmal im Paragrafen 4a zum »Förderschwerpunkt« Lernen. Ein weiteres Mal in der Beschreibung der Aufgaben der Grundschule und, man höre und staune, explizit und mehrmals im Sinne eines kooperativen Lernens, das in Gemeinschaftsschulen durchgeführt werden soll. Ansonsten spielt das Lernen keine Rolle. Und auch wenn man den Begriff im Schulgesetz von Nordrhein-Westfalen 23 Mal findet und beim Spitzenreiter des Rankings der Initiative Soziale Marktwirtschaft (INSM)[16] Sachsen immerhin 20 Mal, ist dies doch schockierend.

Das Lernen als Prozess spielt eine untergeordnete Rolle im staatlichen Bildungsauftrag. Jener Prozess also, den ich als stolzer Vater beobachten kann, weil er mich interessiert, weil ich die Zeit dafür habe und weil meine eigene Lebensgeschichte es mir ermöglicht, teilzuhaben an Diskussionen rund um Bildung in Deutschland. Der Prozess, der in meinem gesamten Studium zum Gymnasiallehrer überhaupt kein Thema war. Der Prozess, der die Grundlage ist für ein erfülltes Leben – zumal in der dynamischen Gesellschaft, in der wir leben.

Es fällt nicht schwer, dies irritierend, wenn nicht gar problematisch zu finden. Zumindest vor dem Hintergrund einer nun in allen gesellschaftlichen Bereichen wahrgenommenen Bildungsmisere. Vielleicht sollte man frei nach dem Philosophen und Pädagogen Georg Picht, dessen mahnende Worte in unzähligen Bildungsbüchern wiederholt wurden und der schon 1964 den Begriff der »deutschen Bildungskatastrophe«[17] prägte, von der »neuen Bildungskatastrophe« sprechen. Diese neue Bildungskatastrophe zeigt sich an den unterschiedlichsten Punkten, sicherlich aber am deutlichsten am riesigen Lehrermangel. Die Prognosen schwanken, aber eine Zahl, die häufig genannt wird, da sie auf den Erkenntnissen des Bildungsforschers Klaus Klemm basiert, ist 81 000.[18] Es fehlen also so viele Lehrerinnen und Lehrer bis 2030, wie ins gesamte Dortmunder Fußballstadion passen. El-Mafaalani sprach in der Talkshow *Markus Lanz* im November 2022 gar vom »größten innenpolitischen Problem« des Landes. Und weiter: »Es ist so, als würden wir den Bremsweg noch ausrechnen, wo schon klar ist: Wir fahren gegen die Wand.«[19]

Hätten wir genügend Lehrkräfte, die Lernexperten und digitale Vordenker wären, und hätten wir es nicht mit einem milliardenschweren Investitionsstau zu tun,[20] wären die Gelder des Digitalpakts für sinnvolle Technik abgerufen worden und der neue in trockenen Tüchern. Und wären die Schulen auf dem neuesten Stand,[21] würden wir es mit Schülerinnen und Schülern zu tun haben, die nach der Schule weiterhin Lust am Lernen hätten. Die wüssten, wie es geht. Die eine Chance hätten. Und die sich vorbereitet fühlen würden auf die zahlreichen Herausforderungen einer sich rasch wandelnden Zeit. Dann müssten wir auch nicht darauf achten, ob ein Begriff nun in einem Schulgesetz steht oder nicht.

Da aber 50 000 Schülerinnen und Schüler die Schulen ohne Abschluss verlassen[22] – oder aber mit dem Hauptschulabschluss einen solchen haben, der immer weniger wert ist[23] –, und da Schülerinnen und Schüler, die Abitur haben, dennoch nicht wissen, was sie machen oder wie sie sich orientieren sollen, sollte Lernen wieder im Vordergrund stehen. Übrigens auch deshalb, weil ansonsten der Generationenvertrag gefährdet ist. Jene Übereinkunft also, dass junge Menschen die Renten der älteren zahlen, weil sie davon ausgehen, dass dies auch andersherum geschehen wird. Aber genau dieser Generationenvertrag gerät ins Rutschen[24], und dies verschärft sich, wenn junge Leute nach der Schule nicht in Lohn und Arbeit kommen. Niemand sollte sich fragen, was zum Teufel die Schulzeit denn überhaupt gebracht hat. Denn wer die Frage, warum er oder sie lernt, nach neun, zehn oder zwölf Jahren Schule nicht beantworten kann, hat nicht verstanden, wofür Schule eigentlich da sein müsste.

Da wir es also mit einer Situation zu tun haben, in der es an allen Ecken und Enden brennt, ist es sicherlich naheliegend, nicht nur nach den Gründen zu fragen, sondern genau hinzuschauen, welche Handlungsmöglichkeiten es gibt. Beim einzelnen Lerner. Bei den Lehrkräften und Schulen. Bei den Hochschulen. Und bei den verschiedenen Ebenen der Verwaltung, deren unübersehbares Chaos Bildungssystem genannt wird.

Das Lernen sollte also wieder im Mittelpunkt stehen. Dabei sollte eine Rolle spielen, wie man zu Hause und in der Schule lernt. Wieso das Lernen momentan so vernachlässigt wird. Und nicht zuletzt, was getan werden muss, damit Schulen zu ebenjenen Lernorten werden, als die sie gedacht sind. Und wie Schulen selbst lernen können.

Warum lernen wir eigentlich? Und wie kann ein Lernen im 21. Jahrhundert aussehen, das alle einbezieht und sich an einer Bildung orientiert, die weder abstrakt ist noch nur die vermeintliche Nützlichkeit im Blick hat, bei der es einzig um die spätere Arbeitskraft geht.

Die damals von Georg Picht in der Zeitschrift *Christ und Welt* festgestellte »Bildungskatastrophe« hatte gewiss internationale Wettbewerbsnachteile im Auge gehabt.[25] Ebenso die von dem deutsch-britischen Soziologen Ralf Dahrendorf konstatierte Gefährdung der Demokratie durch fehlende Bildung, ein Thema, das aufgrund des zunehmenden Zuspruchs für rechtspopulistische Parteien in ganz Europa und eine in Teilen rechtsextreme Partei wie die AfD in Deutschland eine neue Aktualität bekommt. Nebenbei: Auch die Demokratiebildung ist in den Bildungsplänen und verschiedenen Fachbereichen der Landesämter beschrieben.[26] Allerdings fristet sie ihr Dasein viel zu oft als eine Karteileiche, die zwischen Konzeptideen und Arbeitsgruppen verrottet. Dennoch lässt sich die Krise von 1964 nicht eins zu eins auf die heutige übertragen – diese ist deutlich gravierender.

Die Ansätze und Problemlösungen der Politik sind, wie so oft, oberflächlich oder stammen aus dem Elfenbeinturm. Ein Beispiel dafür lieferten die Empfehlungen der Ständigen Wissenschaftlichen Kommission der Kultusministerkonferenz (SWK), die deutschlandweit große Resonanz – oder spezifischer: Entsetzen – auslösten.[27] Mit Mehrarbeit, größeren Klassen und Hürden für Teilzeitarbeit wollte man dem Lehrermangel beikommen und Kollateralschäden mit Yoga und Resilienztrainings vorbeugen. Das Folgegutachten[28] ist für ein fachfremdes Publikum nahezu unverständlich und löste entsprechend wenige Reaktionen aus. Der »Bildungsrat von unten«, eine Initiative von Praktikerinnen und Praktikern aus der Schulpraxis, dessen Mitinitiator ich war, machte deutlich, was das Problem war: »Praxisfern und mit blinden Flecken.«[29] Während dieser politische Aktionismus seine eigene Handlungslogik hat, die sich in einem kurzfristigen Anstieg der Unterrichtsversorgung zeigt, verlängert man damit nur die grundsätzlichen Systemprobleme – oder verschärft sie, indem man jenen Lehrkräften, die sich bisher durchgeschlagen haben, zum Dank noch die Verantwortung für die Probleme überträgt, die sie eigentlich nicht zu verantworten haben.

Es ist Zeit für grundsätzliche Veränderungen. Und diese beginnen ganz konkret beim Lernen. Ein Lernen, das sinnstiftend ist und dessen Bedeutung für den Einzelnen klar wird. Ein Lernen, das motiviert und es erlaubt, eigene Interessen zu verfolgen. Ein Lernen, dessen Gelingen nicht an standardisierte Leistungsmessungen gebunden ist, deren Messbarkeit nur vorgegaukelt ist. Und ein Lernen, an dessen Ende eine Form von Bildung für jeden steht, die eine Grundlage für gesellschaftliche, kulturelle und wirtschaftliche Teilhabe bietet. Denn genau dieses Lernen ist auch dann noch so wichtig, wenn man längst aus der Schule entlassen worden ist. Lebenslanges Lernen mag eine mittlerweile viel zitierte und deshalb für viele leere Forderung sein. In Wirklichkeit ist es die Grundlage für ein erfülltes Leben und für jeden Beruf, der sich momentan in einer Veränderung befindet. Und das heißt: für jeden!

Wer hat die Verantwortung für das System Schule?

Für die meisten Menschen ist es wichtig, dass jemand eine konkrete Antwort gibt auf das, was sich als Frage noch nicht richtig herauskristallisiert hat. Die Erwartungshaltung an Referenten, wenn es beispielsweise um die Digitalisierung in Schulen geht, ist meistens: Nun bekommen wir die Antwort darauf, wie es richtig geht. Meistens fehlt jedoch der entscheidende Bestandteil dessen, was »es« überhaupt sein soll. Denn es macht einen großen Unterschied, ob es darum gehen soll, wie die Infrastruktur der Schule ausgebaut werden kann, welche Systeme sich anbieten, wenn man mit Eltern kommuniziert, oder welche Formen von Unterricht digital erweitert werden können.

Daraus ergibt sich die Frage, die ich in ähnlicher Form schon in meinem letzten Buch gestellt habe[30]: Wie wollen wir Lernen im 21. Jahrhundert gestalten? Die Frage lautet nicht: Wie wird der Unterricht durch das Digitale besser? (Wird er nicht zwangsläufig.) Wie können wir ab jetzt nur noch digital unterrichten? (Das sollte keiner wollen.) Oder: Welche Strategie passt auf alle Schulen? (Es gibt keine Strategie, die sich auf alle Schulen anwenden lässt.)

Bei der Gestaltung von Lernen spielen drei Dimensionen eine Rolle. Zunächst geht es um das Lernen selbst. Nicht als gegebene Fähigkeit, an die man nur appellieren und die dann jeder abrufen kann. Dies ist deshalb zentral, weil die Forderung nach gestaltetem Lernen als Mittelpunkt der Institution Schule bedeutet, ihre Aufgabe fundamental zu überdenken.

Die zweite Dimension betrifft die Zeit, in der wir uns befinden. Oder präziser: den Zeitabschnitt. Es ist längst keine Frage mehr, ob Schulen digitaler werden sollen, sondern nur wie und wann. »In Wahrheit geht es nicht um die Frage, ob Schülerinnen und Schüler mithilfe von Computern besser rechnen, schreiben und lesen lernen können. Es geht darum, dass sie in einer Welt aufwachsen, in der Computer nun einmal zum Alltag gehören«[31], so Christian Stöcker. Die Frage des Zeitpunkts ist in Schulen immer relevant. Die gut durchdachte Strategie der Kultusministerkonferenz über die »Strategie der Bildung in einer digitalen Welt« ist mittlerweile acht Jahre alt – und immer noch nicht überall angekommen. Und auch die Ergänzung aus dem Jahr 2021, in der das Lernen im digitalen Wandel ganz konkret umrissen wird, spielt im schulischen Alltag keine Rolle.[32]

Und genau dieses Problem betrifft den dritten Bereich, den der ehemalige Innenminister und jetzige Vorsitzende der Deutschen Telekom Stiftung, Thomas de Maizière, im März 2023 in der Fernsehsendung *Markus Lanz* ansprach, indem er sagte: »So wie das Bildungssystem jetzt strukturiert ist, kann es nicht richtig gut werden. An der Schule fummeln zu viele Leute rum.«

Und in der Tat teilen sich Bund, Länder und Kommunen Zuständigkeiten, was oft dazu führt, dass das in der Frage zum Lernen enthaltene »Wir« gar nicht so leicht zu definieren ist. Zumindest dann nicht, wenn man etwas verändern will. Und schon gar nicht, wenn man auf der Suche nach denjenigen ist, die Veränderungen verhindern wollen. In diesem Zusammenhang ist es also auch kein Wunder, dass de Maizière der Schule »Veränderungsresistenz« attestierte. Das ist fatal. Zumindest dann, wenn man findet, dass 180 000 Kinder, die nicht richtig lesen können, und 50 000, die einige Jahre später die Schule ohne Abschluss verlassen, kein besonderes Qualitätsmerkmal darstellen. Nach der Leseschwäche, die die IGLU-Studie darlegte, folgten die katastrophalen PISA-Ergebnisse, die Ende des letzten Jahres veröffentlicht wurden und unter anderem zeigten, dass auch 30 Prozent der Kinder das Mindestniveau in Mathematik verfehlen.[33]

Es gibt so gut wie niemanden, der das Bildungssystem durchweg positiv sehen würde. Um Lernen und damit Bildung zu ermöglichen, muss man das System hacken. Eine traurige Feststellung.[34] Gleichzeitig ist die Rede vom »Bildungssystem« als etwas, das man kritisieren kann, nur eine Denkhilfe. Für dieses trifft zu, was der Soziologe Armin Nassehi als Systemtheoretiker grundsätzlich für die Gesellschaft festhält: Es gibt letztlich keinen Ort, an dem die unterschiedlichen Zusammenhänge aufeinander abgestimmt werden können.[35]

Einfach auf »das System« zu schimpfen, ist insofern auch zu einfach, denn ohne schon zu weit in die Organisation von

Schule hineinzublicken, muss festgehalten werden: Es gibt kein System ohne Teilnehmerinnen und Teilnehmer – und ihre Kommunikation. Deshalb ist die oft wiederholte Forderung, »das Schulsystem, wie es besteht, abzuschaffen«, auch erst einmal Unsinn. Denn es würde an vielen Stellen bedeuten, dass Menschen sich und ihre Arbeit abschaffen müssten. Hier liegt in gewisser Weise die Crux eines Systems, das auf dem Beamtentum aufbaut. Auch wenn jemand in einer neu gegründeten Behörde keine Expertise hat, muss er oder sie untergebracht werden. Im besten Fall hat man dann Menschen, die ihre neue Aufgabe als Herausforderung sehen und sich gut in diese einarbeiten. Im schlechtesten Fall arbeiten innerhalb des Systems an wichtigen Stellen Menschen, die sich nicht auskennen. Und die dennoch über andere und deren Handeln bestimmen. Da muss dann schnell mal eine Grundschullehrerin über die Details der neuen Leitlinien für das Sportabitur entscheiden.

Hierarchische Systeme bestehen aus Amtsträgern, denen man nicht vermitteln kann, dass sie nun nicht mehr gebraucht werden – zumal dann nicht, wenn sie als Beamte gar nicht entlassen werden können.

Das bedeutet nicht, dass das Schulsystem unabänderlich wäre. Im Gegenteil. Schaut man auf die Geschichte der Schule – gerade und vor allem ab dem 18. Jahrhundert –, als in Deutschland im Zuge aufklärerischer Ideen überhaupt erst Ideen und Strukturen erschaffen worden sind, die in organisierter Bildung mündeten, sieht man durchgehende und oftmals auch langanhaltende Veränderungen. Diese waren nicht immer jene, die die Verantwortlichen sich gewünscht hatten. Anders formuliert: Schon in der Zeit des zweifellos großen Reformers Wilhelm von Humboldt war ein Großteil der Ideen eher ideeller Natur und wurde gar nicht erst umgesetzt.

So könnte man nur konsequent behaupten, dass wir nicht zu einem humboldtschen Bildungsideal zurückkehren sollten, sondern dass wir zweihundert Jahre danach immer noch nicht bei ihm angekommen sind.

»Vergegenwärtigt man sich die schulgeschichtliche Entwicklung der letzten zweihundert Jahre in einer distanzierten Schlussbetrachtung, dann tritt als beherrschender Grundzug deren hohe Kontinuität hervor.«[36] Schöner als in dieser Geschichte der deutschen Schule kann man grundsätzlichen Stillstand nicht beschreiben. Dennoch hat sich seit den preußischen Reformprozessen vieles verändert. Aber nicht immer konnten Veränderungen dort eingeführt werden, wo sie am meisten gebraucht wurden. Letztlich kann Schule nur verändert werden, wenn alle Interessierten und Beteiligten ihre Organisation verstehen. Und damit sind nicht die kleinteiligen politischen Entscheidungen, Verwaltungsvorschriften und Erlasse gemeint, die das Handeln der Lehrkräfte bestimmen, sondern die Grundannahmen darüber, wie Bildung funktionieren soll, wenn man der Überzeugung ist, dass diese staatlich organisiert zu sein hat. Das mag sich abstrakt anhören, ist aber sowohl für Lehrkräfte als auch für Kinder, Jugendliche als auch deren Eltern relevant. Denn allzu oft bedingen die Vorstellungen von etwas, das man selbst kennengelernt hat, die Strukturen. Aus diesem Grund haben Eltern großen Einfluss, indem sie Erwartungen an ein System schüren, das sie selbst erlebt haben. Dadurch besteht die Gefahr, dass sich das System selbst reproduziert. Eltern haben aber auch einen Einfluss darauf, Druck auf schulische Veränderungsprozesse aufzubauen. Dafür ist gar nicht so viel nötig. Denn das kann auch schlicht bedeuten, Innovation zum Wohle ihrer Kinder zu begrüßen.

In diesem Sinne bleibt es zwar dabei, dass es unterschiedlichste Menschen(gruppen) sind, die Verantwortung für das System Schule haben. Aber aus der Arbeit an der Basis kann sich dennoch die Hoffnung schöpfen, dass Veränderung möglich ist, wenn sie von genügend Menschen als sinnvoll erkannt und gemeinsam eingefordert und gestaltet wird.

Dumme Algorithmen

Schulen sind Organisationssysteme. In ihnen arbeiten Menschen, die positive und nachhaltige, aber auch erstaunlich dumme oder problematische Entscheidungen fällen können. Um diese nachvollziehen zu können, kommt es darauf an, wie genau man hinschaut. Man kann sich das vorstellen wie bei dem bekannten Programm Google Earth. Je näher man heranzoomt, desto mehr Details sind zu sehen. Um diese unterschiedlichen Zoomstufen geht es hier. Sie sind die Grundlage, um zu verstehen, welche Probleme es gibt und wie man sie lösen kann. Und zwar indem man darüber nachdenkt, an welchen Stellen Veränderungen überhaupt möglich sind.

Denkt man über Schulen als Organisationssysteme nach, sind Algorithmen nicht weit. Mit Algorithmen in diesem Zusammenhang ist aber keine computergenerierte Strukturierung von Daten gemeint, die die Ausführung von Datenzugriffen gewährleistet.[37] Es sei denn, wir sprechen über die Digitalisierung der Verwaltung, beispielsweise durch Messenger. Und auch die Definition als Datenstrukturierung ist eine für unsere Zwecke stark verkürzte Definition dessen, was man unter Algorithmen verstehen kann. Der *Brockhaus* etwa definiert Algorithmen als unterschiedlichste Verfahren zur

Berechnung, Messung oder anderweitige Möglichkeiten zur Lösungsoptimierung. Algorithmen können aber auch analog durchgeführt werden. So heißt es weiter im *Brockhaus*: Algorithmen haben »heute eine Verarbeitungsvorschrift, die aus einer Folge von Anweisungen besteht und mit der eine Vielzahl gleichartiger Aufgaben gelöst werden kann«.[38]

Mit anderen Worten: Schon eine Unterschrift, die Eltern unter eine Information schreiben, die dann an die Lehrkraft weitergereicht wird oder eine Krankmeldung eines Schülers löst einen Algorithmus aus, der aus Handlungsanweisungen und deren Durchführung besteht. Beispielsweise ein Anruf, der im Sekretariat eingeht, der Gang der Sekretärin zum Fach der Lehrkraft. Die Ablage der Meldung in dieses Fach. Die Entnahme durch die Lehrkraft und die mögliche Information an den Schüler, welches Thema nachgearbeitet werden muss.

Gerade weil dieses Beispiel sehr banal ist, verdeutlicht sich das in Organisationen zunächst nachvollziehbare Streben danach, den Ablauf eines solchen Vorgehens – aka Algorithmus – möglichst effizient zu gestalten. Laut *Brockhaus*: »Ein Algorithmus heißt effizient, wenn er ein vorgegebenes Problem mit möglichst geringem Ressourcenverbrauch (Zeit, Speicher) löst.«[39]

Eine Zielsetzung digitaler Unternehmen im Bereich Verwaltung ist dementsprechend, eine möglichst effiziente Gestaltung von Abläufen zu gewährleisten, die in der digitalen Aufbereitung weniger Zeit und so wenig wie möglich Speicher oder andere Ressourcen verbrauchen. Es ist naheliegend, sich in dem entsprechenden Beispiel ein Vorgehen vorzustellen, das komplett digital und automatisiert funktioniert. Die Krankmeldung erfolgt durch einen Klick, die durch eine Krankmeldung bescheinigt werden muss. Nach erfolgter Bescheinigung erfolgt eine Information an die Lehrkraft, deren sowieso schon bereitgestellten digitalen Inhalte nun an die Schülerin geschickt werden. Das Fernbleiben wird sofort in das Fehlstundenarchiv der Schülerin übertragen, woraufhin am Ende des Jahres entschuldigte mit unentschuldigten Stunden abgeglichen werden. Das Einzige, das dem Unwohlsein, das sich womöglich einstellt, noch fehlt, ist eine direkte Verknüpfung mit weiteren Verwaltungsabläufen. So etwa die Verknüpfung der unentschuldigten Fehlstunden mit einem Malus, der in Wartewochen für den künftigen Arbeitgeber abgegolten werden muss.

Womöglich wird man den letzten Punkt als dystopische Science-Fiction abtun, wird aber eines Besseren belehrt, wenn man einen Blick auf das chinesische Sozialkreditsystem wirft. Dieses sieht vor, Daten von Personen zu sammeln und dem Staat zugänglich zu machen. Der Staat kann nach der Auswertung der Daten Sanktionen verhängen. »Das kann heißen, dass man keine Erste-Klasse-Tickets mehr im Zug bekommt, sondern harte Holzbänke. Irgendwann wird die Reisefreiheit ganz eingeschränkt, man darf keine Flugtickets mehr buchen und bekommt keine Visa mehr. Irgendwann können die eigenen Kinder keine guten Schulen mehr besuchen.«[40] Hier wird jede Handlung in ein Bewertungssystem überführt, das für das Wohl und Weh jedes Menschen verwendet werden und vom sozialen Aufstieg zum totalen Existenzverlust alles bedeuten kann.

Vor diesem Hintergrund erscheint es verständlich, dass mit Blick auf das chinesische System vom »gefährlichsten Bonitätssystem der Welt«[41] gesprochen wird. Eine (irgendwie[42]) humanistisch geprägte, europäische Perspektive wird wenig überraschend solcherlei Systeme als unmenschlich ablehnen. Aber die Ablehnung, die ein doch scheinbar effizientes System erfährt, speist sich hier aus der Vermischung von zwei Ebenen, die Armin Nassehi als Sach- und Sozialdimension definiert.[43] Sehr vereinfacht bedeutet die Sachdimension das Was der modernen Gesellschaft und die Sozialdimension das Wer.

Mit anderen Worten: Obwohl wir wollen, dass in einer Gesellschaft alles geregelt ist und wir entsprechend auch die Beschneidung unserer individuellen Freiheit in Kauf nehmen, ist uns nicht wohl dabei, wenn das Individuum seine Freiheit *in Gänze* von gesellschaftlichen Sanktionssystemen abhängig machen muss. Mit anderen Worten: Wenn gar keine Sozialdimension mehr stattfindet, sondern es eine *Hegemonie (also eine Herrschaft) der Sachdimension* gibt, fühlen wir uns in unserem westlich geprägten Wertesystem eingeengt und in unserem Handlungsspielraum begrenzt.

Auf das Schulbeispiel bezogen kann das heißen, dass eine grundsätzlich für viele effiziente Regel der Verarbeitung von Entschuldigungen – auch dann, wenn sie nicht in einer dystopischen Sanktion des späteren Arbeitgebers endet – schon deshalb abzulehnen ist, weil sie keinen Spielraum für die vielen individuellen Fälle für mögliches Fernbleiben bietet. Ähnliche Überlegungen ergeben sich auch für verschiedene Systeme künstlicher Intelligenz, deren neuronale Netzwerke auch durch Algorithmen gesteuert werden: Während es sinnvoll erscheint, individuelles Lernen durch Chatprogramme effizienter zu gestalten, ist das Sammeln von Schülerdaten ein Problem. Entsprechend betont beispielsweise der Deutsche Ethikrat in seiner Stellungnahme zur künstlichen Intelligenz, dass verschiedene ethische Fragen geklärt werden müssen, wenn der Algorithmus übernehmen soll.[44]

Man kann es auch so formulieren: Ein effizienter Algorithmus von Handlungsabläufen – ganz gleich, ob digital oder analog – basiert auf der Nichtbetrachtung ebenjener individuellen

Problemstellungen, deren Lösung doch gerade Teil schulischer Wirklichkeit ist – und sein muss: »Bildung ohne Erziehung und Sozialisation ist nicht denkbar.«[45]

Damit ergibt sich ein Problem, das Armin Nassehi in Bezug auf Organisationen als Tautologie beschreibt: »Organisieren lässt sich nur, was sich organisieren lässt.«[46] Eine Tautologie mögen die meisten noch aus der Gedichtanalyse kennen, in denen eine doppelte Wortfolge dasselbe meint und dadurch eine irritierende Betonung erzeugt. Typisches Beispiel: der weiße Schimmel.

In dem hier angewandten Sinn ist eine Tautologie eine Art Zirkelschluss und erscheint als »Beweisfehler, bei dem die zu beweisende Aussage für den Beweis vorausgesetzt wird«.[47] Dies ist aber ja nur ein Schein. Denn, so Nassehi weiter: »Das große Problem ist der nicht organisierbare Rest in der Organisation.«[48]

Dass sich nur das organisieren lässt, was sich organisieren lässt, heißt also, sich die Frage danach zu stellen, was sich nicht organisieren lässt, wenn man nach Freiräumen sucht. Und diese Freiräume sind nötig, wenn man Erziehung und Bildung im Sinne eines langanhaltenden Prozesses nicht als Abarbeitung von Kompetenzen betrachtet.

Lässt sich alles organisieren, verschwinden die organisatorischen Probleme genauso wie die Möglichkeiten, Probleme in einer Weise zu lösen, die die Organisation nicht eingeplant hatte. Für jene, die Schule so weiterentwickeln wollen, dass sie Möglichkeiten der gemeinschaftlichen und individuellen Freiheit eröffnet, die nicht von vornherein organisiert ist, bedeutet das ein Paradox: Das Unplanbare zu planen und das Nicht-Organisierbare zu organisieren.

Und es bedeutet auch, der Organisationsstrukturen gewahr zu werden, um sie befragen zu können. Dies erfolgt hier anhand von Fragen an und der Problematisierung von tradierten, scheinbar unverrückbaren Teile dessen, was wir »Schule« nennen. Die nassehische Tautologie wird dabei der Erkenntnis dienen, dass wir uns mit dem »Rest« beschäftigen müssen, der zwar als »Bildung«, »Erziehung« oder »Sozialisation« in jedem Schulgesetz steht, aber aktiv und praktisch zu wenig berücksichtigt wird.

Jeder Elternteil wird die Situation kennen, dass es zu Hause bestimmte Regeln gibt, die dann aber in weiteren Absprachen münden. Am Ende wird die eine oder andere Regeln etwas angepasst, aber so kann sie besser angewendet werden. Dies trifft auch auf große Strukturen wie jene von Schulen zu.

Das alles bedeutet nicht, dass wir uns damit zufriedengeben sollten, dass bestimmte Inhalte, die Teil der Schulbildung sind oder sein sollten, von engagierten Eltern übernommen werden. Ja, die Erziehung ist eine Aufgabe, die sowohl den Schulen als auch den Eltern zukommt und die im besten Fall in einer Erziehungspartnerschaft aufgeht, dessen Fundament darauf beruht, dass es nur zusammen zu schaffen ist. Und es ist verständlich, dass gerade Lehrkräfte einfordern, dass Eltern Kindern Normen und Werte mit auf den Weg geben, die unerlässlich für eine Haltung sind, die Lernen ermöglichen kann.

Aber der Ort des Lernens, der Bildung und der dazugehörigen Erziehung bleibt die Schule. Zumindest wenn man der Auffassung ist, dass Schulen auch im 21. Jahrhundert noch einen wichtigen Platz in der Gesellschaft einnehmen. Doch zunächst einmal werfen wir einen Blick auf die einzelnen Teile des Systems Schule, mit welchen Problemen wir es zu tun haben und welche Veränderungen darin möglich sind. Denn sie sind möglich, wenn man die Bildung unserer Kinder keinen dummen Algorithmen überlassen will.

Warum haben wir noch Schulen?

Die Frage danach, warum es Schulen gibt, kann (mindestens) aus zwei Blickwinkeln beantwortet werden: aus einem historischen und einem zeitgenössischen. Grundsätzlich unterscheiden sich beide Blickwinkel dadurch, dass man bei dem ersten von einer Erfolgsgeschichte sprechen kann und bei dem zweiten von einer Frage, die zunächst sehr naiv erscheint, bei tieferem Nachdenken aber durchaus zu einer seltsam anmutenden Wiederholung führen kann: Warum gibt es Schulen? Oder, indem man die Frage verengt: Brauchen wir Schulen überhaupt noch? Und wenn ja, wofür?

Die Radikalität dieser Überlegungen mag einige überraschen, doch längst wird offen über eine Fortsetzung des Homeschooling gesprochen, darüber, Lehrerinnen und Lehrer ganz abzuschaffen und Schülerinnen und Schüler dem Schulsystem zu entziehen. Zahlreiche Netzwerke und Initiativen setzen sich dementsprechend für eine Bildungspflicht anstelle einer Schulpflicht ein, um das System Schule für nichtig zu erklären.[49]

Einmal mehr findet sich in dieser Vorstellung, man selbst könnte es besser, eine Hybris, die man sich nur erlauben kann, wenn man von einem gebildeten, akademisch geprägten Haushalt ausgeht, in dem die Eltern nicht nur fähig sind, die Kinder besser zu betreuen, zu erziehen und fachlich zu fördern als ein staatliches System, sondern auch die Zeit dazu haben. Und ob eine solche Bildung tatsächlich qualitativ hochwertig ist, bleibt eine ganz andere Frage. Bildung würde dadurch nicht nur noch ungleicher verteilt – die Voraussetzungen werden eine noch stärkere Rolle spielen –, sondern sie wird auch willkürlich. Das staatliche Schulsystem, das auf einer Normenhierarchie gründet, also an unterschiedlichsten Stellen an die Verfassung gebunden ist, ist auch ein Korrektiv gegenüber einer potenziell demokratiefeindlichen Werteerziehung.

Damit diese Worte nicht um 180 Grad gedreht und fehlinterpretiert werden: Das bedeutet nicht, dass ein System von Heimerziehung, wie es sich der Adel Mitte des 19. Jahrhunderts mit seinen Hauslehrern leisten konnte, für den Einzelnen nicht durchaus förderlich sein könnte, im Gegenteil: Jede Form der Einzelbeschulung hat selbstverständlich Vorteile im Sinne der Effizienz des Lernens.

Aber Schulen sind eben auch Orte der Sozialisation und der Erziehung. Der Sozialisation, indem gerade der Konflikt mit anderen, der oft als Störungsprozess wahrgenommen wird, Teil der Aushandlung ist, die eine plurale Gesellschaft benötigt. Es ist verständlich, wenn privilegierte Schichten ihre Kinder solchen Konflikten entziehen wollen. Aber das verhindert ein wachsendes Verständnis für eben diese Pluralität. Denn in einer pluralen Gesellschaft leben, heißt eben auch, sich in andere hineinversetzen zu können. Das betrifft Neurodivergenz, also die Unterschiedlichkeit von Menschen, ob es nun um Autismus, ADHS, Legasthenie oder auch Hochbegabung geht. Das betrifft Behinderung. Und das kann sexuelle Vielfalt meinen, wie sie durch LGBTQ+ ausgedrückt wird.

Bei all jenem kann man von Inklusion sprechen, wie sie die Journalistin Hadija Haruna-Oelker versteht: Als aktiven Prozess der Einbeziehung unterschiedlicher Menschen.

»Bildung ohne Erziehung und Sozialisation ist nicht denkbar,«[50] so Aladin el Mafaalani. Und Schulen sind Orte der Erziehung, weil in ihnen nach ebenjenen pluralistischen Werten organisiert und gehandelt wird – zumindest im besten Fall. Denn dass Erziehung nicht aus Bestrafungen bestehen kann, die Lehrpersonen aussprechen, wenn Kinder und Jugendliche nicht nach zuvor aufgestellten Regeln handeln, wird noch Teil der Argumentation sein.

Um es klar zu formulieren: Wer auf der Grundlage einer Anklage des Gesamtsystems meint, Schulen abschaffen zu können, indem einfach jeder seine eigenen Kinder erzieht, würde für einen massiven Rückschritt sorgen, insbesondere in Zeiten von Überforderung junger Menschen durch den technischen Wandel und krisenhafte Entwicklungen, die die Gesellschaft als Ganzes betreffen.

Gerade vor dem Hintergrund der technischen Entwicklung ist die Frage, wofür Schulen da sind, aber alles andere als sinnlos. Längst haben sich Online-Formate – momentan besonders auf YouTube, aber auch auf TikTok – etabliert, mit denen Kinder und Jugendliche ohne die Einschränkungen der Schule lernen können. Sofern sie wollen und wissen, wie es geht. Damit ist gemeint: Sie sind unabhängig von Ort, Zeit und Raum. Und sie können mit ihren persönlichen Lernpartnern, die sie sich nebenbei sogar selbst aussuchen können, so oft lernen, wie sie wollen. Einfach, indem sie das Video von Neuem starten. Es ist kein Zufall, dass die Videos eines Mathe-YouTubers wie Daniel Jung, der sich zudem seit Jahren für ein neues Lernen einsetzt, millionenfach aufgerufen wurden.

Unabhängig davon, dass mit den sehr grob skizzierten Schlagworten »Sozialisation« und »Erziehung« kurz angedeutet wurde, warum Schulen dennoch wichtige Orte sind, könnte man ebenso argumentieren, dass die selbst ausgewählte YouTube-Universität (die in optimierter und professioneller Qualität durch Organisationen wie die Khan Academy Millionen von Schülerinnen und Schülern Lernen ermöglicht) durchaus besser ist oder sein kann als eine Schule, in der die Stoffe vorgegeben sind, die Lehrpersonen nicht ausgetauscht werden können und man eben (noch) keine Möglichkeit für individuelles Lernen hat.

Einfach nur mit einem gewachsenen System zu argumentieren, das sich von der Klosterschule über die erwähnten Schulen für die bürgerlichen und adeligen Eliten zu einem System entwickelt hat, das so gut wie jeden inkludiert (solange man sich an das System anpasst), wäre zu kurz gedacht. Aber grundsätzlich muss doch darauf hingewiesen werden, welche Erfolgsgeschichte das deutsche Schulsystem zurückgelegt hat. Eine, die es vor mehr als hundert Jahren noch zu einem internationalen Bestseller machte, von dem andere Nationen abschauten.

Das heißt allerdings nicht, dass das hundert Jahre später immer noch so ist. Wenn man Schule in der Nazi-Diktatur ausklammert, da diese im Sinne der nationalsozialistischen Herrschaftsideologie sowieso nie den Anspruch hatte, mündige Bürger in die Welt zu entlassen, ist das System spätestens seit den Siebzigerjahren in einer ständigen Krise, die den gesellschaftlichen Diskurs mal mehr und mal weniger bestimmt. Aber es wäre auch zu einfach, Schule in der digitalen Gesellschaft (oder in der »Kultur der Digitalität«) einfach als böses Machtinstrument zu diskreditieren, wenngleich die ungleiche Verteilung von Chancen auch eine Frage der Macht ist.

Die gewachsene staatliche Schule und das theoretische Fundament, auf der sie steht, hatte seit ihrer zunehmenden Institutionalisierung und Professionalisierung immer das hehre Ziel, mündige Bürgerinnen und Bürger zu entlassen, die innerhalb des bestehenden Systems arbeiten, leben und miteinander auskommen konnten. Dass es zu einer Diskrepanz zwischen dem

Ideal der Erziehung von Individuen kommt, die dennoch als vernünftige Staatsbürger auf der Grundlage von Empirie und Verstand miteinander umgehen und so die Basis für ein geordnetes gesellschaftliches Leben bilden, und der bestehenden Praxis von Machtgefällen, Einfluss von Wirtschaft und Politik und den Eltern selbst, ist ein Problem, das schon zu Humboldts Zeiten erkannt worden ist. Dies soll nicht resignativ klingen, sondern deutlich machen, dass Schule zu verändern, bedeutet, Schule in ihrer gewachsenen Funktion ernst zu nehmen. Wer weiterhin der Auffassung ist, dass Schulen (sofern sie alle gleichbehandeln und nicht qua eines mehrgliedrigen Systems aufteilen, wer später welche Lebenschancen hat) eine wichtige Aufgabe haben – und zwar für die persönliche Entwicklung, das gesellschaftliche Zusammenleben und die Vermittlung wichtiger kultureller Güter –, der muss seine Ansätze innerhalb der unverrückbaren Überzeugung besprechen, dass Schulen immer noch ihre Berechtigung haben.

Daran schließt jedoch das große Aber an. Wenn man der Meinung ist, dass Schulen ihre Berechtigung haben und diese durch Sozialisation und Erziehung rechtfertigt, fehlt das entscheidende Stück. Schulen sind Orte des Lernens – oder sollten Orte des Lernens sein. An ihnen ist, zumindest wenn sie einigermaßen am Puls der Zeit sind, das Equipment vorhanden, mit dem gelernt werden kann. Und dort ist auch das Personal, das in den meisten Fällen in der Lage ist (oder in die Lage versetzt werden muss) Lernen zu begleiten, zu initiieren und Wissen zu vermitteln. Es wäre also töricht, sich komplett von diesen Orten des Lernens zu verabschieden und das Heil in Lösungen zu suchen, die die Ungleichheit des Lernens, des Wissens und damit der beruflichen Chancen noch weiter vertiefen. Schulen haben eine Berechtigung in der Gesellschaft, wenn, und das ist entscheidend, sie ihre Aufgabe neu definieren.

Sind Prüfungen noch sinnvoll?

Prüfungen strukturieren das, was durch Prüfungen geprüft werden kann. Aus diesem Grund sind sie oft wenig aussagekräftig. Der Pädagoge und Politiker Heinz-Joachim Heydorn (1916–1974) war Vertreter einer eigenen Bildungstheorie, der kritischen Bildungstheorie. Grob skizziert vertrat Heydorn die Ansicht, dass Bildung als Befähigung zur Arbeit, zu politischem Handeln, aber auch durch ästhetische Erfahrungen nur durch eine integrative Gemeinschaftsschule erreicht werden könne. Das dreigliedrige Schulsystem reproduziere die Klassenstruktur der Gesellschaft (also eine Aufteilung, in der viele wenig besitzen, an der Kultur teilnehmen und nahezu alles bestimmten, und andere wenig besitzen und weniger Chancen haben). Diese Kritik ist hochaktuell.

Heydorn ist aber auch deshalb interessant, da er sich auf eine Art und Weise mit Prüfungen befasste, die sehr modern anmutet: »Indem die mathematisch-empirischen Messinstrumente immer mehr verfeinert werden, können die erwarteten schulischen Leistungen systemkonform gesteuert und dem Verwertungsprozess angeglichen werden«, heißt es dazu bei Eva Borst, einer ehemaligen Professorin für Erziehungswissenschaften in Bezug auf Heydorns Sicht auf die Prüfungen.[51]

Was ist damit gemeint? Im Grunde ist das eine Fundamentalkritik gegenüber Prüfungen, die zwar vorgeben, bestimmte Fähigkeiten abzufragen, in Wirklichkeit aber weit über das

Ziel hinausschießen. Man könnte auch formulieren: Schulische Prüfungen prüfen vor allem, ob junge Menschen schulische Prüfungen bestehen können. Über tatsächliche Fähigkeiten sagen sie wenig bis nichts aus.

Das mag fächerabhängig, schulformabhängig und auch lehrerabhängig sein, führt aber zu der Frage, warum genau es Prüfungen eigentlich braucht.

Innerhalb der schulischen Logik sind sie vor allem Ausweis, bestimmte Lernziele (vermeintlich) erreicht zu haben. Mehr noch: Prüfungen bestimmen, wie schon angedeutet, über Lebenswege, indem sie dazu führen, dass Schüler von der Grundschule in die weiterführende Schule wechseln, mit der Erlangung der mittleren Reife eine Ausbildung machen oder mit dem Abitur studieren können.

Innerhalb der Schule sind Prüfungen aber oftmals bloße Verwaltungsinstrumente, mit denen das getan wird, was ohne sie nicht geht: zu einer Note zu kommen. Weil die meisten Schülerinnen und Schüler das wissen, verengt sich das Lernen zu einem Auswendiglernen einen Tag vor der Prüfung oder dem Test. »Das Versprechen: Wer sich an diese Struktur flexibel anzupassen weiß und sich das stets flüchtige Wissen aneignet und zu gegebener Zeit wieder vergessen kann, ist erfolgreich.«[52]

Gerade vor dem Hintergrund der Kritik an Prüfungen, die sich selbst genügen, indem sie Noten produzieren, es aber nicht schaffen, tatsächlich Fähigkeiten auszuweisen, reicht es heutzutage immer weniger, mit Abschlüssen zu argumentieren, die selbstverständlich auch einen großen Teil der Selbstrechtfertigung von Schulen ausmachen.

Natürlich kann jeder durch ein autodidaktisches Selbststudium theoretisch Kompetenzen erwerben, die ihm oder ihr dabei helfen, im Leben glücklich oder erfolgreich zu sein. Aber die Perspektive auf jene, die einen solchen Weg gegangen sind, kann schnell täuschen, weil es neben denjenigen, die ja gerade im Blick sind, weil sie es geschafft haben, Hunderte, Tausende oder Zehntausende gibt, die es eben nicht schaffen. Ein formaler Abschluss führt nicht zwangsläufig zu einem finanziell unabhängigen, glücklichen Leben (was die schon angedeutete Abwertung eines Hauptschulabschlusses zeigt), aber der durch Abschlüsse erreichte Standard schafft eine Form der Zugangsvoraussetzung, die nicht flächendeckend durch Eigenstudium ersetzt werden kann.

Dass Prüfungen nötig sind, um nachzuweisen, dass bestimmte Standards erreicht worden sind, werden die wenigsten bestreiten. Es stellen sich eher andere Fragen:

- Wie können Prüfungen erstellt werden, die mit den Mitteln und Methoden bearbeitet werden können, die auch in der Arbeitswelt nützlich sind?
- Wie können Prüfungen erstellt werden, die auf unterschiedliche Art und Weise bearbeitet werden können, sodass zwar die Standards erreicht, aber die Methoden unterschiedlich sein können?
- Wie können Prüfungen unabhängig von einem einzelnen Tag gestaltet werden, bei dem es mehr auf den richtigen Zeitpunkt ankommt als auf die tatsächliche Fähigkeit?
- Wie können Prüfungen so gelegt werden, dass nach einem Nicht-Erreichen des Standards an der Kompetenz gearbeitet werden kann und nicht mit einem Malus weitergearbeitet wird?
- Und noch allgemeiner: Sollten und wie können Prüfungsstandards bundesweit vereinheitlicht werden?

- Inwiefern sind Prüfungen nötig, um eine Allgemeinbildung zu bezeugen, die in vielen Fällen wenig mit dem Studium oder der Ausbildung zu tun hat, die man auswählt?

Gerade mit der letzten Frage soll eine Unterscheidung gemacht werden, die oftmals nicht gemacht wird. Bei der Kritik an – wenn wir das häufigste Beispiel nehmen – Gedichtinterpretationen, der ich mich grundsätzlich anschließen würde, geht es nicht darum, dass Schülerinnen und Schüler sich nicht mehr mit Gedichten befassen sollen. Denn es stimmt, was Konrad Paul Liessmann sagt: »Ein Bildungssystem erhält seinen Wert dadurch, dass es Möglichkeiten des Kennenlernens und Erkennens von Dingen eröffnet, die in der Welt der jugendlichen Erfahrungen unmittelbar nicht vorgesehen sind.«[53] Dieses Kennenlernen kann eine Möglichkeit sein, die man noch nicht ergreifen kann. Weil man noch nicht reif genug ist oder sich noch nicht in der Lage fühlt, sicher mit dieser Art von kulturellen Gütern umzugehen. Aber eine Möglichkeit, auf die man zurückkommen kann. Damit ist Bildung auch das, was man tun kann, *nachdem* man von der Arbeit gekommen ist. Die Frage ist dabei aber nicht, ob die Lernenden Benn, Brecht, Kaléko oder Bachmann kennenlernen sollten. Denn das sollten sie, allein deshalb, weil damit Geschichte, Sprache und Erkenntnis in eine fruchtbare Symbiose kommen können für den, der genau hinschaut. Die Frage ist, ob dies in der jetzigen Form gemacht werden muss, die auf eine formal immer gleiche Struktur gebracht werden muss. Geht es darum, dass Schülerinnen und Schüler Gedichte kennenlernen und damit die dichteste Form sprachlichen Ausdrucks? Als etwas, das bewegt, zum Nachdenken anregt und berührt? Dann muss man konstatieren, dass Schulen dies regelmäßig nicht schaffen. Zumindest wenn man auf die vielen Stimmen von Schülerinnen und Schülern oder Ehemaligen vertraut, die den Sinn einer Gedichtinterpretation auch nach Jahren nicht erkennen können. Und das hat auch mit den standardisierten Prüfungen zu tun. Gerade wenn Eltern und Lehrkräfte dieser These zustimmen, können sie auch innerhalb des momentanen Systems für eine Änderung des Blickwinkels sorgen. Nicht, indem sie Kindern und Jugendlichen erklären, dass sie nicht mehr üben müssen. Sondern indem sie den Blick darauf lenken, dass die Übung selbst ein viel größerer Teil des Lernens ist als die Prüfung oder die Ziffer, die diese ergibt.

Alternative Prüfungsformate

Nun ist es nicht so, dass wir in dieser Diskussion um Prüfungen bei null anfangen müssten. In dem Papier »Lehren und Lernen in der digitalen Welt« veröffentlichte die Kultusministerkonferenz erst Ende des Jahres 2021 eine Ergänzung zur Gesamtstrategie »Bildung in der digitalen Welt«, in der die »Prüfungskultur« ein gesonderter Punkt ist. Dort heißt es (verkürzt): »Vor dem Hintergrund einer sich verändernden Lern- und Arbeitskultur … wird auch der Bereich der in schulischer Verantwortung stehenden Prüfungskultur einschließlich seiner Formate und Bewertungskriterien – unter Beachtung der konstruktiven Verknüpfung … von Lern- und Prüfungskultur – weiterzuentwickeln sein.«[54] Dort geht es um digitale Formate und Erweiterung, Reflexion, eine Veränderung der Bearbeitungsdauer, Lösungswege (also um eine stärkere Bewertung des Prozesses) – und das alles unter besonderer Beachtung der Bildungsgerechtigkeit. Insbesondere werden hier bei den »prioritären Maßnahmen« die mündlichen Prüfungsformate hervorgehoben.

Das alles sind Schritte in die richtige Richtung, wobei bei solchen Papieren immer genau auf die Wortwahl zu achten ist: »wird weiterzuentwickeln sein« hört sich nicht nur vage an, sondern ist es auch.

Wenn man gerade als Elternteil jedoch einen wichtigen Punkt aus diesen neueren Entwicklungen ziehen will, dann ist das die sehr wahrscheinliche Betonung des Mündlichen in der Zukunft. Es ist abzusehen, dass es zu einer »Renaissance des Mündlichen«[55] kommen wird. Nicht nur aufgrund der Entwicklungen der KI, die sich jetzt schon abzeichnet und die es für Lehrkräfte zunehmend schwerer macht zu beurteilen, ob Texte selbst erstellt worden sind. Aber sicherlich ist dies auch ein Grund. Denn man kann tatsächlich sagen: »Hausaufgaben sind tot.«[56] Und dies betrifft in gewisser Weise ebenso Prüfungen, wenngleich hier eher der Wunsch geäußert werden kann: Wenn Prüfungen in einer Art und Weise geschrieben werden, die nichts mehr mit der Lebensrealität der Schülerinnen und Schüler zu tun hat, dann muss man sich in der Tat Gedanken machen, ob solche Prüfungen noch sinnvoll sind oder nicht. Der Abschluss allein reicht als Rechtfertigung jedenfalls nicht mehr aus.

Eine Antwort kann auch nicht sein, die Kinder jede Prüfung – sofern man sie dann noch so nennen kann – mithilfe von Erwachsenen machen zu lassen, solange sie diese als Helfer angeben. Ein solcher Unsinn, der tatsächlich öffentlich besprochen worden ist, lässt völlig außer Acht, dass dadurch die soziale Ungleichheit noch um ein Vielfaches verstärkt würde: Es hat eben nicht jeder eine Literaturprofessorin zu Hause. Oder eine Journalistin.

Aber es bedeutet, erbrachte Leistungen in der Vielfalt zuzulassen, wie sie möglich sind. Nicht nur, was geschrieben ist, kann eine Prüfungsleistung sein. Auch digitale Produkte, Hörbücher, Podcasts oder praktische Leistungen sind denkbar. Auch hier können Eltern schon einwirken. In einer aufschlussreichen Folge meines Podcasts erklärte die Unternehmerin und Start-up-Gründerin Verena Pausder, wie wichtig sie es findet, die Bildschirmzeiten der Kinder aufzuteilen in produktive und passive Zeit. Denn es ist ein gravierender Unterschied, ob ein Kind am Bildschirm hängt und eine Serie nach der anderen schaut. Oder ob es kreativ ist und sich Problemlösungen ausdenkt. Und genau dieses Produktive, so Pausder, zum Beispiel bei der Kreation von Minecraft-Bauten im populären Computerspiel, kann dann am Esstisch mit der Familie besprochen werden.

Denn auch das fördert eine Kompetenz, die zunehmend wichtig ist und werden wird: die Reflexion dessen, was man erstellt hat, einzubeziehen. Genau so ergibt sich ein Lernprozess. Zu Hause, in der Schule, aber auch später bei der Arbeit: Man denkt darüber nach, wie man vorangekommen ist, was gut gelungen ist, wie man es das nächste Mal besser machen könnte und was man auf dem Weg von dem einen und zu dem anderen Zustand dazulernen muss.

Auf einer solchen Grundlage kann klar und deutlich, konstruktiv, aber bestimmt erläutert werden, wo der Lernende noch Defizite hat. Und an diesen kann dann gearbeitet werden. Das wäre gerecht. Und eine Begründung für Prüfungen.

Wieso gibt es eigentlich Stunden?

»Sie können mich gerne in einer Stunde besuchen kommen, in der ich agil unterrichte, aber wenn alles gut läuft, werden Sie nichts beobachten können. Denn dann bin ich als Lehrperson im klassischen Sinne unsichtbar.« So in etwa antwortete ich einem Schulleiter, der mich fragte, ob er mich in einer Stunde der Medien-AG besuchen könne. Er hatte einen Beitrag auf dem Blog gelesen, in dem ich über digitalen Deutschunterricht schrieb. Agil bedeutet in diesem Fall, angelehnt an neue Formen der Arbeit, die auch in Software-Unternehmen Einzug hält und als SCRUM-Methode bekannt geworden ist: Nicht in einer Weise vorgeplant, die das Ergebnis schon vorher definiert. Das ist nur eine Kurzfassung. Die mittlerweile als EDU-Scrum bekannte Methode funktioniert nach einer ganz bestimmten Struktur, die die gemeinschaftliche Arbeit in Phasen, sogenannte Sprints, einteilt, die dann immer wieder reflektiert werden. Und zwar nicht nur in Bezug auf den Inhalt, sondern auch dahingehend, wie die Zusammenarbeit funktioniert hat. Wo es gehakt hat. Und was man beim nächsten Mal besser machen will.

Das mag sich für den einen oder anderen, der selbst unterrichtet, befremdlich anhören, lernt man doch im Referendariat genau das Gegenteil: dass jeder Teil einer Stunde genau geplant und dann auch sehr exakt durchgeführt sein muss. Das geht bis hinein in Einzelheiten, die so skurril anmuten, dass jemand, der nicht dabei gewesen ist, sich wundern würde. Da wird dann beispielsweise ganz ernsthaft besprochen, an welcher Stelle die Lehrkraft die Hände in der Hosentasche hatte, was natürlich die Autorität massiv untergraben hätte. Zumindest, wenn der Fachleiter genau darauf achtet, was man natürlich vorher nicht weiß. Das klingt für Außenstehende vermutlich wie erfunden, aber die Realität ist weitaus schlimmer: »Sie hätten der Handpuppe, mit der Sie den Einstieg gemacht haben, auch ein passendes Outfit anziehen können, sodass man schon an der Puppe das Thema sieht«, schrieb mir jemand als Beispiel für irrationale Bewertungen in die Kommentarspalte. Dass nach vielen Jahren Studium und Ausbildung der Traum vom Lehrerberuf scheitert, ist dann weniger zum Lachen.

Eine Stunde kann gut und gerne ein zeitlicher Rahmen sein, in dem klar ist, mit welchem Gegenstand sich die Schülerinnen und Schüler befassen, das ist nicht die Frage. Es geht vielmehr darum, ob die Länge einer solchen Schulstunde noch zeitgemäß ist und insbesondere darum, ob die Einteilung, wie sie oftmals noch gelehrt wird, ein Lernen unterstützt, in dem der Einzelne die Möglichkeiten bekommt, seine Neugierde zu befriedigen, sich intensiv mit einem Phänomen zu befassen oder sich in einer Tätigkeit zu verbessern. Ausgeschlossen ist es nicht, aber momentan ist die Struktur von Stunden eher nach einem Schema ausgerichtet, das sich prüfen lässt. Nicht nach einem, in dem man am besten lernen kann.

Die Frage danach, warum es Schulstunden gibt, erscheint möglicherweise naiv, wenngleich die Frage der Länge immer wieder verhandelt wird. Dass es heute noch 45-minütige Schulstunden gibt, geht auf den preußischen Kultusminister August von Trott zu Solz (1855–1938) zurück, der dafür sorgte, dass »allen höheren Lehranstalten die Dauer der Unterrichtsstunde allgemein auf 45 Minuten festzusetzen ist«.[57] Davor waren diese vormittags und mit langer Pause dazwischen, in denen die Kinder ihren Vätern Essen bringen mussten, und nachmittags stattfindenden Schulstunden 60 Minuten lang gewesen. Wenngleich mittlerweile durch Studien belegt ist, dass längere Schulstunden das Potenzial für eine Qualitätsverbesserung haben,[58] bleiben die 45 Minuten die »Währung der Schulleitung«,[59] indem Lehrerstellen mittels dieser Einheit verwaltet werden.

Unabhängig von dieser sehr kurz skizzierten geschichtlichen Einordnung funktionieren Schulstunden nach einer didaktisch fein säuberlich skizzierten Einheit, die letztlich doch wieder nach den Vorlieben der Fachleiterinnen und Fachleitern ausgerichtet sein muss. Oder, nach dem Referendariat, eben nach denen der Lehrkräfte. Um es ganz deutlich zu machen: Es gibt innerhalb von 45 Minuten exzellente Schulstunden. Aber, und das ist der Punkt, sie funktionieren nach einem Schema, das *von vornherein* vorsieht, dass jemand vorne steht, der die einzelnen Phasen einleitet, dirigiert und beendet. (»Die Stunde beende immer noch ich!«, als Satz eines überstrengen Lehrers hat insofern einen wahren Kern, da die Lehrkraft über die Zeit bestimmt, die ihr qua Tradition zugeteilt wird.)

Das alles heißt nicht, dass man innerhalb einer Dreiviertelstunde nicht gut lernen könnte (die Aufmerksamkeitsspanne ist Studien zufolge sowieso nicht besonders lang[60], nach denen eine Pause stattfinden muss oder müsste). Es heißt nur, dass man die Grundannahmen hinterfragen muss, die sich etabliert haben, als Autos auf der Straße noch eine Besonderheit waren.

Würde der Unterricht etwa erst eine Stunde später beginnen und in der Stunde vor dem regulären Unterricht hätten die Schülerinnen und Schüler Zeit, Hausaufgaben zu machen (sofern es diese noch gibt) oder ihre Vorträge vorzubereiten oder zu lernen, wäre dies sicherlich ein perfektes Beispiel, wie die Frage, warum es eine Stunde gibt, beantwortet werden könnte. Dies wäre eine Zeit, in der die Schülerinnen und Schüler frei entscheiden könnten, mit welchen Inhalten sie sich befassen möchten.

Eine andere Möglichkeit, wie das Stundenmodell in einer sinnvollen Art und Weise durchbrochen werden kann, zeigt die kleine Realschule Baiersbronn im Nordschwarzwald, an der ich selbst für drei Jahre Kinder und Jugendliche der Real- und Werkrealschule (auch: Hauptschule oder Mittelschule) unterrichtete. Jeden Donnerstag gibt es in jeder Klasse drei Stunden, die für Projektunterricht genutzt werden können. Drei Stunden am Stück, die die Zeit dafür lassen, sich intensiv mit etwas auseinanderzusetzen. Innerhalb von drei oder vier Wochen können dann tatsächliche Fähigkeiten geschult werden, die nicht nur Kompetenz heißen. Als Lehrkraft ist man bei drei Stunden am Stück förmlich gezwungen, darüber nachzudenken, wie eigentlich Lernen funktionieren kann. Vielmehr geht es um Ansätze, die solches Lernen ermöglichen. Dabei ist es wichtig, dass es nicht einfach nur um ein »offenes« Setting geht. Prof. Dr. Ferdinand Stebner von der Universität Osnabrück forscht zu dem Themenbereich »selbstreguliertes Lernen«. Bei einem solchen Lernen planen die Schülerinnen und Schüler durch (eigene) Ziele ihr Lernen, beseitigen bewusst Ablenker, regulieren womöglich ihre Motivation, setzen weitere Lernstrategien ein und reflektieren zwischendurch und am Ende ihr Lernen, also ihre Vorgehensweise und auch die Art der inhaltlichen Auseinandersetzung. Das Ziel: Zu einem Lernen zu kommen, das bewusst geschieht, bei dem am Ende eigene Entscheidungen getroffen werden können, und das im besten Fall nachhaltig für das weitere Lernen – auch neben und nach der Schule – ist.

Freie Zeit und Freizeit

An dieser Stelle möchte ich nicht so weit gehen, grundsätzliche Zeiteinheiten zu hinterfragen, etwa indem die Schülerinnen und Schüler ganz frei daran arbeiten, wonach ihnen der Kopf steht. Auch in Schulen, in denen es keine Stunden mehr gibt wie etwa in der Alemannenschule Wutöschingen, werden die Schülerinnen und Schüler je nach ihrem Lernniveau begleitet.

Zudem muss man erwähnen, dass es durchaus auch unabhängig der bekannten Leuchtturmschulen Schulen gibt, die dem tradierten Modell den Rücken gekehrt haben. Zahlreiche Antworten auf meine Frage auf dem Social-Media-Netzwerk X, wie lange die Stunden in den Schulen gehen, zeigten eine veränderte Praxis. Zwischen 60 und 90 Minuten, auch mit unterschiedlichen Längeneinheiten am Tag war alles dabei. Besonders interessant: Ein Schulmodell, in dem die »Einheit« insgesamt 67,5 Minuten dauert.[61]

Auch das agile Arbeiten funktioniert nicht immer und vor allem meist eher mit den fortgeschrittenen Schülerinnen und Schülern.

Eine grundsätzliche Einteilung von Zeiten und Inhalten ist deshalb durchaus sinnvoll. Zumindest so lange, wie das Gesamtsystem diese noch einfordert. Andererseits ist dann aber die Frage, ob es in diesen Einheiten sein muss oder ob es ein System geben könnte, indem diese Einheiten nach der Art und Weise des Lernens strukturiert werden können.

So ist beispielsweise klar, dass man Sprachen vor allem dadurch erlernt, dass man sie spricht – und zwar immer und immer wieder. Eine häufige, stetige Wiederholung ist sehr viel besser als eine lange Zeit am Stück. In anderen Fächern, in denen die Schülerinnen und Schüler komplexe Experimente aufbauen und durchführen müssen, ist es hingegen sinnvoll, mehr Zeit als eine Stunde zu haben. Manchmal sogar länger als eine Doppelstunde.

Flexibilität würde hier bedeuten, sowohl die Inhalte als auch die Lernenden in den Fokus zu rücken. Das Problem: Es hängt, wie angedeutet, mehr daran als die zeitliche Strukturierung des Schultages. Das gesamte Deputatsmodell, das Modell also, nach dem Lehrkräfte bezahlt werden, ist längst reformbedürftig. Kein Wunder, es ist 150 Jahre alt.[62]

Wie eine Schulstunde organisiert und aufgebaut sein kann, wenn das Lernen im Zentrum steht, wird im weiteren Verlauf dieses Buchs eine Rolle spielen. Vorerst sei darauf hingewiesen, dass die zeitliche Einteilung durchaus eine wichtige Funktion hat. Aber, und das ist entscheidend, die zeitliche Einheit sollte sich nach dem Sinn, dem Inhalt und den Lernenden richten und nicht nach einem zeitlichen Schema, das längst überholt ist. Und das Druck erzeugt, unter dem schon die Kinder leiden. »Kindern wird so vermittelt, dass sie sich bemühen müssen, die Nutzung der Zeit immer weiter zu verbessern: Sie müssen schneller werden, pünktlich sein, die Zeitvorgaben von Erwachsenen befolgen«[63], so die Autorin Teresa Bücker in ihrem Buch *Alle Zeit*. Sie geht so weit, den Zugriff auf Zeit als eine Frage von Macht und Freiheit zu sehen. Insofern liegt hier eine Verantwortung von Schule. In dem Sinne, dass Schulen die Zeit für das Lernen so aufteilen, dass die Kinder sie nutzen können, aber auch Zeit für Pausen haben, sind Einteilungen zu begrüßen. Die Antwort darauf, warum es Stunden gibt, wäre, dass es um den Schwerpunkt für das eigene Lernen geht.

Das wäre sinnvoll.

Ist die Aufteilung in Fächer noch zeitgemäß?

Die Frage nach der Sinnhaftigkeit von Schulfächern wird in der Diskussion rund um die Neugestaltung von Schule kontrovers diskutiert. Dabei liegen die Positionen oftmals weit auseinander. Von der Forderung, alle Fächer abzuschaffen, zu jener, viele neue einzuführen, kann man alle Stimmen hören. Zunächst gibt es eine durchaus große Anzahl von Lehrkräften, Pädagogen und sonstigen Verantwortlichen aus dem Bildungsbereich, die Fächer nach finnischem Vorbild komplett abschaffen wollen. Für eine solche Forderung gibt es zahlreiche Argumente. Beispielsweise verhindert die Aufteilung von Wissen und Können, wie es in den Fächern vermittelt wird, das Verständnis des großen Ganzen. Und damit werden die Fächer den komplexen Problemen der Wirklichkeit nicht gerecht. Vielmehr führe das Fachunterrichtsprinzip zu einer Zerstückelung der Inhalte.[64] Dem halten die Vertreter der Fächer entgegen, dass es gerade die Vielfalt der verschiedenen Zugänge ist, die einen eigenen Wert hat. Dazu kommt die empirisch belegte Tatsache, dass Lernen an Gegenständen geübt wird, nicht im freien Raum. Wenn es um basale Fähigkeiten geht, erlauben Fächer also einen klaren Rahmen dessen, was gelernt wird. Hat man die Grundlage erreicht, kann in einer nächsten Stufe eines mit dem anderen verbunden werden.

Dazu der österreichische Philosoph Konrad Paul Liessmann: »Alles hängt mit allem zusammen, und Fächer sind reine Kunstprodukte. Wie wahr! Aber Wissenschaft bestand und besteht schon genau darin, diesen Zusammenhang zu zerschlagen und mit Perspektiven auf Ausschnitte der Welt auch Fragestellungen, Gegenstandsbereiche, Methoden der Forschung und Verfahren der Vermittlung zu generieren.«[65] Mit anderen Worten: Man braucht die Künstlichkeit der Fachlichkeit, um den Blick in die Tiefe richten zu können.

Nun sind diese Positionen gegenüber den Schulfächern lange nicht die einzigen. Denn während die einen die Auflösung der Fachlichkeit fordern oder sogar schon praktizieren,[66] gibt es so viele Forderungen nach neuen Fächern wie es Fachgebiete gibt. Das Schulfach »Glück« ist das prominenteste Beispiel.[67] Während der Diskussionen der letzten Jahre kamen aber auch immer wieder Vorschläge wie Gesundheit, Finanzen, Kommunikation, Lebenskunde, Alltag, Achtsamkeit und viele andere Vorschläge auf. Dabei ist das Interessante, dass das Tohuwabohu von Schulformen und Inhalten dazu führt, dass viele der geforderten Inhalte schon längst Teil der Curricula sind. Ob sie in der Form umgesetzt werden oder umgesetzt werden können, steht auf einem anderen Blatt. So sind beispielsweise die Finanzen bei der »Ökonomischen Verbraucherbildung« standardmäßig in den Lehrplänen Bayerns verankert[68]. In Baden-Württemberg finden sich die Finanzen in dem sogenannten Fächerverbund EWG (Erdkunde, Wirtschaft, Gemeinschaftskunde) in den Realschulen. Die Tatsache, dass solche Fächerverbünde existieren, verdeutlicht gleichzeitig, dass die Auflösung von Fächern oder deren Neuordnung keine Utopie, sondern bereits gang und gäbe ist. Allerdings, wie soll es anders sein, in allen Bundesländern unterschiedlich.

Damit ist der gegenwärtige Blick schon um zwei weitere Perspektiven bereichert: Nicht mehr nur keine Fächer sollen es sein. Und es soll nicht nur bleiben, wie es ist. Sondern man fordert weitere Fächer. Oder man zieht Fächer zusammen, wobei man in Kauf nimmt, dass dadurch die einzelnen Fachgebiete zusammenschrumpfen.

Ein weiterer Blick auf Fachlichkeit verändert die Perspektive. Man könnte behaupten: Wer fordert, dass es neue Fächer geben müsste, weil zeitgemäße Inhalte nicht in das alte Schema fallen, blickt von außen nach innen. Dabei wird häufig übersehen, dass sich Fächer schon von innen nach außen verändern. Als Beispiel kann das Fach Deutsch dienen. Während in Deutsch die Aufsatzlehre und die Literatur viele Jahre das Zentrum des Lehrplans war – in der Stundentafel für das preußische Gymnasium von 1837 steht Deutsch neben dem »Schönschreiben«[69] –, hat sich das Fach längst gesellschaftlichen und kulturellen Veränderungen geöffnet. Vielfach ist es das Fach, in dem am meisten Medienbildung stattfindet. Und zwar sowohl, was die Arbeit mit Medien angeht, als auch deren gesellschaftliche Reflexion. Das kann man wohl für alle Schulformen ins Feld führen. Auch die Schreibformen haben sich geändert. Während noch vor einiger Zeit vor allem die Analyse und Interpretation von Literatur im Mittelpunkt stand, geht es inzwischen mehr um das Schreiben von journalistischen Formen wie dem Kommentar oder dem informierenden Schreiben, während die Interpretation zurückgedrängt wird. Man könnte argumentieren, dass das Fach Deutsch längst zu einer Art Kulturwissenschaft transformiert worden ist.

In diesem Sinne organisieren Fächer zwar immer noch das, was sie fachlich organisieren können. Aber in der Öffnung von innen nach außen liegt der Schlüssel für eine Rechtfertigung des Fachlichen und der Sinnhaftigkeit der Fächer als Ganzes. Wenn die Lernenden verstehen, dass sich ein Fach zwar zwangsläufig einengen muss, um eine Expertise zu generieren, auf der dann auch komplexe Zusammenhänge aufgebaut werden können, ist dies eine wichtige Erkenntnis. Und wenn Fachlichkeit nicht zwangsläufig bei althergebrachten Inhalten aufhört, dann können sich Fächer öffnen für Neues. Dass diese Inhalte – man denke an eben erwähnte Medienbildung – dann über Studium und Ausbildung in die Lehrkräfteausbildung Einzug halten müssen, ist extrem wichtig. Die momentan vorherrschende zweiphasige Ausbildung (dreiphasig, wenn man Fortbildungen dazu zählt) macht es utopisch, von Schulen ohne Fächer zu träumen. Denn Lehrkräfte brauchen neben dem Talent im Umgang mit jungen Menschen eine solide fachliche Ausbildung, die ihnen erlaubt, mit den zahlreichen (Falsch-)Informationen umzugehen und ihre Schülerinnen und Schüler bei einem solchen Umgang zu unterstützen.

»Alles in allem sollten moderne Unterrichtsformen weiterentwickelt werden, aber mit einer modernen und pragmatischen Haltung«[70], so der Soziologe und ehemalige Lehrer el Mafaalani. Wie eine solche Haltung aussehen kann, hat ein Pionier des Online-Diskurses gezeigt. André Spang, der als Ideengeber und Organisator eines Online-Chats für Lehrkräfte bekannt wurde, ließ zu einem frühen Zeitpunkt Kinder und Jugendliche im Musikunterricht mit dem entsprechenden Programm komponieren. Das war 2011![71] Der Ansatz vereint zwei Komponenten einer Bildung, die später immer wieder »zeitgemäß« genannt worden ist: medial auf dem neuesten Stand und die Lernenden im Mittelpunkt – und dennoch auf der Grundlage von Fächern und Fachlichkeit.

Fächer haben also einen Sinn, weil sie effizient sind, komplexe Inhalte auf der Grundlage von inhaltlichen Kriterien aufzubereiten. Dennoch bleibt ein kritischer Blick darauf wichtig, ob eine solche Aufteilung immer zielführend ist. Gerade dann, wenn Fächer sich öffnen, zeigt sich, dass die erwähnte Künstlichkeit der Fächer durchbrochen und so gesellschaftliche Relevanz für die Kinder und Jugendlichen erzeugt werden kann. Dies geschieht vor allem dann, wenn die Fächer ihre eigenen Prozesse und Methoden offenlegen, sodass Schülerinnen und Schülern deutlich wird, wie Lernen und Wissen in dem spezifischen Fall erworben – oder erst kreiert werden kann. Dies ist im Fach Deutsch, in dem mittels Texterschließungsmethoden Deutungen erstellt werden, anders als im Fach Chemie, in dem im Sinne naturwissenschaftlichen Erkenntnisgewinns Hypothesen durch Versuche überprüft werden. Vieles findet schon in Ansätzen statt, jedoch fehlt oftmals die Bewusstmachung ebenjener Prozesse als Teil eines größeren, menschlichen Erkenntnisprozesses. Innerhalb der Fächer zu lernen, kann dann bedeuten, mit den wichtigsten Methoden ausgestattet zu werden, die auch beim weiteren Lernen nach der Schule von zentraler Bedeutung sind.

Weshalb sind Klassen wichtig – oder auch nicht?

Klassen organisieren das, was sie durch das Alter ihrer Teilnehmerinnen und Teilnehmer organisieren können. Wenn Ihnen diese Feststellung bekannt vorkommt, dann, weil sie in unterschiedlichen Varianten in diesen Kapiteln immer wieder vorkommt. Sie soll darauf hinweisen, dass bestimmte Strukturen, wie Prüfungen, Stunden oder eben Klassen dafür sorgen, dass andere Möglichkeiten ausgeschlossen werden. Und dass es sich lohnt, über diese anderen Möglichkeiten nachzudenken, wenn man über eine Schule der Zukunft nachdenkt.

Jede Lehrperson, die einige Jahre in der Schule unterrichtet hat, weiß, dass Schulklassen, die streng nach dem Alter unterteilt sind, eine künstliche Einteilung darstellen. Sowohl körperlich als auch kognitiv sind die Kinder teilweise so unterschiedlich, dass man nicht das Gefühl hat, dass es sich hierbei um eine einheitliche Altersstufe handelt. Das ist kein Wunder. Gehirne sind genauso individuell wie die körperliche Entwicklung.

Nun ist bei klassenübergreifenden Projekten, bei denen es gar nicht erst um das Alter geht, sondern um die Interessenlage, aber das Gegenteil zu sehen: Während sich innerhalb von Klassen genau auf der Grundlage sehr unterschiedlichen Interesses Konflikte bilden, ist in Arbeitsgemeinschaften das Interesse an der Sache der Klebstoff für soziales Miteinander. Und zwar häufig über viele Jahrgangsstufen hinweg.

Beide Beobachtungen führen nicht zwangsläufig dazu, sich eine »klassenlose Schule« wünschen zu müssen. Denn selbstverständlich erfüllen auch Schulklassen einen Zweck. Wie so oft einen verwaltungstechnischen: Auf der Grundlage unverrückbarer Annahmen, zum Beispiel der, dass eine als Kollektiv wahrgenommene Gemeinschaft von Gleichaltrigen dieselben Ziele zu erreichen hat, sind Klassen eine effiziente Möglichkeit für die Beurteilung, wer in welcher Form selektiert wird. Also: Wer in die nächste Stufe kommt, wer sitzenbleibt oder wer in eine andere Schulform wechselt.

Die Funktion des Bildungssystems

Was sich grausam anhört, ist tatsächlich eine Funktion des Bildungssystems. Ein anderes dafür gängiges Wort ist die Allokation. Es bedeutet nichts anderes als die Verteilung auf der Grundlage zuvor festgesetzter Leistung. Daneben wird dem Bildungssystem die kulturelle Reproduktion als Aufgabe zuteil, also die Verantwortung, kulturelle Inhalte an die nächste Generation weiterzugeben. Die Qualifikationsfunktion bedeutet die Vermittlung von wertvollen Fertigkeiten (wobei die Frage danach, ob Schule dies noch leistet, eine drängende ist). Und die Legitimationsfunktion verweist auf die Funktion, dass das Bildungssystem samt seiner Zertifikate weiterführende Bildung ermöglicht und zudem Werte vermittelt.[72]

Dass diese Funktionen auch eingelöst werden können, ohne dass der Einzelne zwanghaft einer Gruppe untergeordnet wird, zeigen vor allem jene Beispiele, in denen besonders talentierte Schülerinnen und Schüler ganze Klassen überspringen. Der elfjährige Schüler Jonathan Bork, der einen hohen IQ hat, bemängelte öffentlich und in unterschiedlichen Medien, dass diejenigen, die besonders gefordert werden müssten, sich in den Schulen oftmals langweilen. »Ich möchte lieber effizienter lernen und weniger Lehrer-Kapazitäten binden«, sagte er in einem *Zeit*-Interview dem Bildungsjournalisten Christian Füller.[73] Dabei ging es ihm nicht darum, dass es kein gemeinsames Lernen mehr geben, sondern dass das System eine Auflockerung erlauben sollte. Daraus ergab sich bei ihm das Plädoyer für hybride Schulen, in denen ein Teil des Lernens zu Hause stattfindet. Ein Gedanke ist dabei in Bezug auf Klassen interessant. Ein System kann auch dann hybride funktionieren, wenn nicht zu Hause gelernt wird. Gerade während der Corona-Pandemie hat sich gezeigt, dass das Lernen zu Hause nur dann funktionieren kann, wenn ausreichend Kapazitäten da sind: sowohl räumliche als auch soziale. Hybride Schule kann auch bedeuten, die Schulklasse nicht mehr als Einheit wahrnehmen zu müssen. Dies funktioniert beispielsweise mit unterschiedlichen Niveaustufen, wie die Gemeinschaftsschulen in Baden-Württemberg oder Schleswig-Holstein, Stadtteilschulen in Hamburg, Gesamtschulen in Niedersachsen oder Oberschulen in Bremen sie anbieten. Hier sind kooperative und individualisierte Lernformen der Normalfall. Klassen bestehen zwar grundsätzlich weiter, aber die Klasse ist eben keine standardisierte Einheit mehr, in der jede und jeder dieselben Ziele erreichen muss. Für Lehrkräfte bedeutet dies eine völlig andere Art und Weise des Unterrichtens – oder anders formuliert: Sie sind eben nicht mehr wie Chorleiter, die zu jeder Zeit dafür sorgen müssen, dass alle dasselbe Musikstück spielen, sondern vielmehr Mentoren für ein im besten Fall individuelles Lernen.

Sind Lehrpersonen verzichtbar?

Gerade um die Person der Lehrerin oder des Lehrers gibt es große Diskussionen. Sollen Lehrkräfte Wissensvermittler sein oder Lernbegleiter? Während die zweite Bezeichnung oft als eine Abwertung der Tätigkeit betrachtet wird, weil die Begleitung des Lernens als pädagogische Aufgabe nicht dem eigenen Berufsprofil entspreche, meinen andere, dass die Lehrkraft als Wissensvermittler in einer Zeit, in der Wissen überall abrufbar ist, obsolet geworden sei. Beide Betrachtungsweisen sind zu kurz gegriffen.

Der Lehrer, der staatlich alimentiert wird, ist zunächst einmal eine moderne Erfindung. Während Lehrkräfte vor der Professionalisierung der Verwaltung von kirchlichen Trägern geschickt wurden, entwickelte sich ab dem 18. Jahrhundert die staatliche Aufsicht über Lehrkräfte. Dies führte nicht nur zu einer besseren Bezahlung, sondern auch zu einer höheren Qualität. Aus heutiger Perspektive erscheint es möglicherweise erstaunlich, dass das deutsche Bildungssystem und seine Lehrkräfte Anfang des 20. Jahrhunderts hoch angesehen waren. Das hing – und hängt zum Teil immer noch – mit einem qualitativ hochwertigen Studium zusammen, das eine hohe Qualität des Unterrichts gewährleistete.

Nun muss man sagen: In einer Zeit, in der die Lehrkräfte das einzige Medium im Raum waren (abgesehen von den sich entwickelnden Schulbüchern), ist die Qualität der Lehrkraft in besonderem Maße abhängig von dem Wissen, das diese imstande ist weiterzugeben. Und natürlich an ihrer Fähigkeit, dieses Wissen verständlich zu machen. Dies ist es, was die sogenannte didaktische Reduktion immer noch ausdrückt: die Fähigkeit, einen komplexen Gegenstand so begreifbar zu machen, dass junge Menschen ihn erfassen können. Gleichzeitig, und das ist die Schwierigkeit, darf bei dem Prozess der Gegenstand selbst nicht verloren gehen. Mit anderen Worten: Lehrkräfte müssen nicht nur in der Lage sein, ein Phänomen anschaulich zu erklären, sondern sie müssen in der Lage sein, das Interesse so zu entflammen, dass das Lernen auch dann weitergeht, wenn sie nicht mehr vor der Klasse stehen.

Dennoch kann man durchaus behaupten, dass das umfassende Wissen einer Lehrkraft und die Fähigkeit, dieses greifbar und begreifbar zu machen, immer noch eine Fähigkeit ist, die für ein Lernen im 21. Jahrhundert wichtig ist. Auf der anderen Seite sind Lehrkräfte längst nicht mehr die einzigen Medien im Raum. Mit der digitalen Revolution, die mit der künstlichen Intelligenz nun um eine weitere, extrem schnell wachsende Dimension erweitert wird, kamen nicht nur die Möglichkeiten, Wissen abzurufen, sondern auch die, andere Vermittlungswege zu suchen. Die Suchmaschine Nummer eins bei jungen Menschen ist heute nicht mehr Google, sondern TikTok. Gefunden wird, wer etwas am besten erklärt. Längst sind YouTube-Lehrer wie Lehrer Schmidt oder Daniel Jung Teil der Hausaufgaben – aber auch des Unterrichts.

Machen Lernvideos den Unterricht überflüssig?

Der Grund, warum Schülerinnen und Schüler lieber auf Videos zugreifen als auf die Informationen des Lehrers liegt ja darin, dass sie selbst aussuchen können, wessen Erklärungen sie am nachvollziehbarsten finden. Große Bildungsanbieter wie simpleclub, die mittlerweile mit ihren Erklärvideos auch Auszubildende bei der Bahn oder bei Edeka unterstützen, erläutern Inhalte durch die multimodalen Optionen, die digitale Medien zur Verfügung stellen – also durch Bild, Ton und Schrift. Alles zusammen wird zu einer Erklärung mit unterschiedlichen Kanälen, die nachweislich Wissen festigen kann. Zudem haben Videos wie erwähnt den großen Vorteil: Junge Leute können wählen, wem sie zuhören. Und wie lange. Und wie oft. Und von wo sie wollen. Das können sie bei Lehrkräften nicht. Denn selbst wenn sie so neugierig wären, dass sie alles erfahren wollen, könnte eine Lehrkraft nicht in aller Ruhe auf jeden Einzelnen eingehen. Individuell können Videos das auch nicht, aber sie bieten eben eine erweiterte Auswahl an.

Das hat für Lehrkräfte, die im Sinne eines »umgedrehten Unterrichts« (dem sogenannten *Flipped Classroom*) arbeiten, ebenfalls große Vorteile: Anstatt alles über die Jahre immer wieder zu beschreiben, wird die Erklärung nach Hause verlagert. Und in der Schule kann das Lernen dann begleitet werden, also bei all dem geholfen werden, was zu Hause nicht verstanden wurde. Und dann, das ist die eigentliche Pointe, kann die Lehrkraft dabei sein, wie das, was verstanden wurde, umgesetzt wird. Ganz konkret: Anstatt in der Schule eine Erklärung dafür zu bekommen, wie eine Interpretation strukturiert wird, und sie dann zu Hause ohne Hilfe zu schreiben, geht es umgekehrt: Zu Hause verstehe ich, was von mir verlangt wird, und in der Schule arbeite ich dann aktiv daran, die Anforderungen zu erfüllen. Aber mit der Hilfe der Lehrkraft.

Es ist keine waghalsige Prognose, wenn ich davon ausgehe, dass gerade mit der Revolution der künstlichen Intelligenz des Flipped Classroom, das umgedrehte Lernen unter Verwendung digitaler Medien, eine immer größere Rolle einnehmen wird. Denn wieso sollte jemand in einen Raum gehen, in dem eine Person steht, die etwas auf die stets gleiche Weise erklärt, wenn ich zu Hause die unterschiedlichsten Kanäle habe?

Die neue Rolle der Lehrkräfte

All das ist deshalb so wichtig zu begreifen, weil es die Rolle der Lehrer betrifft. Denn in wessen Aufgabenfeld fällt die Auswahl der Videos? Natürlich können Schülerinnen und Schüler selbst wählen, aber plötzlich erweitert sich die Auswahl der Inhalte auf die Lehrperson. Und das ist noch die kleinste Veränderung. Wenn die eigentliche Aufgabe, zum Beispiel das Schreiben eines Textes, nicht zu Hause, sondern in der Schule geschieht, muss die Lehrkraft sehr viel mehr in der Lage sein, eine detaillierte Rückmeldung darüber zu geben, was noch verbessert werden kann, und vor allem: wie. Dass ist es eigentlich, was das Wort »Lernbegleiter« meint. Es geht nicht darum, dass Lehrkräfte heute nicht mehr lehren können. Es geht darum, dass Lehrkräfte ihre Aufgabenschwerpunkte verschieben müssen.

Zum einen, indem das Lernen begleitet wird. Zum anderen, indem Lehrkräfte in das Miteinander mit ihren Schülerinnen und Schülern investieren. Der streitbare Lehrer Michael Felten schreibt dazu in seinem Buch *Unterricht ist Beziehungssache*:

»Ob Schüler beim Lernen gut vorankommen, ob Lehrer auch nach Jahrzehnten noch gerne unterrichten, das hängt ganz wesentlich von der Güte der Lehrer-Schüler-Beziehung ab.«[74] Darin wird auch deutlich, dass dies kein Bauchgefühl ist, sondern unter anderem von der empirischen Unterrichtsforschung gestützt wird.[75] Damit verschiebt sich der Fokus: »Die Lehrkraft ist nicht nur als Organisator von Lerngelegenheit, sondern als Person wichtig, als Orientierungs- und Reibungspunkt. Sie muss präsent sein.«[76] Die Frage danach, warum Lehrpersonen wichtig sind, muss also heute – so die These – weniger im Sinne einer allwissenden Vermittlungsfähigkeit beantwortet werden. Es geht um fundierte, nahbare Mentorenschaft, die das Lernen unterstützt.

Was hat es mit der Schulbürokratie auf sich?

In einem Gespräch mit dem Journalisten Thilo Jung erklärte Aladin El-Mafaalani einmal etwas Erstaunliches: Nicht etwa die Politikerinnen und Politiker seien verantwortlich für den Stillstand des Systems, sondern die Schulbürokratie.[77] Politiker hätten sogar vielfach gute Ideen für eine Veränderung des Bildungssystems, aber es gäbe ein Umsetzungsdefizit. Der Bundesverdienstkreuzträger spricht nicht »nur« aus der Perspektive eines Soziologen, sondern als ehemaliger Abteilungsleiter im Ministerium für Kinder, Familie, Flüchtlinge und Integration in Nordrhein-Westfalen. Vor dem Hintergrund meiner Gespräche mit Verantwortungsträgern, kann ich zustimmen. Wenngleich sich die Vorstellungen zwischen den einzelnen Parteien unterscheiden: Ideen haben viele, glücklich erscheint kaum jemand.

Nun wäre es andererseits zu einfach, den schwarzen Peter der Bürokratie zuzuschieben: In der Geschichte des Bildungssystems hat die Verwaltung und damit die Kultusbürokratie einen entscheidenden Teil dazu beigetragen, dass sich das Bildungssystem professionalisiert hat. Dadurch, dass Bildung in Deutschland staatlich organisiert ist, erhält jene Verwaltung, die mit der Durchführung betraut ist, ihre Legitimation.

In jedem Teil der Verwaltung arbeiten Menschen, die ihre eigene Vorstellung von Schule haben. In vielen Fällen ist diese geprägt durch die persönliche Schulzeit. In anderen Fällen sogar durch eine Enttäuschung mit der schulischen Praxis, die nicht wenige in die übergeordneten Ebenen getragen hat. Das heißt nicht, dass die Verwaltung nur aus gescheiterten Lehrerinnen und Lehrern besteht. Aber in einem System, das von oben nach unten – also in höchstem Maße hierarchisch – organisiert ist, heißt das, dass es meist weder einen Realitätscheck noch einen Rückkanal gibt. Als Rückkanal kann eine Möglichkeit für ein Feedback gesehen werden, in dem Lehrpersonen, Sozialarbeiter oder andere an Schule Beteiligten erklären können, ob die beabsichtigten Maßnahmen auch tatsächlich den intendierten Effekt hatten. Oder einen gegenteiligen.

Wir erinnern uns an unseren Zirkelschluss: Die Schulbürokratie organisiert das, was durch sie als Bürokratie organisiert werden kann. Das bedeutet aber auch: »Die für die gesellschaftliche Reproduktion notwendig gewordene planmäßige Organisation der Bildung in Schulen und Hochschulen macht sie stromlinienförmig …«[78] Überall dort, wo die Verwaltung von oben bestimmt, was schulisch umgesetzt werden muss, ohne dass sich vor Ort zeigt, ob es möglich ist, erzeugt es Frust bei allen Beteiligten. Wer wissen will, wie eine solche Frustrationsverwaltung aussieht, findet in dem Buch *Klassenkampf* von den *Tagesspiegel*-Journalisten Lorenz Maroldt und Susanne Vieth-Entus Antworten.[79] Zwar lassen sich die Besonderheiten des Berliner Verwaltungschaos, das sie beschreiben, nicht auf die gesamte Republik übertragen. Jedoch wird durch den detaillierten und unerträglich schonungslosen Blick augenfällig, was unklare Kompetenzen im Bildungssystem bedeuten: im schlechtesten Fall Stillstand. Im besten Fall eine unendlich verwaltete Mangelwirtschaft. Es ist kein Wunder, dass die Autoren Thomas de Maizière zustimmen, dessen zentrale Forderung ist, den Schulen mehr Autonomie zu geben – mit einer Verpflichtung zu transparenten Ergebnissen.

Aber auch Autonomie braucht eine Zielsetzung. Die Forderung nach einer modernen Schulverwaltung erscheint zunächst paradox: Sie muss einerseits verbindliche Strukturen festlegen, aber andererseits dafür sorgen, dass diese Strukturen Freiheiten bieten. Dies kann nur im Austausch mit der Praxis und den Vordenkern einer modernen, zukunftsorientierten Schule geschehen. Dass dies als strategische Reformpolitik möglich ist, zeigt beispielsweise das rheinland-pfälzische Projekt »Schule der Zukunft«.[80] Schulen bewerben sich mit einem konkreten Projekt, wie zukünftiges Lernen aussehen kann und werden durch das Bildungsministerium begleitet.

Unabhängig von der jeweiligen Ausrichtung muss die Frage auch hier lauten: Was brauchen Lehrkräfte – und auch Eltern –, um ein Lernen zu gewährleisten, das Kinder und Jugendliche als wichtig und relevant betrachten? Da die Antwort darauf vielschichtig und differenziert ausfallen wird, braucht es verbindliche Flexibilität. Das kann durch solche Projekte passieren, durch die im Austausch auch für die Verwaltung eine Vorstellung der Andersartigkeit von modernem Lernen funktioniert. Allgemein gesprochen: Eine moderne Verwaltung ist im ständigen Austausch mit den Praktikern, überträgt Verantwortung und lässt es zu, Vorstellungen zu hinterfragen.

Bürokratie muss sich nicht abschaffen, aber sie muss genauso reflektieren, ob ihre tradierten Praktiken zu einem modernen Schulwesen passen, wie alle andere am Schulwesen Beteiligten auch.

Müssen Lehrpläne sein?

Die Frage danach, warum es Lehrpläne (beziehungsweise Bildungspläne) gibt, mutet möglicherweise genauso naiv wie die Frage nach Schulen an. Auch das liegt unter anderem an ihrer Erfolgsgeschichte: Von den ersten Ideen bildungsphilosophischer Vordenker wie Jean-Jacques Rousseau, der mit seinen Überlegungen den Unterschied zwischen den Realien, der Natur und der Umwelt begründete und damit das Fundament der modernen bildungspolitischen Diskussion bildete, bis zu den institutionell verankerten Bildungsplänen Wilhelm von Humboldts (damals für die preußischen Gymnasien) ergibt sich ein Bild zunehmender Professionalisierung: Auch im Sinne eines kulturellen und gesellschaftlichen Kanons sollten die Lehrpläne festhalten, welche Inhalte Schulkinder erlernen sollten.

Festzustellen ist jedoch, dass die Unterscheidung zwischen Bildung und Ausbildung, wie sie vor allem in Deutschland gemacht wurde, sich zunehmend aufgeweicht hat. Der Anspruch des Gymnasiums, die allgemeine Menschenbildung vor allem durch den Fokus auf die alten Sprachen – Griechisch, Latein, Hebräisch – zu markieren, wurde schon mit dem Realgymnasium seit Mitte des 19. Jahrhunderts unterlaufen: Hier wurde trotz des Anspruchs auf eine spätere Studierfähigkeit der Schwerpunkt auf die Naturwissenschaften gelegt. Auch die Abschaffung der Realgymnasien als eigenständige Schulform 1965 änderte nichts daran, dass sich das »Konzept« einer

Öffnung des Gymnasiums in die naturwissenschaftlichen Bereiche nicht nur durchsetzte, sondern zum Standard wurde. Zwar sind die Schwerpunkte in deutschen Gymnasien unterschiedlich, mal handelt es sich um ein bewusst »altsprachliches Gymnasium«, mal um eine »MINT-freundliche Schule« (wobei MINT für Mathematik, Informatik, Naturwissenschaft und Technik steht), aber die Gymnasien und auch alle anderen Schulformen haben die Naturwissenschaften im Lehrplan.

Dieser beinhaltet nicht mehr »nur« Inhalte, sondern veränderte sich nach dem PISA-Schock um 2000 insofern, als dass er nun Standards definierte. Standards, die im Jahr 2004 durch die sogenannte Kompetenzorientierung abgebildet worden sind. Der Anspruch ist nachvollziehbar: Anstatt feste Inhalte im Bildungsplan zu verankern und sich damit der Gefahr auszusetzen, dass diese schnell überholt sind, definiert man Kompetenzen als »die bei Individuen verfügbaren oder durch sie erlernbaren kognitiven Fähigkeiten und Fertigkeiten, um bestimmte Probleme zu lösen, sowie die damit verbundenen motivationalen, volitionalen und sozialen Bereitschaften und Fähigkeiten, um die Problemlösungen in variablen Situationen erfolgreich und verantwortungsvoll nutzen zu können«.[81]

Die Definition durch einen der wichtigsten Vertreter der Kompetenzorientierung, den Psychologen Franz Weinert, zeigt gleichzeitig den Anspruch und die Kehrseite einer solchen Kompetenzorientierung: Es geht (vor allem) um kognitive Fähigkeiten, Fähigkeiten also, die durch Nachdenken gelöst werden. Es geht weniger um eine Tätigkeit.

Andersherum könnte argumentiert werden, dass alles, was nun in den Bildungsplänen steht, zu einer Tätigkeit verklausuliert wird. Beispiel Geschichte: Auch wenn es nahezu niemanden gibt, der meint, dass dieses Fach nur aus Daten bestehen müsste, sind eben jene Daten das Netz, das nötig ist, um Ereignisse und ihre Abläufe einzuordnen. Daten abrufen zu können, ist aber im eigentlichen Sinn keine Tätigkeit.

Interessant ist an dieser Stelle, was in den Kompetenzbereichen *nicht* genannt wird. Natürlich kann kein Inhalt an einer Stelle stehen, an der es um so etwas wie übergeordnete Fähigkeiten geht. Was die Frage nach sich zieht: Gibt es überhaupt solche übergeordneten Fähigkeiten? In der Diskussion um eine »zeitgemäße Bildung« wurden längst die von der OECD, der Organisation für wirtschaftliche Zusammenarbeit und Entwicklung, definierten 4K als quasi Superkompetenzen ermittelt: Kommunikation, Kollaboration, Kreativität und kritisches Denken.

Dass »kritisches Denken« ohne einen Gegenstand genauso wenig möglich ist wie »Kreativität«, die sich nachweislich an etwas orientieren muss, auf dem sie aufbaut, wird mit dem Hinweis auf starre Inhalte weggewischt. Natürlich ist es sinnvoll, miteinander zu sprechen, zusammenzuarbeiten und sich in einer Weise mit Inhalten auseinanderzusetzen, die den eigenen Verstand nötig macht – und im besten Fall erweitert. Aber auch Verschwörungstheoretiker arbeiten so. Und keiner kann sich wünschen, dass Kinder zu solchen erzogen werden. Auch in der progressiven Pädagogik wurde dies bemängelt, weshalb der kanadische Erziehungswissenschaftler Michael Fullan zwei weitere C hinzugefügt hat: Das eine für *Citizenship* (also etwa Staatsbürgerschaft), das andere für *Character* (also etwa Persönlichkeit).[82] Eine Art grundsätzliche Zielsetzung für Bildung im 21. Jahrhundert, die mehr im Blick hat als Tätigkeiten, sondern den Menschen als Ganzes, erscheint mir sinnvoll.

Aber weder Superkompetenzen noch Kleinstkompetenzen können verdecken, dass die Lehrpläne, indem sie alles zur Kompetenz machen, immer voller werden – und damit die Gefahr besteht, dass sie nichtig werden. Das ist aus drei Gründen schlecht.

Das erste Problem zeigt sich in dem schieren Wust von Kleinstkompetenzen, genau dem Gegenteil dessen, was beabsichtigt ist: Orientierungslosigkeit. Die meisten Referendarinnen und Referendare kennen dies, wenn sie in ihren Unterrichtsentwürfen angeben müssen, welche Kompetenzen geschult werden. Stehen die Schülerinnen und Schüler auf und gehen im Raum herum, handelt es sich hierbei um eine Schulung der »psychomotorischen Kompetenz«. Kein Witz.

Kompetenzen und Können

Dies zeigt gleichzeitig ein zweites Problem: Innerhalb eines Systems, in dem zwar von Kompetenzen gesprochen wird, aber jeder weiß, dass tatsächliches Können und tatsächliche Fertigkeiten sehr viel mehr Übung und Vertiefung bräuchten, als den Schulen und den Lehrkräften zur Verfügung steht, werden die Lehrpersonen dazu angehalten, Bullshit zu erzählen. Das ist ein hartes Wort, trifft aber zu. Ein Beispiel: Im Bildungsplan steht, dass die Schülerinnen und Schüler eine bestimmte Kompetenz erlangen sollen. Etwa: eine Karikatur analysieren. Dies geschieht beispielsweise in der achten Klasse in Geschichte. Karikaturen sind schwer zu verstehen, weil sie etwas überzeichnen, das man sehr gut kennen muss. Wenn ein kleiner, wütender Mann mit Spitzhaube auf einer kleinen Welt herumstapft, muss ich sehr viel leisten, um darin Otto von Bismarck zu erkennen. Und noch mehr, um zu verstehen, dass es sich um eine Kritik deutscher Allmachtsansprüche aus der Sicht von Frankreich handelt.

Wenn es das Ziel einer Lehrkraft wäre, dass eine Klasse Karikaturen analysieren kann (was eine sinnvolle Sache ist, bedeutet dies doch neben geschichtlichem Verständnis auch, einen besseren Zugang zu zeitgenössischen Darstellungen zu erlangen) sind mehr als 15 Minuten Arbeit einzuplanen, die de facto bleiben, wenn der geschichtliche Zusammenhang erläutert, Verständnisfragen geklärt und etwas verschriftlich werden soll.

Als Lehrkraft hat man aber nicht diese Zeit. Das heißt, man hat nun zwei Möglichkeiten. Man gibt sich damit zufrieden, dass die Kompetenz nur simuliert wurde und gibt dies zu. Oder man verfällt in eine Halbwahrheit und äußert, sofern beispielsweise Eltern fragen: »Karikaturen? Haben wir gemacht.« Entweder in dem Wissen, dass dies nicht vertiefend geschehen konnte, oder später, aus Selbstschutz, in einer Art Selbstlüge, die sich dann in der Überraschung zeigt, weshalb in der Klassenarbeit keiner tatsächlich eine tiefgreifende Karikaturanalyse erstellen konnte. Mit anderen Worten: Dort, wo Kompetenz steht, aber nicht erfüllt werden kann, karikiert sie sich selbst.

Das dritte Problem: Kompetenzen sind nicht gleich Kompetenzen. In einem Schulsystem, in dem es (immer noch) vor allem darum geht, dass Inhalte abgeprüft werden, stellen bestimmte Kompetenzen andere in den Schatten. Das wissen Eltern aus Gesprächen zu Hause. Wie oft geht es darum, was ein Kind oder eine Jugendliche können muss? Drehen sich Gespräche wirklich um eine Fähigkeit oder am Ende doch wieder um einen bestimmten »Stoff«, der abgespult werden soll? Ich würde vermuten Letzteres.

In den meisten Bildungsplänen ist die Rede davon, dass Schülerinnen und Schüler ihre eigenen Schwerpunkte und ihre

Persönlichkeit finden sollen. Aber wann spielt dies eine Rolle? Meiner Einschätzung nach eher keine, denn das kann nicht als Kompetenz abgebildet oder gar abgeprüft werden.

Damit ist es abhängig von der Haltung der Lehrkraft, die sich entweder Zeit für persönliche Weiterentwicklung nimmt (die sie nie hat), oder sie hält sich an jene »Kompetenzen«, die in der Prüfung als Note verifiziert werden. »In dem Maße, in dem Kompetenzen als formale Fertigkeiten verstanden werden, die an beliebigen Inhalten erworben werden können, konterkariert man die Idee jedes durch Neugier motivierten Erkenntnis- und damit Bildungsprozesses«, so Konrad Paul Liessmann in seiner Streitschrift *Geisterstunde. Die Praxis der Unbildung.*[83] Auf der Grundlage dieser Betrachtung müsste man insofern zustimmen, als Kompetenzen sowohl durch den Lehrplan als auch durch seine praktische Umsetzung nur simuliert werden (können). Eine tatsächliche Vertiefung von Können und Wissen anhand von sinnstiftenden Inhalten ist sicherlich eine wichtige Zielsetzung von Lehrplänen. Dafür müssten sie aber deutlich entschlackt werden. Dort, wo zu viel in die Breite gegangen wird, kann man nicht in die Tiefe gehen. Und das betrifft das Lernen an sich als auch die darauf resultierende Persönlichkeitsentwicklung.

In dem Maße, wie Lehrpläne immer detailliertere Standards festlegen, aber wichtige Erziehungsziele ignorieren, missachten sie damit eine tatsächlich für den Menschen umfassende, vollumfängliche Bildung.

TEIL II

PROBLEME SIND SO LANGE SCHWER, BIS SIE LEICHT WERDEN

Von Strukturen beim Lernen behindert

Die Lektüre von Texten von Franz Kafka stellt für Interpreten immer eine besondere Herausforderung dar. Nicht umsonst gelten Situationen, die schwer aufzulösen sind oder durch Paradoxien charakterisiert werden können, als »kafkaesk«. So manche Schülerin und so mancher Schüler wird beim Gedanken an die Analyse dieser in der Tat schwer zu dechiffrierenden Texte Schweißausbrüche bekommen. Die Schwierigkeit liegt darin, dem Drang einer abgeschlossenen Interpretation zu widerstehen. Dem Drang also, einer Geschichte eine Bedeutung zu geben, die unumstößlich richtig ist. Das kann frustrierend sein oder sehr erfüllend, wie vieles, das mit Lernen zu tun hat. Meistens ist es beides. Im besten Fall ist Lernen so lange schwierig, bis das Verständnis erreicht ist. Man könnte es auch so formulieren, wie die Lernexpertin Caroline von St. Ange: Alles ist schwer, bevor es leicht ist.

Und in dem verzweifelten oder lustvollen Versuch, die Situation aufzulösen, befindet man sich als Leserin oder Leser plötzlich in ebenjener Situation der Figuren selbst, die sich nicht aus ihrer Misere befreien können. In einem von Kafkas berühmtesten Texten, einer Parabel[84] mit dem Titel »Vor dem Gesetz«, geht es – oberflächlich betrachtet – um einen »Mann vom Lande«, der Eintritt in etwas verlangt, das in merkwürdig bildhafter Sprache »Gesetz« heißt. Und nicht etwa »Gericht«, wie es im Grunde benannt werden müsste, um sich überhaupt

»davor« befinden zu können. Wenn wir uns die Folgen des gravierenden Investitionsstaus bei Schulgebäuden[85] anschauen wollen, dann müssen wir uns ja auch vor eine Schule stellen – am besten vor eine in unserer Hauptstadt – und nicht etwa vor »die Bildung«. Aber ich schweife ab.

In Kafkas Parabel verwehrt ein Türhüter dem Mann den Eintritt mit dem Verweis, dass er zu dem gegenwärtigen Zeitpunkt nicht eintreten könne. Dass es aber grundsätzlich möglich sei. Nach einigen Jahren – an dieser zeitlichen Ausdehnung ist zu erkennen, dass es kein wortwörtlich gemeinter, sondern ein parabolischer Text ist – schließt der Türhüter die Tür. Er macht dies mit den Worten: »Hier konnte niemand sonst Einlaß erhalten, denn dieser Eingang war nur für dich bestimmt. Ich gehe jetzt und schließe ihn.«[86] Da hat also jemand über Jahre gewartet und es nicht geschafft, einen Zugang zu finden zu etwas, das nur für ihn selbst geschaffen wurde.

Nun gäbe es die unterschiedlichsten Auslegungsmöglichkeiten darüber, was genau »gemeint« sein könnte. Wie gesagt: Das Unbefriedigende, aber letztlich Wunderbare ist, dass es keine ausschließlich richtige Antwort gibt.

In meiner Interpretation des Textes spreche ich von einer »absoluten Unüberwindbarkeit«. Mit anderen Worten: Dadurch, dass der Mann in seiner Bewegungslosigkeit, in seiner Passivität verharrt, und den Zugang nur über die Überwindung des Verbots des Türhüters sieht, kann er keinen Zugang zu dem finden, was im Grunde eigens für ihn erschaffen worden ist.

Wer würde an dieser Stelle nicht schon an das Bildungssystem denken, das in einem ähnlichen Zustand zu sein scheint? Gebaut dafür, Bildung zu gewährleisten. Was auch immer diese Bildung meinen soll. Nunmehr eine unüberschaubar komplexe Institution, die zu verändern schon daran scheitert, die richtige Tür zu finden. Und vor deren Tür jene warten und nicht hineinkommen können, die sie am meisten bräuchten.

Das ist eine kühne Auslegung. Eine, die mit Sicherheit nicht beabsichtigt gewesen ist.

Aber wenn man bedenkt, dass Kafka als verzweifelter Angestellter einer Versicherungsgesellschaft Werke geschaffen hat, in denen es immer wieder darum geht, wie Menschen von Strukturen behindert, aufgehalten oder eingeschränkt werden, die sie selbst nicht verstehen, ist es vielleicht nicht mehr so abwegig.

Die Parabel bietet der Ohnmacht und einer fehlenden Selbstwirksamkeit Raum. Wäre es möglich, aus einer Parabel eine Art Lehre zu ziehen wie bei antiken Fabeln, würde sie vielleicht so lauten: Wenn du das Gefühl hast, nicht mehr handeln zu können, erkenne, was dir fehlt, und suche Mittel, dich selbst zu ermächtigen, einen neuen Weg zu finden.

Während Kafkas Parabel nicht mehr verändert werden kann und als literarisches Werk bis in die Ewigkeit fortbesteht und dem armen Mann den Einlass verwehrt, können wir daraus einen Gedanken ableiten. Dies ist aber etwas, das Schüler in Schulen oftmals nicht tun »dürfen«, also über den Text hinausdenken. Da, wo es spannend werden könnte, weil es unser eigenes Leben betrifft, halten wir meist an. Denn subjektive Eindrücke und Sinnhaftigkeit können nicht bewertet werden.

Sind wir nicht in der Schule, können wir aber darüber nachdenken, woran es dem Mann vom Lande fehlt. Wäre es – ein erster Schritt – die Einsicht in die eigene Ohnmacht, um überhaupt etwas an der eigenen Lage ändern zu können? Fehlte dem Mann die Erkenntnis, dass das eigene Tun eine Wirkung hat? Hätte die Veränderung durch das »Gesetz« selbst entstehen müssen, das doch erbaut wurde für den Eintritt des Mannes, den es quasi zu Tode warten lässt? Oder handelt es sich bei dem Text tatsächlich nur um die Beschreibung einer absoluten Ohnmacht, aus der es kein Entrinnen gibt?

Letztere Möglichkeit halte ich für ausgeschlossen. Keiner interessiert sich für Geschichten, in denen es nicht die Möglichkeit gibt, dass sich etwas ändert. Vielleicht könnte man meinen, dass erst die Möglichkeit einer Veränderung, einer Auflösung oder einer Entwicklung eine Handlung überhaupt zu einer Geschichte macht. (Genau dieser Umstand wird in modernen Werken umgekehrt, sodass die Neuigkeit der Geschichte darin besteht, dass scheinbar nichts von Bedeutung geschieht und man einfach darauf wartet, dass etwas geschieht.)[87]

Zielsetzung: Selbstwirksamkeit und Autonomie

Entsprechend müssten wohl alle der oben gestellten Fragen beantwortet werden. Der Mann hätte die Einsicht haben müssen, dass sein Tun etwas bewirkt. Denn erst über den Gedanken, dass das eigene Tun einen Sinn hat, erlangt man die Erkenntnis der eigenen Potenz, dem Gegenteil also der Ohnmacht. Aber die Möglichkeit, sich aus der eigenen Lage zu befreien, braucht auch die Freiheit zu handeln. Denn egal ob die Mauern eines Gefängnisses aus tatsächlichen Mauern bestehen oder aus den Gedanken der eigenen Ohnmacht, die Folge ist dieselbe: Passivität. Und vielleicht daraus erwachsender Frust. Oder Wut. Oder alles zusammen. Wir können die Geschichte des Mannes also nur verändern, wenn wir es ihm erlauben, sich selbst zu ermächtigen und dem System auferlegen, diese Selbsttätigkeit beziehungsweise Selbstermächtigung zuzulassen.

Kafkas Parabel stellt hier einen Typ dar, der aufgrund einer Studie von Ralf Dahrendorf in den Sechzigerjahren zu den bildungsbenachteiligten Gruppen vom Land beschrieben wurde, zumal wenn sie zum katholischen Milieu zählten. Ländlich und katholisch – jedes Attribut steht hierbei für einen Grund, der den Zugang zur Bildung verhindert: »Hier stoßen wir auf die drei großen Gruppen der Landkinder, der Arbeiterkinder und der Mädchen, zu denen mit gewissen Einschränkungen als vierte katholische Kinder kommen.«[88] Längst hat sich das Geschlechterverhältnis in Bezug auf Bildungserfolg umgekehrt, und auch auf dem Land zu wohnen, verhindert keinen Besuch des Gymnasiums mehr. Der »Mann vom Lande«, dessen Bildungserfolg von unterschiedlichen Bedingungen verhindert, verlangsamt oder verunmöglicht wird, ist heute der »Migrantensohn«.[89] Auch dies ist aber nur metaphorisch zu verstehen: »Alles deutet darauf hin, dass die soziale Herkunft, also die Kapitalausstattung der Eltern, den größten Einfluss auf die Bildungschancen hat.«[90] Das kann nicht der Anspruch des Bildungssystems der Bundesrepublik Deutschland sein.

Der Erziehungswissenschaftler Wolfgang Klafki spricht in diesem Zusammenhang von »Bildung als Befähigung zu vernünftiger Selbstbestimmung«.[91] Selbsttätigkeit sei »die zentrale Vollzugsform des Bildungsprozesses«.[92] Man könnte es auch so formulieren: Indem ich aktiv lerne, erschaffe ich mir die Möglichkeit, ohne Anleitung und Unterstützung zu handeln. Ich werde autonom.

Die Parabel vom Mann vom Lande sollte verdeutlichen, dass Geschichten von Ohnmacht und Passivität immer die Frage nach Emanzipation durch Selbstermächtigung herausfordert.

Nach Aktivität und Passivität, nach Ohnmacht und Selbstermächtigung, nach Tätigkeit und Untätigkeit. All dies begleitet die Geschichte der Bildung und des Bildungssystems seit seinem Beginn – wobei Beginn hier doppelt verengt ist: der Beginn des deutschen Bildungssystems und ebenjenes seit dem Zeitalter der Aufklärung und den zahllosen Denkern, Schriftstellern und Philosophen, die Bildung ins Zentrum ihres Nachdenkens über den Menschen und seinen Platz in der Gesellschaft stellten.[93]

Dass diese Denker sich wiederum auf antike Philosophien und deren Theorien bezogen, sei angemerkt, aber nicht ausgeführt. Eine Skizze der Problemgeschichte der Bildung kann hier nur in Ansätzen geleistet werden, und zwar insofern, als dass sie nach den Gründen, den Zielen und Bedingungen des Lernens fragt. Im Prinzip sind es zahllose Geschichten vom und über das Bildungssystem, also davon, wie staatliche Akteure ihre Ideen in funktionierende schulische Institutionen übertragen haben. Viele von ihnen klingen nicht so, als wären sie mehr als 100 Jahre alt: »Es gibt schlechterdings gewisse Kenntnisse, die allgemein sein müssen, und noch mehr eine gewisse Bildung der Gesinnungen und des Charakters, die keinem fehlen darf … Gibt ihm der Schulunterricht, was hierzu erforderlich ist, so erwirbt der die besondere Fähigkeit seines Berufs nachher sehr leicht und behält immer die Freiheit, wie im Leben so oft geschieht, von einem zum andern überzugehen.«[94] Hier ist von nichts weniger die Rede als von Allgemeinbildung. Oder genauer: von allgemeiner Bildung für alle!

Bildung für ein gutes Leben

Eine Bildung in diesem Sinne hat mit Selbstermächtigung von Individuen und Gruppen zu tun. Die meisten der Geschichten über Bildung haben aber auch zur Ohnmacht anderer Gruppen geführt. Die in Kiew geborene Natalya Nepomnyashcha erzählte mir in einem Gespräch von ihrem Bildungsaufstieg als Einwandererkind zur Unternehmensberaterin. Und das nicht wegen des Systems, sondern trotz dessen. Die Geschichten der Pädagogik und über das hiesige Bildungssystem beinhalten immer beide Seiten und führen immer zu der Frage, wie Chancengleichheit erzeugt werden kann.

Leider hat man das Gefühl, dass die beiden Aspekte Ohnmacht und Selbstermächtigung in der gegenwärtigen Diskussion über Bildungsversagen, Bildungsgerechtigkeit und Lernen verschwimmen. Die Ohnmacht, die mit einer Veränderung des Bildungssystems einhergeht, zeigt sich in der Ohnmacht, über dieses zu sprechen. Ein trauriger politischer Höhepunkt dieser Ohnmacht war der Bildungsgipfel im März 2023, zu dem die Bundesbildungsministerin Bettina Stark-Watzinger geladen hatte und bei dem der Großteil der Kultusminister zu Hause blieb (14 von 16 Ministern) und die Anschlussdiskussion sich mehr mit der Art und Weise des Gipfels beschäftigte als mit einer so nötigen inhaltlichen Diskussion.

Damit verharrt eine solche in einem Zustand aus Widerwillen und Kleinstaktionen, in einem scheinbar nicht mehr auflösbaren Chaos aus Verantwortlichkeiten und Zuständigkeiten auf der einen und zahllos wiederholten Ideen und Impulsen auf der anderen Seite. Nicht zu vergessen die mächtigen Türhüter, die vor den Toren von Institutionen stehen, deren komplexe Vorgänge sie oftmals selbst nicht zu verstehen scheinen.

Die Ideen werden freundlich belächelt, aber meist tut sich: nichts! In dieser merkwürdigen Erstarrung sind diejenigen die Leidtragenden, die eigentlich die Profiteure sein müssten: die Kinder und Jugendlichen. Sie verharren viel zu oft vor dem Zugang aller Zugänge. Vor einem Bildungssystem also, das das wichtigste gesellschaftliche System darstellt, um die Berechtigung für weiteres Lernen zu erlangen. Es ist ein »Berechtigungswesen«[95] im wahrsten Sinne des Wortes, um ein gutes, finanziell unabhängiges, kulturell reichhaltiges Leben zu führen und Mitglied der Gesellschaft zu sein. Das ist die individuelle Seite.

Die Berechtigung zum Weiterlernen, die in einem anspruchsvollen, erfüllenden Beruf mündet, ist damit auch das Nadelöhr für eine erfolgreiche Volkswirtschaft, die erst aus den gebildeten und ausgebildeten Fachkräften ihre Kraft zieht. Unabhängig von einer sinnstiftenden Bildung ist das Bildungssystem maßgeblich für eine funktionierende Volkswirtschaft. So trivial das ist, darf diese Funktion jedoch nicht der alleinige Anspruch an ein System sein, das sich unter einer rein an der Marktwirtschaft orientierten Logik selbst abschaffen würde.

Das Bildungssystem ist nämlich verantwortlich dafür, dass diejenigen, die es verlassen, unser Staatssystem weitertragen. Es sorgt im besten Fall für eine funktionierende Demokratie. Denn das hervorragende Leistungen im Schulsystem weder mit Selbstermächtigung noch mit demokratischer Teilhabe zu tun haben müssen, zeigt das chinesische Schulsystem überdeutlich.[96]

Nun werden sowohl die Aspekte der Erziehung als auch der Bildung in den Schulgesetzen der Länder deutlich gemacht: »Die Schule hat den in der Landesverfassung verankerten Erziehungs- und Bildungsauftrag zu verwirklichen«, heißt es beispielsweise im Schulgesetz für Baden-Württemberg.[97] Die dort dem Schulwesen zugewiesenen Aufgaben reichen über »die

Vermittlung von Wissen, Fähigkeiten und Fertigkeiten« bis hin zu einer Erziehung »in Verantwortung vor Gott, im Geiste christlicher Nächstenliebe, zur Menschlichkeit und Friedensliebe, in der Liebe zu Volk und Heimat«.[98]

Dazu kommen weitere große Worte, deren Wirksamkeit gar nicht feststellbar ist und deren unkritische Übernahme vor dem Hintergrund von Säkularisierung, Missbrauchsfällen in der Kirche und aufkommendem Nationalismus sich verbietet. Aber es stimmt: »Bildung ohne Erziehung und Sozialisation ist nicht denkbar.«[99]

Selbst wenn man die in den Achtzigerjahren festgeschriebenen Aufgaben von Schule ernst nehmen würde, müsste man feststellen: In dem Maße, wie Schulen zu technischen Verwaltungen von etwas werden, dessen Bildungsverständnis, wenn überhaupt, nur gesetzmäßig angedeutet wird und im Konkreten nur über diverse Zertifikate eine Bedeutung erhält, in dem Maß entfremden sich die Lernenden vom System. Und die Lehrenden an ihrer Seite. Wenn ich also nur noch in die Schule gehe, weil ich das Zeugnis brauche, stellt sich die Frage, ob es nicht auch anders geht. Und in dem Maße wie sich eine Bildung für das gute Leben von der Schule abkoppelt, in dem Maße haben wir es mit einem Bildungsversagen zu tun, das konkrete Auswirkungen auf die jungen Leute hat. Sie finden nicht mehr, was sie suchen.

Eine bewusste Hinwendung zum Lernen

Wir haben also Entfremdung und Ohnmacht oftmals dort, wo wir Selbstwirksamkeit haben sollten. Woran liegt das? Und, viel wichtiger: Wie können wir das verändern?

Bildungsinstitutionen kranken daran, dass das Lernen und die damit einhergehende Förderung der unterschiedlichen jungen Menschen – seien sie nun behindert oder hochbegabt – ausgeklammert oder vorausgesetzt wird. Damit findet in ihnen nur ein schwacher Abglanz einer nicht näher definierten Bildung statt. Es bedarf somit einer Hinwendung zum Lernen, das einen allgemeinen Bildungsbegriff voraussetzt, aber vor allem das Überdenken unterrichtlicher Praxis bedeutet. Es wäre zu einfach, dem Einzelnen die Verantwortung für eine Veränderung zu geben, nach dem Motto: »Nimm diese Perspektive ein, und du wirst in der Lage sein, endlich so handeln zu können, wie wir uns das alle wünschen.«

Wenn die momentane Situation des Bildungssystems nicht das ist, was wir uns für unsere Kinder, unsere Jugendlichen und unser Land wünschen, muss es darum gehen, »dass man für die Bedingungen sorgen muss, die die Voraussetzungen für die Pädagogik bilden«.[100] Eine Hinwendung zum Lernen bedeutet dann eine bedingungslose Bildung, insofern sie Kindern und Jugendlichen ermöglicht, unabhängig vom Elternhaus zu lernen.

Dem Lernen, wie wir es schulisch vielfach auffinden, fehlt das, was es zum Lernen macht. In dieser Hinsicht werde ich immer radikaler. Ich strebe keinen Systemumsturz an, aber ich folge hier Wolfgang Klafki, der radikal im Sinne von »von Grund aus erfolgend« versteht.[101] Radikal bedeutet, die Frage nach dem Warum auch dort zu stellen, wo sich die Antwort scheinbar von selbst ergibt. Radikal bedeutet aber auch festzustellen, an welchen Stellen Bildung so grundsätzlich scheitert, dass man gar nicht mehr von Bildung sprechen kann.

Gleichzeitig soll radikale Kritik nicht exklusiv, sondern inklusiv sein. Inklusiv, indem sie aus einer Perspektive erfolgt, die dem »Recht auf Bildung« verpflichtet ist. In der Charta der Grundrechte der Europäischen Union heißt es in Artikel 14: »Jede Person hat das Recht auf Bildung sowie Zugang zur beruflichen Ausbildung und Weiterbildung.«[102] Frei nach Kafka könnte man fragen: Was nützt es, den Zugang zu haben, wenn man nicht eintreten kann?

In einer Welt der Großen Beschleunigung, der Komplexität und der technischen Revolutionen bedeutet Bildung auch, das eigene Lernen als Ausgangspunkt für jede Weiterentwicklung zu sehen. Eine solche Haltung kann nur verstanden und übernommen werden, wenn das eigene Lernen in den Mittelpunkt der Bildung gestellt wird. Das ist die Grundlage, die Schule schaffen muss. Jede und jeder, der die Schule verlässt, muss mindestens drei lebenswichtige Erkenntnisse durchdrungen haben. Erstens: Zu wissen, wie sinnstiftend Lernen ist. Dadurch zweitens in die Lage versetzt sein, Lernen als lustvoll wahrzunehmen. Und drittens zu wissen, wie es geht.

Natürlich muss man auch über Inhalte sprechen und über Kompetenzen. Aber die Voraussetzungen, die in der Schule geschaffen werden, sind wichtiger als ein zuvor definiertes Endprodukt. Denn wenn ich lernen kann, kann ich alles sein und werden. Wenn ich jedoch viel weiß, aber nie gelernt habe, diesen Schatz als wertvoll zu erachten, ist er für mich sinnlos. Unnütz. Dann lasse ich mich davon überzeugen, dass es im Leben nur noch um Versicherungen gehen sollte und um Steuererklärungen und Mietverträge.

Wer Bildung in all seinen Dimensionen für das Fundament einer Gesellschaft hält, in der wir Verantwortung übernehmen, miteinander im Austausch sind und uns individuell weiterentwickeln, muss anerkennen, dass der Prozess, der zur Bildung führt, unterstützt werden muss: das Lernen! Das gilt aus meiner Sicht für uns alle, für Lehrkräfte, Pädagogen, Eltern und damit selbstverständlich für unsere Kinder. Die Frage, die wir uns stellen, sollte entsprechend positiv sein, mit leuchtenden Augen vorgetragen: Was hast du heute gelernt? Was kannst du daraus lernen? Und wie wirst du weiterlernen?

Kafkas Parabel ist für mich der Beweis dafür, wie aus der schwierigen Lektüre Erkenntnisse entstehen können. Nützlichkeit ist dann keine Kategorie mehr, ebenso nicht die direkte Anwendbarkeit. Es geht um eine Veränderung des Denkens, um eine Erweiterung der Möglichkeiten für einen selbst.[103] Sicher, auch das kann nützlich sein. Das kann aber nur insofern sinnvoll sein, als dass man etwas mehr versteht als zuvor. Und genau ein solches Verständnis, das einem selbst mehr Möglichkeiten zur Verfügung stellt, ist es, was am Ende eines jeden Lernprozesses stehen sollte. Zumindest dann, wenn Schule gelingt.

Die Zeiten sind rau, chaotisch und teilweise beängstigend. Wir brauchen eine neue Orientierung. Ein Jahrzehnt des Lernens! Für uns, für unsere Kinder und für den Erhalt unseres Zusammenlebens.

Wozu brauchen wir das überhaupt?

Nachdem die Oberstufenschülerin den Satz »Wozu brauchen wir das?« gesagt hatte, konnte man sehen, dass die Schülerin der neunten Klasse, die ihn gerade gehört hatte, irritiert war. Zunächst einmal sind solcherlei Irritationen fundamental wichtig für gelingendes Lernen. Man könnte sogar behaupten, dass rein kognitiv betrachtet Lernen ohne Irritationen gar nicht möglich ist. Dies ist so innerhalb und außerhalb der Schule, sofern sie dafür sorgen, dass daraus eine Frage entsteht. Dazu der Neurobiologe Gerald Hüther: »Fragen, die nicht so sehr darauf ausgerichtet sind, *wie* sich ein bestimmtes Ziel am besten und am schnellsten erreichen lässt, sondern Fragen, die uns in all unserer Verschiedenheit zwingen, darüber nachzudenken, welches gemeinsame Ziel wir eigentlich verfolgen, was uns wichtig und deshalb vorrangig zu behandeln ist …«[104]

Die Schlussfolgerung daraus wäre: Wir benötigen eine Abkehr vom traditionellen Unterricht, wie ihn die meisten von uns kennen: Gleichaltrige sitzen zusammen in Klassen und befassen sich im selben Tempo mit denselben Inhalten.[105]

Es gibt aber oftmals kein echtes gemeinsames Ziel, denn das ist bereits vorgegeben. Anders ist es in Arbeitsgemeinschaften, die meist von Schülerinnen und Schülern selbst aufgrund ihrer Interessen ausgewählt werden.

Nun saßen die beiden Schülerinnen unterschiedlichen Alters vor Stundenbeginn auf den Tischen und unterhielten sich über das Fach Geschichte. Die Kursstufenschülerin, die noch ein Jahr Schule vor sich hatte, erklärte: »Ich mag das Fach Geschichte so sehr, weil es so ungemein praktisch ist.« Die Neuntklässlerin wäre daraufhin fast vom Tisch gefallen. Sie konnte sich nicht für das Fach Geschichte begeistern. Das wusste ich, da ich ihr Geschichtslehrer war.

Geschichte, so erklärte die Oberstufenschülerin weiter, sei in der Tat zunächst schwierig. Nicht nur müsse man Dinge beurteilen, wie auch im Fach Deutsch, sondern Fakten und Daten würden zusammen mit Ereignissen komplexe Zusammenhänge bilden, die man zunächst verstehen müsse, bis man tatsächlich etwas beurteilen könne. Dann aber ergebe alles Sinn. Und wenn dieser Zeitpunkt erreicht sei, mache es unglaublich Spaß, weil man die Wirklichkeit – das eben, was uns gesellschaftlich und politisch umgibt – besser verstehen könne. Und dieses Verstehen eben sei unheimlich praktisch.

Eine solche Auffassung nach zwölf Jahren Schule wünscht man jedem jungen Menschen. Und es schließt an die sinnvollen Überzeugungen an, die man über Bildung haben kann: »Wer sich nur dem widmet, was er unmittelbar benötigt, wer sich immer nur an Brauchbarkeit und Verwertbarkeit orientiert, wird letztlich beschränkt bleiben.«[106] Dem kann man zustimmen – zumindest, wenn man die Voraussetzungen hat, sich intellektuell mit den Fragen der Ich-Werdung, der gesellschaftlichen Mündigkeit oder der Selbstreflexion zu befassen. »Und das Ziel ist erreicht, wenn (man) dabei sein eigenes Wesen mit der Welt in Harmonie bringt«, so der Philosoph Richard David Precht nicht ohne eine Spur Ironie ob der verkopften deutschen Geistesgeschichte.[107]

Ironie ist auch nötig. Denn während sich der intellektuelle Bildungsdiskurs mit durchaus wichtigen Fragen zum Menschenbild befasst – und befassen muss –, auf dem schulische Bildung fußt, haftet einem Bildungsverständnis, das das große Ganze und den Menschen in den Mittelpunkt stellt, doch eine gewisse Arroganz an. Denn sich etwas zu widmen, das man nicht unmittelbar braucht, benötigt Zeit und Raum. Bildung im Sinne einer kritischen Selbstreflexion, die von sich aus den Wert von etwas erkennt, das keinen unmittelbaren Nutzen hat, ist ein Privileg.

Dimensionen von Bildung

El-Mafaalani schreibt in seinem Buch *Mythos Bildung* deshalb auch: »Der Bildungsbegriff bewegt sich in dem Spannungsfeld … zwischen intendierter Anleitung, allgemeiner und zwischenmenschlicher Anregung und einer selbsttätigen Aneignung.«[108] Und weiter von dem Hoheitsgebiet des Bildungssystems, das im »institutionellen kulturellen Kapital« liege.[109] Verkürzt gesagt bedeutet dieses kulturelle Kapital den Umgang mit den gelernten Inhalten, aber auch den Zugang zu kulturellen Gütern. Dadurch, dass diese in vielen Haushalten nicht gegeben sind, ist es so wichtig, dass Schulen hier Möglichkeiten zur Verfügung stellen, zum Beispiel für das Erlernen von Instrumenten, der Arbeit mit Kunst und Theater. Dies alles trägt zu einer Bildung bei, die die Möglichkeit erweitert, einen lukrativen Beruf zu ergreifen. Insofern hat Bildung einen ökonomischen Austauschwert. Eine weitere Ebene sieht El-Mafaalani in der Bildung als »Aneignung von Welt und Formung des Selbst«.[110] Und zuletzt begreift er Bildung als klassenspezifische Prägung, als einen »Orientierungsrahmen für unser Denken, Fühlen und Handeln«.[111]

Was dies genau bedeutet beschreibt die ehemalige Lehrerin Lisa Graf in ihrem Buch *Abgehängt*.[112] Sie schildert darin ihre persönliche Erfahrung an einer Brennpunktschule, in der Bildung wenig mit den verkopften Konzepten einer allgemeinen Menschwerdung zu tun hatte, sondern damit, allen Kindern überhaupt einen Beruf in Aussicht zu stellen. Und das hat eben auch mit einer Bildung zu tun, in der es um Milieuzugehörigkeit geht: »Der Habitus fasst all die Überzeugungen, Gewissheiten, Selbstverständlichkeiten über die Welt zusammen, die wir praktisch mit der Muttermilch aufsaugen. Musikgeschmack …, Sinn für Ästhetik, der Umgang mit der Natur, mit Tieren und mit anderen Menschen, Streitkultur und Beziehungspflege. Das alles zusammengenommen ergibt ein unbewusst ablaufendes Verständnis der Realität um uns herum.«[113]

Zu meiner eigenen Schande muss ich gestehen, dass ich mir den Begriff des Habitus vor der Lektüre dieses Buchs in dieser konkreten Form nie so bewusst gemacht hatte. In den Jahren davor spielte er in der Bildungsdiskussion, die ich erlebt habe, keine Rolle. Dies muss all jenen, die im Bildungssystem unterwegs sind, bewusst sein. Es bedeutet nämlich, sich von der eindimensionalen Sicht auf Bildung zu verabschieden, die nicht nur die (nicht sofort ersichtliche) Selbstverständlichkeit eines bestimmten, meist von einer geisteswissenschaftlichen Elite definierten Konzepts annimmt.

Es bedeutet zudem, sich der unterschiedlichen Voraussetzungen bewusst zu werden, die innerhalb der Schule herrschen. Das besagt aber nicht, für jeden Einzelnen die Schule zu gestalten, die er oder sie benötigt.

Je konkreter eine Bildung wird, in der es sowohl um fachliche Inhalte als auch um eine soziale Praxis geht, desto schwieriger wird es. Denn die Frage danach, wie Lehrkräfte Kinder und Jugendliche zum Lernen bringen, spielt in dem Studium der meisten Schulformen genauso wenig eine Rolle wie die Frage, ob man sich in der Lage fühlt, das Ziel des eigenen Faches deutlich zu machen oder Kindern soziale Beziehungen zu ermöglichen. Und dabei klingt *ermöglichen* eher passiv, doch gerade dann, wenn die Unterschiede zwischen den Kindern und Jugendlichen besonders groß sind, bedeutet *ermöglichen* aktive Arbeit. Hierbei wäre nicht entscheidend, ob man mit dem »Stoff« durchkommt. Ein Teufelskreis aus Vorhaltungen, Druck und Scheitern kann die Folge sein.

Die Frage, wozu die Inhalte, die in der Schule eine Rolle spielen, gebraucht werden, ist für Kinder und Jugendliche enorm wichtig. Sie führt bei den Lehrkräften nicht nur zu subjektiven Rechtfertigungen des eigenen Fachs, vielmehr zu einer gemeinsamen Diskussion darüber, inwiefern die verschiedenen Dimensionen von Bildung ein unabhängiges Leben ermöglichen. Aus meiner Sicht sollte die Zielsetzung aber nicht zu sehr in den Fokus gerückt werden, weil sich daraus ein Egoismus ergeben kann, bei dem es nur noch darum und nicht mehr um die inneren Beweggründe des eigenen Lernens geht.

Diese aber lassen sich erst erfahren, wenn sie auch erfahrbar gemacht werden. Das ist das Paradox einer Bildung, in deren Zentrum der lernende Mensch steht, die dennoch kulturelle Inhalte zu vermitteln weiß, die aber erst nach ihrer Aufschlüsselung als relevant wahrgenommen werden (können). Und das viele Jahre später. Das Schlimmste also, das sich ein Bildungssystem erlauben könnte, wäre vor dem Hintergrund angeblich zeitgemäßer Inhalte das Ziel der allgegenwärtigen Nützlichkeit zu propagieren. Populäre US-amerikanische Influencer und Intellektuelle propagieren eine solche »Bildung«, die in Wirklichkeit oftmals nur eine hohle Phrase ist. Denn selbst wenn etwa in der Schule finanzielle Bildung an oberster Stelle stehen würde, hieße das nicht, dass alle nach ihrer Schulzeit Millionäre werden. Im Gegenteil: Auch wenn das Wozu schulischer Bildung sicherlich *auch* die Erlangung der jeweiligen Abschlüsse ist, ist Bildung immer die Erlangung eines Blicks zu einem Horizont, der sich noch erkunden lässt.

Bildung hat verschiedene Dimensionen, die sich nicht alle gleich konkret fassen lassen, die aber dennoch alle dafür wichtig sind, Kindern und Jugendlichen Zugänge zu Kultur und Arbeit nach der Schule zu ermöglichen. Das muss allen, die sich für eine sinnstiftende Bildung einsetzen und die sich um ein entsprechendes Lernen bemühen, bewusst sein.

Sinnstiftendes Lernen statt nützlicher Bildung

Das Jahr 2016. Klassenfahrt. Wir standen in London, in der Kabine eines Riesenrads. Die Münder der Schülerinnen und Schüler standen schon davor offen. So viele unterschiedliche Menschen, so viele Eindrücke. Ein Überblick musste her und wurde uns kurzfristigen Touristen in Form des großen Londoner Riesenrads *London Eye*, präsentiert. Zwar langsam und stetig, doch eben deshalb erhebend über einen Teil des Ganzen.

Es war einer der Höhepunkte einer gemeinsamen Reise mit meiner neunten Klasse. »Meine« nannte ich sie von Beginn an, und es wird auch meine bleiben. Ob ich zu diesem Zeitpunkt »ihre« bin, wusste ich damals noch nicht. Im weiteren Verlauf bis zur mittleren Reife sollte ich sie noch motivieren, nerven, zwingen, auf sie einreden, fluchend das Zimmer verlassen, sie loben und sanktionieren.

Aber nicht zum damaligen Zeitpunkt.

Wir standen an der höchsten Stelle des London Eye und schauten in die Ferne und die Nähe. Wir machten das, was man so macht: Selfies, aber wir machten uns auch Gedanken. Wir fotografierten uns gegenseitig vor den symbolischen Gebäuden der Stadt, der Themse und dem wolkenbehangenen Himmel. Dann sagte ein Schüler einen Satz, der hängen blieb: »Niklas hätte es hier oben nicht gefallen.« Mehr nicht.

Nun muss man dazu bemerken, dass Niklas kein Klassenkamerad war, sondern eine Figur eines Buchs, mit dem ich die

Schülerinnen und Schüler zur Verzweiflung getrieben hatte. Nicht, weil es ein schlechtes Buch ist, sondern weil es als »anspruchsvoll« gilt, zumindest bei Schülerinnen und Schülern, von denen einige in ihrer gesamten Schullaufbahn nicht mehr als ein weiteres Buch lesen, wenn die Lehrkraft es nicht schafft, ihre Neugierde und ihr Interesse zu entflammen.

In *Die Nackten* von Iva Procházková geht es darum, wie wenig Schutz Jugendliche in bestimmten Zeiten ihrer Pubertät haben. Wie sie völlig nackt sind, was die Einflüsse und Drucksituationen ihrer Umgebung betrifft. Neben der allzu verständlichen Tatsache, dass die Eltern meiner Schülerinnen und Schüler zunächst irritiert waren, als sie den Buchtitel lasen (was sie mir später unter Lachen eröffneten), mussten die Jugendlichen schon sehr ächzen. Manche mochten die Figuren, manche lehnten sie ab. Der Grund dafür liegt in einer Frage, die man sich als Lernender grundsätzlich stellt, die aber in der Schule – wenn es schlecht läuft – irgendwann mit ihrem bürokratischen Voranschreiten begraben wird: »Warum ist das wichtig?« Diesen Satz hört jede Lehrkraft. Und sicherlich auch jeder Elternteil, der sich einmal mit den scheinbar unlösbaren Hausaufgaben des Kindes befassen musste.

Wenn es ums Lernen, um Bildung geht, scheinen sich die meisten einig zu sein, dass diese nützlich sein muss. Der zuvor erwähnte Orientierungsrahmen fürs Denken, Fühlen und Handeln spielt meist keine Rolle. Das liegt an der Nachvollziehbarkeit. Direkter persönlicher Nutzen erscheint zunächst einmal sehr nachvollziehbar: Ich lerne A und kann damit B. So einfach ist es aber nicht.

Denn das, was verschiedene Menschen unter Nützlichkeit verstehen, ist sehr unterschiedlich und lässt viel Freiraum. Für viele ist Bildung die Befähigung zu einer Tätigkeit. Alles, was nicht eine bestimmte Funktion hat oder in eine Tätigkeit überführt werden kann, muss weg. Auf der Strecke bleibt dann eine Bildung, die zu eigenständigem Denken befähigt.[114]

Der Schweizer Philosoph Peter Bieri schrieb in seiner damaligen Kolumne für die *Zeit*: »Bildung ist etwas, das Menschen mit sich und für sich machen: Man bildet *sich*. Ausbilden können uns andere, bilden kann sich jeder nur selbst. Eine Ausbildung durchlaufen wir mit dem Ziel, etwas zu *können*. Wenn wir uns dagegen bilden, arbeiten wir daran, etwas zu *werden* – wir streben danach, auf eine bestimmte Art und Weise in der Welt zu sein.«[115] Den letzten Halbsatz muss man sich auf der Zunge zergehen lassen. Auf eine bestimmte Art und Weise ist man also in der Welt, wenn man etwas über sie weiß. Und etwas über sich. Etwas, das es einem erlaubt, sich zurechtzufinden. Bildung wird damit zu einer Orientierungshilfe, aber nicht nur zu einer praktischen. Wenn ich lesen kann, verstehe ich zwar auch, wann der nächste Bus kommt. Aber ich kann auch in die Welten der Romane eintauchen. Kann ich schreiben, kann ich mich anderen mitteilen. Aber ich bin auch in der Lage, eigene Ideen zu formulieren, wie die Welt sein kann. Rechne ich, kann ich die Preise für einen Einkauf zusammenzählen. Aber ich kann auch nachvollziehen, was ein exponentielles Wachstum eines Virus bedeutet. All das ist ein Orientierungsnetz, das es ermöglicht, die komplexe Welt aus Zeichen, Symbolen und Informationen zu verstehen.

Bildung wird damit zu einem Sicherheitsnetz gegen Ignoranz – durch die Blickwinkel, die nicht die eigenen sind, und die man aus der eigenen Neugierde heraus einnehmen möchte. Warum denkt ein anderer anders als ich? Was macht diese Andersartigkeit aus? Waren Menschen zu anderen Zeiten auch anders? Und was bedeutet das für mich?

Während wir uns langsam wieder Richtung Themse drehten und nicht mehr über die Gebäude ragten, dachte ich tiefer über diesen unscheinbaren Satz nach: *Niklas hätte es hier oben nicht gefallen.* In ihm zeigte sich das, was oftmals die Erweiterung des eigenen Horizonts genannt wird.

Emotionen und persönliche Betroffenheit

Vielleicht wird man dadurch kein besserer Mensch. Und mit Sicherheit nützt diese Art der allgemeinen Bildung nicht, um ein besserer Ingenieur zu werden. Vielleicht ist es aber ein Zeichen von Bildung, über einer der spannendsten Städte der Welt zu schweben und sich Gedanken zu machen, wie jemand anderes sie wahrnehmen würde. Selbst jemand, den es gar nicht gibt. Wenn es mich berührt, kann ich lernen. »Die Hirnforschung erklärt das Konzept so: Menschen, ihre Schicksale und Emotionen, interessieren, weil wir daraus etwas über uns selber und unsere Zeit lernen. Gelernt wird, wo Emotionen im Spiel sind«[116], so der Neurodidaktiker Ulrich Herrmann.

Dies bedeutet nicht, dass sich Bildung ausschließlich in ihrem Zugang erschöpft, literarischen Figuren Bedeutung zuzumessen. Oder gar darin, an den richtigen Stellen Zitate einfließen zu lassen. Die kleine Episode dient vielmehr als Beispiel dafür, wie eine scheinbar alltägliche Begebenheit für etwas stehen kann, das durchaus Bildung genannt werden kann.

Es ist deshalb so wichtig, immer wieder ins Konkrete zu gehen, weil wir, wenn wir über Lernen sprechen, sehr schnell an die Grenzen unseres eigenen Sprechens stoßen.

Nun ist es in der Didaktik kein Geheimnis, dass Lernen gerade dann relevant wird, wenn Schülerinnen und Schüler persönlich betroffen sind. Betroffen im positiven Sinne des Wortes: Weil ich weiß, dass mich etwas bewegt, interessiert es mich, treibt mich um und veranlasst mich dazu, mich weiter damit zu befassen.

Aber allzu oft verlässt schulische Bildung die zentrale Frage der persönlichen Relevanz. Und zwar immer dann, wenn das Lernen selbst gar keine Rolle mehr spielt. Sondern nur dessen Ausgang. Eine Antwort darauf kann nicht lauten, jede Form von Bildung nützlich zu machen. Aber sie muss beinhalten, sich darüber klar zu sein, welche Phänomene und Inhalte für Schülerinnen und Schüler dafür zentral sind, die Welt um sie herum zu verstehen, Perspektiven einzunehmen, die zunächst nicht die eigenen sind und so nicht nur ihren eigenen Horizont erweitern, sondern sich für eine Welt einsetzen, in der wir weiterhin zusammenleben können. Die Herausforderungen sind riesig, gerade in Bezug auf die technische Entwicklung. Wieso sollten wir überhaupt noch lernen, wenn in Zukunft alles von einer künstlichen Intelligenz übernommen wird? Antworten gibt es im nächsten Kapitel.

Welche Zukunft ist unsere? Herausforderungen für ein Lernen im 21. Jahrhundert

Ein Dienstagabend in einem Hamburger Fernsehstudio. Ich versuche, mich an die Situation zu gewöhnen, die ich zwar schon in ähnlicher Weise, aber noch nicht wirklich so erlebt habe. Links neben mir sitzt Sascha Lobo, Internetexperte, Autor und Kolumnist, und macht den Eindruck, als würden wir gerade ein Bier in einer Hafenkneipe trinken. Rechts neben mir bereitet sich die Vorsitzende des Deutschen Ethikrats, Alena Buyx, auf die Sendung vor. Daneben: Thomas de Maizière. Und dann kommt Markus Lanz, begrüßt uns per Handschlag und bietet mir noch auf dem Podest, auf dem die fünf Sitzplätze säuberlich für die Fernsehaufnahme angeordnet sind, das Du an. Das Studio ist hell erleuchtet, etwa 15 Personen stehen vor dem Stuhlkreis, bedienen Kameras, führen Regie oder haben eine andere Aufgabe für die folgende Stunde. Der Titel der Sendung, die uns zusammengeführt hat: »Wird KI zur Gefahr?« Auf YouTube wird daraus: »ChatGPT und Fake News: Die Schattenseite von Künstlicher Intelligenz«.[117] Dieser Titel wird der Sendung nicht gerecht.

Nicht dass man nicht über Schattenseiten der künstlichen Intelligenz sprechen könnte. Jeder, der die technischen Entwicklungen in Deutschland in den letzten Jahren mit begleitet hat, weiß, dass die Frage nach den Gefahren die erste ist, die gestellt wird. Und die oftmals eine Veränderung verhindert. »Im Kontext der ›digitalen Revolution‹«, so die Autorinnen und Autoren von *Träge Transformation*, »hat (der) Prozess der Aushandlung, so scheint es, nur in Teilen stattgefunden, mit dem Ergebnis, das Anspruch und Wirklichkeit weit auseinanderklaffen.«[118] Umso erstaunlicher ist, dass das Schulministerium in Nordrhein-Westfalen nur wenige Monate nachdem im November 2022 der Chatbot mit dem Namen ChatGPT der breiten Öffentlichkeit zur Verfügung gestellt worden war, eine Handreichung für den schulischen Gebrauch veröffentlichte.[119] Und auch die Ständige Wissenschaftliche Kommission der Kultusministerkonferenz (SWK) brachte im Januar dieses Jahres ein Papier heraus, in dem der schulische Gebrauch beschrieben und sogar empfohlen wurde.[120]

Bei Markus Lanz wurde aber mehr als nur die Schattenseite einer Entwicklung besprochen, die nicht nur jeden Arbeitsbereich, der selbst im Entferntesten mit dem Verfassen von Texten zu tun hat, sondern auch das dadurch in Aufregung versetzte Bildungssystem. Zu Recht, wie ich in der Sendung zu verdeutlichen versuchte. Das tat ich nicht, weil es mir um eine Form des Alarmismus gegangen wäre, deren Schlussfolgerung ein Verbot des Dialogsystems wäre, wie es etwa in New York City erfolgt ist.[121] Im Gegenteil: Eine künstliche Intelligenz, die nicht nur in Windeseile jede offen gestellte Frage beantworten und auch Nachfragen einbeziehen kann, rückt das Lernen selbst und die Frage danach, was wir wissen und können sollten, um später in Beruf und Freizeit ein sinnvolles Leben führen zu können, in den Fokus. Als ich in diesem Zusammenhang vom »Ende des Lernens, wie wir es kennen«[122] sprach, sah ich mich mit einer ähnlichen Reaktion konfrontiert, wie ich sie schon kannte, als es um die Digitalisierung von Schulen ging:

Entwicklungen dieser Art werden zunächst einmal als Hype abgetan, der sich schon wieder legen wird.

Tatsächlich haben ChatGPT und seine Verwendungsmöglichkeiten gerade in den sozialen Netzwerken einen Hype ausgelöst. Der Schweizer Informatik-Didaktiker Beat Döbeli Honegger sieht eine grundsätzliche Fehleinschätzung gegenüber technischen Entwicklungen: »Bei der Einschätzung von ChatGPT gilt es nun, verschiedene Abstraktions- und damit verbundenen Zeiträume zu unterscheiden. Gewisse, versionsspezifische Eigenschaften haben eine Gültigkeit von wenigen Wochen, während gewisse grundlegende Aspekte nicht spezifisch für ChatGPT sind, dafür aber Jahre oder gar Jahrzehnte Gültigkeiten haben werden.«[123] Der für mich entscheidende Punkt beim Lernen hat aber nicht nur damit zu tun, dass die Langzeiteffekte unter- und die Kurzzeiteffekte überschätzt werden. Aus meiner Sicht unterscheidet sich die Entwicklung des Chatbots insofern von allen bisherigen technischen Entwicklungen der letzten Jahre grundlegend. Selbst die Entwicklung des iPhones hatte nicht für eine derartige Veränderung gesorgt, wie ich sie für ChatGPT und ähnliche künstliche Intelligenz prognostiziere.

Bisher konnten die Schulen jede Form der technischen Erneuerung theoretisch ignorieren. Natürlich mussten sie mit sozialem Druck rechnen, insofern die Elternschaft zeitgemäße technische Voraussetzungen anmahnte. Aber inwiefern eine digitale Infrastruktur, Geräte und Plattformen im Unterricht eingesetzt wurden, ob das volle Potenzial multimodaler Medien ausgeschöpft wurde, konnte und kann schwer evaluiert werden. Multimodal meint dabei, dass die Digitalisierung ermöglicht, verschiedene Sinne anzuregen, in Form von textlichen, auditiven, sprachlichen, räumlichen und visuellen Dimensionen. Meine Erfahrungen lassen eher darauf schließen, dass sich an der grundsätzlichen Einstellung vieler Lehrerinnen und Lehrer wenig geändert hat. Das Digitale, so heißt es bei vielen, müsse einen »Mehrwert« für den Unterricht bieten. Eine vage Formulierung, die irgendwie meint, etwas müsste besser werden als vorher.

Mythos »Mehrwert«

Dass diese Auffassung schlicht falsch ist oder zumindest keine sinnvolle Diskussion ermöglicht, wurde schon vielfach besprochen. Auch von mir selbst: »Natürlich mache ich zunächst nichts besser, wenn ich in derselben Art und Weise mit anderen Mitteln arbeite. So zu argumentieren würde bedeuten, ich wolle beweisen, dass ich mit einem Flugzeug auf einer Autobahn nicht besser fahren kann als mit einem Kraftfahrzeug.«[124] Aber obwohl diese Metapher vielen nachvollziehbar erscheint, finden doch immer wieder endlose Diskussionen darüber statt, welchen Mehrwert technische Geräte, Lernumgebungen oder Werkzeuge haben. Meiner Erfahrung nach geht es dabei oft nicht um einen wirklichen Austausch. »Sondern um die Ablehnung der Beschäftigung mit den gewaltigen Veränderungen der Gegenwart als intellektuelles Distinktionsmerkmal«[125], so Christian Stöcker, Professor für digitale Kommunikation. Mit anderen Worten: die Ablehnung des Neuen als aufpolierte Pose.

Meine Behauptung: ChatGPT und alle folgenden textbasierten Systeme verändern Schule und Lernen dann, wenn sie genutzt werden. Und ebenso, wenn sie nicht genutzt werden. Ob zum Guten oder Schlechten liegt in unserer Hand. Dabei ist diese banale Unterscheidung von gut und schlecht eine fundamentale, wenn wir über die Zukunft jener Arbeit sprechen, für die Schulen die Kinder und Jugendlichen fähig machen sollen. »Der Faktor, der die Zukunft am stärksten prägt, ist die Digitalisierung. Und der Faktor, der die Digitalisierung in den kommenden Jahren am stärksten prägt, ist künstliche Intelligenz«, so Sascha Lobo – drei Jahre bevor ChatGPT von der Öffentlichkeit genutzt wurde.[126]

Um zu verstehen, wie schnell sich Entwicklungen vollziehen, reicht ein einfacher Zeitvergleich. Während Spotify mehr als vier Jahre brauchte und Instagram immerhin noch zwei, gelang es der Kurzvideoplattform TikTok in unter einem Jahr, auf 100 Millionen Nutzer zu kommen. ChatGPT brauchte für mehr als 100 Millionen Nutzer zwei Monate! Es ist also keine hohle Phrase, von technologischer Beschleunigung zu sprechen. Dabei trifft diese nicht nur auf bestimmte Gesellschaftsbereiche zu. Gemeinsam ist allen, dass sie noch zu wenig wahrgenommen wird. »Die große Beschleunigung ist im Alltag oft kaum erkennbar, weil sie unser Leben zwar atemberaubend schnell verändert, aber eben doch langsamer, als unsere Alltagswahrnehmung das erfassen kann«[127], so Christian Stöcker. Dies hat Auswirkungen auf unser Leben und darauf, auf welche Welt wir uns vorbereiten müssen. Das gilt für unser Zusammenleben, für unser Lernen und für die Arbeit, auf die wir uns mit diesem Lernen vorbereiten.

Die Zukunft der Arbeit

Wenngleich die meisten Menschen, die sich mit der Zukunft von Arbeit und Bildung auseinandersetzen, längst wissen, was die VUCA-Welt bedeutet, sei hier nochmals auf dieses Akronym hingewiesen: VUCA steht für kurzlebig (engl. *volatile*), unsicher (engl. *uncertain*), komplex (engl. *complex*) und mehrdeutig (engl. *ambiguous*). Wer sich um die Zukunft der Arbeit Gedanken macht, kann darauf hinweisen, dass VUCA schon von dem nächsten Akronym überholt wurde, zumal wir es hier mit einem Konzept zu tun haben, dass schon in den späten Achtzigerjahren auftauchte,[128] aber erst sehr viel später im Bildungsdiskurs Anklang fand.[129] Der US-amerikanische Zukunftsforscher Jamais Cascio schlug in Bezug auf Unternehmen das Akronym BANI vor.[130] BANI steht für brüchig (engl. *brittle*), ängstlich (engl. *anxious*), nicht linear (engl. *non-linear*) und unverständlich (engl. *incomprehensible*). Die Brüchigkeit bezieht sich auf Systeme – meist auf globaler Ebene –, die nur nach außen hin stabil erscheinen. Die Ängstlichkeit auf diejenigen, die an dem System partizipieren und zwangsläufig von diesem beeinflusst werden. Nicht linear darauf, dass wir in einer Welt leben, in der die Effekte von Ursachen oftmals nichts miteinander zu tun zu haben scheinen. Und dies ist es dann wiederum, was die Zusammenhänge so unverständlich macht. Deshalb sollten wir, wie die Wissenschaftsjournalistin Mai Thi Nguyen-Kim in ihrem gleichnamigen Buch *Die kleinste gemeinsame Wirklichkeit*[131] fordert – und nachvollziehbar macht –, danach streben, die Prozesse zu verstehen, die zu den Annahmen über unsere Wirklichkeit führen.

Wenngleich die wiederholten Hinweise auf die sich beschleunigende Zeit und die Versuche, diese mittels einer einfachen Formel festzuhalten, ein wenig so wirken, als wolle man versuchen, Wasser festzuhalten, bietet eine derartige Formel doch einen entscheidenden Hinweis auf die fundamentale Veränderung der Arbeitswelt, auf die Schule *auch* vorbereiten soll.

Diese Veränderung bezieht sich nicht nur auf die Arbeit selbst, sondern auf die Frage danach, wie diese wahrgenommen und in den eigenen sozialen Zusammenhang eingebettet wird. »Die wichtigste Frage aber ist die uralte, was Arbeit eigentlich ist. Und was Arbeit nach einer radikalen Automatisierungswelle eigentlich *noch* ist.«[132] Dies ist keine Dystopie oder unwahrscheinliche Prognose. Längst sind nicht mehr nur solche Berufe von der Automatisierung bedroht, in denen Menschen sich wiederholende Tätigkeiten durchführen. In den großen Hallen von Tesla haben längst algorithmisierte Roboter die komplexen, aber monotonen Tätigkeiten der Sortierung übernommen. Die E-Autos der Marke Tesla werden zu großen Teilen durch Roboter zusammengesetzt.

Für die Arbeit der Menschen bedeutet das – neben vielen anderen Aspekten – zweierlei. Zum einen müssen wir uns Gedanken darüber machen, welche Tätigkeiten vom Menschen ausgeführt werden können und sollen. Und zum anderen, wie Arbeit eine Tätigkeit sein kann, die für den Tätigen sinnstiftend ist. Es geht schlicht nicht anders: In der Zukunft werden langweilige Tätigkeiten per Definition von Maschinen übernommen, da alles, was sich wiederholt, besser, präziser, schneller und effektiver von einer Maschine durchgeführt werden kann.

Es wäre ignorant, die simple Empfehlung, das zu finden, was man liebt, als Generalschlüssel für eine Arbeit zu präsentieren, die so zu der jeweiligen Person passt, dass sie gar nicht als Broterwerb wahrgenommen wird. Dennoch erscheint der

Hinweis darauf, dass die grundsätzliche Bereitschaft zu lernen unumgänglich ist. Der US-amerikanische Futurologe Alvin Toffler fasste dies in einem prägnanten Satz zusammen: »Die Analphabeten des 21. Jahrhunderts werden nicht diejenigen sein, die nicht lesen und schreiben können, sondern diejenigen, die nicht lernen, verlernen und wieder lernen.« In einer VUCA-Welt ist die Bereitschaft und die Fähigkeit zu lernen der erste und wichtigste Kulturzugang. Dies gilt insbesondere für moderne Gesellschaften, in denen es zunehmend wichtig wird, das der Einzelne besondere Fähigkeiten entwickelt.

Der Soziologe Andreas Reckwitz legte mit seinem Buch *Die Gesellschaft der Singularitäten* eine umfassende Theorie der Moderne vor, in der er den Strukturwandel der Gesellschaft analysierte. Wenngleich die Analyse von einer historischen Perspektive auf eine schon bestehende Praxis zielt, arbeitete er eine Entwicklung heraus, die für die Zukunft der Arbeit – und damit für das Bildungssystem – hochgradig relevant ist.

Reckwitz zeigt letztlich auf, wie eine vergangene Welt, deren Gesellschaft und Arbeitswelt von den drei Formen »Standardisierung, Formalisierung und Generalisierung«[133] abhängt, zu einer Welt der »singularisierten Lebensführung« wird.[134] Arbeit war in der Zeit vor dem dynamischen Wandel ab den Achtzigerjahren von dem Wunsch getrieben, einen Lebensstandard zu haben, den auch die Nachbarn hatten. Ergebnis der eigenen Arbeit war damit ein Lebensstil, der vergleichbar mit dem der Menschen der näheren Umgebung war.

Die Arbeit selbst wurde durch formale Strukturen organisiert, die wiederum an bestimmten Regeln hingen – die überall gleich waren. »Es handelt sich um ein umfassendes System des formalisierten und standardisierten Arbeitens.«[135] Das hatte – und hat – direkte Auswirkungen auf denjenigen, der diese Arbeit durchführt. »In den Organisationen besetzen die Arbeitssubjekte dann feste *Stellen* (sic), für die sie ihre Ausbildung formal qualifiziert … Der Arbeitnehmer übernimmt hier eine *Funktionsrolle*, die im Prinzip auch von anderen formal gleich Qualifizierten ausgefüllt werden könnte, sodass sich die prinzipielle *Austauschbarkeit* des jeweiligen Rollenträgers ergibt.«[136] Wählt man etwa den Studiengang Finanzwirtschaft und schließt ihn ab, beginnt man in der Bank zu arbeiten und bleibt an diesem Ort. Vielleicht steigt man auf, aber die Voraussetzungen für den Beruf und dessen Anforderungen bleiben gleich.

Dies ist nicht als ein Urteil zu verstehen, sondern als eine Logik solcher Arbeitsverteilung. Es spielt weniger eine Rolle, was jemand *kann*, sondern mehr, was jemand formal *ist*. Das gibt jedoch keine Auskunft darüber, ob Status und Kompetenz zusammenfallen. Sicherlich gab und gibt es viele Fälle, in denen das so ist. Entscheidend ist, dass die Funktionsrolle mit einer formalen Zugangsberechtigung einhergeht, die durch Schule und Universität vergeben wurde. Dies verändert sich nach Reckwitz nun grundlegend: »In (dem) neuen Bewertungssystem wird das Arbeitssubjekt nun in seiner Besonderheit sichtbar, es formt sich selbst in seiner Einzigartigkeit und wird von den Organisationen und Netzwerken als solches geformt … Besonderheit ist nun keine Störquelle mehr oder ein mit Indifferenz übergangener Umstand, sondern sie wird systematisch *kultiviert.* Man erwartet nicht Pflichterfüllung oder Durchschnitt, sondern die außergewöhnliche Performanz, die ›einen Unterschied macht‹.«[137]

In diesem Zusammenhang spricht Reckwitz formalen Qualifikationen – also Zugangsberechtigungen wie dem Abitur oder weiterführenden Abschlüssen – eine notwendige Bedingung zu.[138] Um eine gut bezahlte Stelle in der Kulturindustrie (etwa in der Redaktion für einen Podcast) annehmen zu können, kann das Abitur immer noch entscheidend sein, aber wichtiger werden jene Kompetenzen, die den Unterschied machen können. Die Rolle des Mitarbeiters ist dann nicht mehr über die Funktion austauschbar. »Das Kompetenzbündel … vereint in sich idealerweise verschiedenartige Facetten kognitiver, sozialer, kreativer, unternehmerischer und kultureller Kompetenz in einer einzigartigen Form.«[139]

Lösung Zukunftskompetenzen?

An dieser Stelle wäre es leicht, in verschiedene Argumentationen abzurutschen. Sie sind vorstellbar als simple Imperative, nach der sich nun jede Schule richten müsse, um den Anforderungen der gegenwärtigen Gesellschaft und Arbeitswelt gerecht zu werden. Und denen sich daraus ergebenden Ansprüchen der Zukunft.

Drei solcher falsch verstandenen Imperative klingen dort, wo sie ausgesprochen werden, wie folgt:

1. Zukunftskompetenzen sind wichtiger als Vergangenheitskompetenzen.
2. Die neue Arbeitswelt erfordert neue Kompetenzen, die explizit auf die Zukunft gerichtet sind.
3. Der schulische Leistungsdruck bereitet auf eine Arbeitswelt vor, in der der Anspruch sich durchzusetzen und sich durchzubeißen, stetig wächst.

Jeder dieser Imperative, die sich möglicherweise nicht nur plausibel anhören, sondern sich zunächst aus der näher beschriebenen Entwicklung der Arbeitswelt ergeben, ist nicht gänzlich falsch. Aber eben auch nicht ganz richtig. Die Problematik ergibt sich aus Dimensionen, die für das Lernen in der Schule von großer Bedeutung sind.

Zunächst zu dem Argument des Vorbereitens auf die Zukunft. Dass sich die Anforderungen der Arbeitswelt im Zuge der Technisierung und Informatisierung der Gesellschaft verändern, ist klar. Allerdings irritiert die große Vielfalt jener Kompetenzen, die das Label *Future Skills* trägt.[140] Future Skills bieten zwar Impulse für ein Nachdenken über das, was Kinder tun, können und wissen sollen, sie erscheinen in der Zusammenstellung jedoch oftmals willkürlich oder wurzellos – zumindest dann, wenn sie nicht mit jenen grundlegenden Kompetenzen verbunden werden, die erst die Grundlage für komplexere Fertigkeiten sind. Denn so, wie man behaupten kann, dass Schule nicht auf die Zukunft vorbereite, die keiner kennt, könnte man aus der Unkenntnis auch ableiten, ebenso wenig die Kompetenzen zu kennen, die sich aus dieser Zukunft ergeben. Verfolgt man den Bildungsdiskurs, sind Teile der gesammelten Kompetenzen, die als Future Skills verstanden werden, aber genau das: ein performativer Widerspruch, der sich nur von bestimmten Expertinnen und Experten, quasi den Trägern des Wissens über eine bestimmte Kompetenz auflösen lässt. Vereinfacht formuliert: Jemand behauptet, dass das, was Kinder und Jugendliche lernen, nicht mehr zeitgemäß ist. Der Grund: Die Zukunft ist eine andere, ist nicht vorhersehbar. Aber die Kompetenz X wird den Kindern und Jugendlichen ermöglichen, sich in dieser Zukunft zurechtzufinden. Zufälligerweise findet sich diese Kompetenz in meinem Fachgebiet, was mich zum Experten macht.

Damit ist nicht gesagt, dass es nicht Bereiche gibt, über die es sich lohnt nachzudenken. Es heißt nur, dass nicht alles, was noch nicht in der Schule Einzug gehalten hat, gleich eine Kompetenz für die Zukunft ist. Mittlerweile ist genau diese Willkür schon erforscht – mit einem sehr ähnlichen Ergebnis.[141]

Der zweite Punkt geht mit der Behauptung, nur die Zukunft sei bedeutsam, einher. Eine Beschäftigung mit künstlicher Intelligenz ist nicht obligatorisch für eine technisierte Zukunft. Aber das Argument trägt in dem Moment nicht mehr, in dem es umgekehrt werden kann. Man könnte auch argumentieren, dass gerade deshalb, weil die Zukunft ungewiss ist, Schule eine Orientierung in der Vergangenheit biete, die die Grundlage für die Weiterentwicklung ist. Diese Argumentation werden die meisten Lehrkräfte kennen, die versuchen, in ihren Schulen Veränderungen anzustoßen. Konservativismus, der sich aus sich selbst ableitet, hilft auch niemandem. Wenn es darum geht, dass Kinder und Jugendliche bestmöglich auf die Zukunft vorbereitet werden, muss dies auch den Blick zurück bedeuten, sofern er für eine wichtige Grundlage sorgt, auf der aufgebaut werden kann.

Der dritte Punkt ist ein Beispiel dafür, wie sich eine Argumentationslogik bestehenden Annahmen anpassen kann und dann nicht mehr hinterfragt wird. Anstatt zu fragen, inwiefern schulische Bildung geschehen kann, die sich einem sowieso schon bestehenden und teilweise sogar gesundheitsbeeinträchtigenden Leistungsdruck entzieht, erklärt man, es gäbe keine Handlungsmöglichkeiten. Dieser Einwand wird immer dort angeführt, wo Ideen für ein besseres Schulsystem einhergehen mit dem, was die jeweiligen Kritiker selbst erlebt haben. »Das hat uns auch nicht geschadet« wird dann zu einer Teflonschicht, die alles abperlen lässt, das Veränderung verheißt.

Was aber ist für eine Zukunft, die wir nicht kennen und von der wir nicht wissen, welche Fähigkeiten gebraucht werden, die wichtigste Grundlage in Bezug auf Bildung? Oder in den Worten von Gerhard Hüther: »Die entscheidende Frage lautet also: ›Wie lässt sich eine deutliche Verbesserung all jener Kompetenzen erreichen, die neben dem in der Schule erworbenen Wissen entscheidend dafür sind, ob und wie junge Menschen die Herausforderungen annehmen und meistern können, die sich in ihrer weiteren Ausbildung und im späteren Berufsleben stellen?‹«[142] Und er ergänzt, dass sich diese Kompetenzen nicht unterrichten lassen.

Unterricht in diesem Sinn bedeutet, vereinfacht gesagt, den Prozess der Wissensvermittlung. Aber man kann Kreativität nicht auswendig lernen. Ich kann Empathie nicht abhaken. Ich kann nicht wissen, ob ich Probleme lösen kann, wenn sich mir nur jene Probleme zeigen, für die ich mich nicht interessiere. Andererseits kann die Antwort auf Hüthers Frage auch keine vorgezogene Überforderung sein, nach dem Motto: »Wenn alles mit allem zusammenhängt und der Einzelne sehr viel mehr als in der Vergangenheit Komplexität verstehen muss, dann sollten Kinder so früh wie möglich mit ihr konfrontiert werden.« Und es ist ebenso keine Alternative, sämtliche Themen, die irgendwie relevant erscheinen, in den Schulen zu thematisieren. Es sind schlicht zu viele.

Grundlegendes Lernen

Die Antwort liegt vielmehr in der Erkenntnis, dass es nicht darum gehen kann und sollte, alles ein wenig zu lernen. Sondern vertieft zu lernen. Das zu lernen, was relevant ist. Und den Prozess des Lernens in den Mittelpunkt zu stellen. Das, woran sich das Bildungssystem dann orientiert, ist nicht eine vage formulierte Bildung. Oder zumindest nicht eine Bildung, die sich als alternativlose, einzelne Form von Bildung zu erkennen gibt. Stattdessen geht es um eine Meta-Bildung. Eine Bildung, die weitere Bildung erst möglich macht: sowohl theoretisch als auch praktisch oder dual.

Der ehemalige Fachleiter und Bildungsblogger Jan Vedder bringt diese Form der Bildung in einem Blogbeitrag auf den Punkt: »Junge Menschen brauchen Veränderungskompetenz gleichermaßen wie digitale Skills und ethisch-moralische Wertvorstellungen zur Bewältigung aktueller und zukünftiger Krisen und Komplexitäten. Das funktioniert nicht mit Lernen im Gleichschritt, mit Reproduktionswissen von gestern, nicht in Klassenräumen aus den 70er Jahren und einem 45-Minuten-Takt von 1911.«[143]

»Digitale Kompetenz« wiederum kann als Oberbegriff gefasst werden, der unterschiedliche Bereiche einer digital geprägten Kultur erfasst. Die Autoren Werner Hartmann und Alois Hundertpfund haben in ihrem gleichnamigen Buch die »digitale Kompetenz« in Bereiche aufgeteilt, die Information und Wissen, soziale Intelligenz, kritisches Denken, soziale und kulturelle Heterogenität, Rollenbilder und Zusammenarbeit und weitere Bereiche betreffen.[144] Das ist deshalb bemerkenswert, weil es einmal mehr zeigt, dass wir bei der Beurteilung dessen, was zukünftig wichtig sein wird, davon wegmüssen, die Digitalität als bloße Veränderung der Werkzeuge zu betrachten. Es geht vielmehr um eine grundsätzliche Veränderung der Gesellschaft und damit der Berufe, die ausgeübt werden. Auch diese Erkenntnis ist nicht neu. Der Informatiker Klaus Haefner stellte in *Die neue Bildungskrise* schon in den Achtzigerjahren die für die moderne Arbeitswelt entscheidende Frage: »Was soll gelernt werden, wenn die Informationstechnik wichtige Teile des menschlichen Handelns und Denkens übernimmt und wenn jeder einzelne (sic) in den Industrienationen einen leichten und billigen Zugriff zu technisch verfügbarer Information und Informationsleistung hat?« Und er fügt an: »Hiermit wird die Frage nach den richtigen Lehrplänen, nach den neuen Bildungszielen, nach der inhaltlichen Ausgestaltung der Lehre im Zentrum der Erörterung stehen müssen.«[145] Zuletzt ist es interessant und geradezu irritierend, dass Haefner schon vor mehr als 40 Jahren feststellte, dass bestimmte Inhalte – er spricht von jenen, die die Computer übernehmen könnten – weggelassen werden könnten. »Die bisherige Legitimation vieler Maßnahmen des Bildungswesens, sie alle würden ja schließlich und endlich die Berufschancen verbessern, wird … nicht erhalten bleiben.«[146]

Das bedeutet nicht, dass basale Fähigkeiten und Fertigkeiten wie Schreiben, Lesen und Rechnen – zusammen mit den eben angeführten digitalen Kompetenzen – keine Rolle mehr spielen würden. Wenn man so will, ist das Gegenteil richtig: Das Lernen der grundlegenden Fähigkeiten ist deshalb so wichtig, weil erst das basale Verständnis dafür sorgen kann, dass die nächsten Schritte – darunter jenes kritische Denken, das auch als Urteilsfähigkeit gefasst werden kann – erst möglich werden.

Diese Fähigkeit ist Teil jener 21 enger gefassten Zukunftskompetenzen, die der Stifterverband für die deutsche Wissenschaft in Zusammenarbeit mit McKinsey & Company erstellt hat.[147] Die Ergebnisse beruhen auf einer Umfrage von 377 Unternehmen und 123 Behörden. Zur Urteilsfähigkeit heißt es dort: »Reflexion von gesellschaftlichen Herausforderungen (ökologische, soziale, demokratische Ziele, UN Sustainable Development Goals, nachhaltige bzw. Kreislaufwirtschaft, Energy Literacy); bewerten wissenschaftlicher Erkenntnisse und medialer Berichterstattung.«[148]

Nun würde wohl keiner in Abrede stellen, dass die Bereiche Nachhaltigkeit, Wissenschaft oder mediale Berichterstattung nicht in der Schule vorkommen sollten. Und es ist nicht einmal so, dass die deutschen Kultusministerien nicht auf der Höhe der Zeit wären. In dem schon 2016 erschienenen Strategiepapier »Bildung in der digitalen Welt«, das Ende 2021 mit der Empfehlung »Lehren und Lernen in der digitalen Welt« ergänzt wurde, gibt es einen klar gesetzten Rahmen: »Wenn mit Blick auf die Veränderung in Produktion und Arbeitsleben im 19. Jahrhundert von einer ›industriellen Revolution‹ gesprochen wird, so ließen sich die derzeitigen Veränderungen durchaus als ›digitale Revolution‹ bezeichnen.« Noch konsequenter wird der Bildungsauftrag formuliert: »Der Bildungs- und Erziehungsauftrag der Schule besteht im Kern darin, Schülerinnen und Schüler angemessen auf das Leben in der derzeitigen und künftigen Welt vorzubereiten und sie zu einer aktiven und verantwortlichen Teilhabe am kulturellen, gesellschaftlichen, politischen, beruflichen und wirtschaftlichen Leben zu befähigen.«[149]

Wenn das die Zukunftskompetenzen sind, die nötig sind, wieso wurden sie dann nicht so kommuniziert, dass sie auch überall ankommen? Und die zweite, daran anschließende Frage könnte lauten: Wenn sogar die Kultusministerien erkannt haben, dass die digitale Welt eine andere Form der Bildung braucht, wieso kommt diese Vorstellung dann nicht in den Schulen an? Die Antwort darauf ist vielschichtig und liegt auch in dem schon dargestellten System. Und es liegt daran, dass Fähigkeiten wie Kollaboration, Kreativität, Lösungsfähigkeit oder Resilienz genauso wenig abgeprüft werden können wie die von Vedder beschriebenen ethisch-moralischen Wertvorstellungen, die in sehr nachvollziehbarer und verständlicher Form auch in den 17 Nachhaltigkeitszielen der Bildung für nachhaltige Entwicklung (BNE) erläutert werden.[150] Kurz und knapp könnte man erklären, dass Schülerinnen und Schüler gerade jene Kompetenzen, die später für die Berufswelt fundamental wichtig sind, für die Schule nichts bringen. Dass jene Haltungen, die für sie persönlich wichtig sind, in der Schule keinen Nutzen haben. Und dass jene Fähigkeiten, die sie an der digitalen Kultur teilhaben lassen, für die Schule nicht relevant sind.

Aus dieser Diskrepanz zwischen schulischen Anforderungen und gesellschaftlicher Wirklichkeit, die allenthalben wahrgenommen wird, ergibt sich die zentrale Frage an das Bildungssystem: »Wie kann Lernen zu einem Prozess werden, der selbst als so sinnstiftend wahrgenommen wird, dass sich in seiner individuellen und dialogischen Vertiefung eine Weiterentwicklung des (jungen) Menschen im Hinblick auf kognitive, physische, persönliche und professionelle Fähigkeiten ergibt?«[151]

Eine solche Frage geht über einen Bildungsbegriff hinaus, der sich an einer Arbeit orientiert, die wir bisher nicht voraussagen können. Glaubt man den Ergebnissen der Delphi-Studie »2050: Die Zukunft der Arbeit«, wird unser momentanes Verständnis dessen, weshalb überhaupt gearbeitet werden soll, in der Zukunft sowieso hinterfragt werden: »Unser Verständnis von Arbeit wird sich grundlegend wandeln: Von etwas, das wir tun müssen, um zu überleben oder ein gutes Leben zu führen, hin zu etwas, das wir freiwillig tun, um unseren Selbstwert zu steigern …«[152] Dies ist in der Tat Zukunftsmusik.

Es zeigt sich also deutlich, dass wir, wenn wir über die Zukunft der Arbeit nachdenken, nicht allzu schnelle Schlussfolgerungen ziehen sollten, was genau in »der Bildung« nun eine

Rolle spielen muss. Wenn wir das Lernen in den Mittelpunkt stellen, wird es am Ende keine fertige Bildung geben.

Es geht auch gar nicht um ein Ende, sondern um einen Anfang, der die weitere Beschäftigung in allen möglichen Bereichen überhaupt erst erlaubt. Es ist bezeichnend, dass ein solches Verständnis von Lernen und Bildung jener »vollständigen Menschenbildung« nahekommt, die Wilhelm von Humboldt in seinem Königsberger Schulplan festgehalten hat.[153] Oder mit Sascha Lobo: »Das flächendeckende Gelingen der digitalen Transformation aus ökonomischer Sicht wird maßgeblich von Bildung und Weiterbildung abhängen.«[154] Bildung muss deshalb eine Form des Lernens beinhalten, die gleichzeitig Voraussetzung und Grundlage für die Weiterarbeit in einer durch Digitalität geprägten Welt ist.

TEIL III

LERNEN IST NICHT GLEICH LERNEN

Das Warum muss ins Zentrum des Lernens

An einem Abend Mitte Oktober des Jahres 2022 schleiche ich durch den Backstage-Bereich des Mozart-Saals in der Stuttgarter Liederhalle. Bald werde ich einen TEDx-Talk halten. Das mittlerweile weltweit bekannte Vortragsformat hat einen präzisen Kern: Ideas worth spreading![155] Ideen also, die es wert sind, dass man sie verbreitet. Auf YouTube wurden vor allem die US-amerikanischen TED Talks millionenfach angeklickt und bereicherten damit als Denkimpulse das Leben einer riesigen Anzahl von Menschen. Grund genug, dass ich in einer Kolumne für das Deutsche Schulportal einen bundesweiten Schul-TED-Talk gefordert habe.[156] Wie großartig wäre es, wenn einmal im Jahr alle Schulen des Landes die Gelegenheit hätten, inspirierenden Menschen innerhalb und außerhalb des Kollegiums dabei zuzuhören, welche Ideen sie für Schule und Lernen haben.

Monate vor meinem eigenen Talk hatten mich die Initiatoren angeschrieben. Nach einer Videovorstellung und einem Text, der Motivation und Idee verdeutlichen sollte, trafen sich die Vortragenden zu gemeinsamen Rehearsals, also zu einer Art begleitetem Vortrag, den die Anwesenden, selbst Vortragende, kritisieren konnten. Die Idee: sich weiter verbessern, sodass der Vortrag am Ende der beste ist, den man zu leisten imstande ist.

Die Idee, die ich vor den anderen Vortragenden präsentierte, war zunächst eine ganz andere als jene, die ich später vor

400 Zuschauerinnen und Zuschauern in der vollen Liederhalle besprach. Zunächst wollte ich über das reflektierte Lernen im digitalen Wandel sprechen. Und darüber, warum ich der Auffassung bin, dass die Digitalisierung oftmals zu eng gefasst wird.[157] Dass es also um mehr gehen muss als um eine effizientere Verwaltung. Oder darum, vorgefertigte bunte Grafiken mit neuem Inhalt zu füllen. Sondern darum, wie sich das Lernen unter den Bedingungen des digitalen Wandels verändert. Und wie wir zu einem Lernen kommen, dessen Prozesse von den Lernenden selbst wahrgenommen, also reflektiert werden.

Dennoch war ich nach dem ersten Rehearsal nicht zufrieden. Ja, das Digitale ist wichtig, wie nicht zuletzt in diesem Buch beschrieben. Dennoch hatte ich gemerkt, dass ich mehr in die Breite wollte. Und dass sich ein Gedanke immer mehr als Grundlage meiner Ansichten über Schule festigte. Diesen Gedanken formulierte ich an der einen oder anderen Stelle, aber nie war er mir so deutlich vor Augen wie in einer Nacht, in der mein Gehirn Achterbahn fuhr und ich versuchte, eine Brücke zu dem kommenden Talk zu schlagen. Viele werden die Situation kennen, in der man verzweifelt versucht, endlich in den Traum überzugehen, und allein diese Verzweiflung dazu führt, dass man es nicht schafft. Stattdessen dachte ich über diesen einen Gedanken nach, besser: über eine Frage: Warum halten so viele junge Leute all das, was sie gelernt haben, für unnütz oder nicht relevant?

Schlimmer noch: Bevor Schülerinnen und Schüler die Schule verlassen, erleben sie etwa 5000 langweilige Stunden.[158] Schülerinnen und Schüler der Jahrgangsstufe neun gaben in einer Studie an, sich etwa 50 Prozent der Zeit im Unterricht zu langweilen.[159] In Deutsch, meinem Lieblingsfach, finden nur 18 Prozent der Jugendlichen in Klasse neun die Themen interessant.[160]

In einer anderen Studie von 2014 wurde herausgearbeitet, welche Gründe diese Langeweile oftmals hat: 91 Prozent der jungen Leute gaben an, dass die Langeweile aufgrund von Unterrichtsmerkmalen entstanden sei. Darunter das Gefühl der fehlenden Kontrolle, die fehlende Eingebundenheit in den Unterricht, uninteressante oder als »nutzlos« erlebte Themen, die Monotonie des Unterrichtsgeschehens oder das Erleben von Sinnlosigkeit.[161]

Das muss man sich mal auf der Zunge zergehen lassen: In einer Gesellschaft, in der immer wieder behauptet wird, Bildung sei das höchste Gut, empfinden ihre Empfänger Langeweile und Sinnlosigkeit. Man müsste von einem Verhinderungssystem sprechen. Und wir bräuchten ein Ermöglichungssystem. Aber es könnte längst andere Wege geben.

Der Schulpsychologe Benedikt Wisniewski konstatiert in seinem Podcast »Psychologie fürs Klassenzimmer« zu dieser Studie zu Recht: Das Phänomen der Langeweile habe klar eingrenzbare Ursachen, die zu einem hohen Grad vermieden werden können.[162] Oder könnten, denn das hätte eine Veränderung der gesamten Lehr- und Lernsituation zur Folge.

Zunächst ergaben sich auf meine Ausgangsfrage, über die ich so lange nachgrübelte, Antworten, die wenig vernünftig oder überzeugend erschienen, die man aber durchaus immer wieder hört. Eine davon: Die jungen Leute sind einfach noch nicht in der Lage, zu begreifen, dass das, was sie gelernt haben, relevant ist. Langeweile als Zeichen von Unreife? Das verschiebt die Verantwortung, und man muss gar nichts mehr ändern. Andererseits stellt das Phänomen Langeweile dem Schulsystem auch kein gutes Zeugnis aus. Wenn nach zwölf Jahren Schule nicht klar ist, warum diese sinnvoll gewesen sein soll, hat sie es nicht geschafft, das deutlich zu machen. Sind es also die Inhalte, die schlicht zu langweilig sind?

Die Antwort, die sich daraus ergibt, ist für das Schulsystem noch schwerer zu ertragen. Sie lautet: Nichts von dem, was in der Schule gemacht wird, ist überhaupt relevant. Mit anderen Worten: Alles, das momentan in der Schule gelernt werden muss (oder gelehrt wird), ist sinnlos. Revolutionäre Stimmen aus dem Bildungsdiskurs blasen in dieses Horn. Die Antwort darauf ist dann so eingängig wie wenig komplex: Die Schülerinnen und Schüler sollten einfach nur noch das wählen können, was sie selbst interessant oder nützlich finden. Wirklich?

Was aus meiner Sicht gegen eine solche Sicht steht, ist die Frage: Wie soll man etwas interessant finden, von dem man nicht weiß, dass es existiert? Und genau diese Frage wurde zum Kern meines Vortrags, dessen These lautete: »Das Warum muss ins Zentrum des Lernens!« Etwas einfacher: Jede Lehrkraft muss zu jeder Zeit nachvollziehbar machen, warum etwas gerade Thema ist. Und zwar ohne ihre Autorität oder den Lehrplan auszuspielen.

Bei dieser Ausgangshypothese ist es jedoch nicht geblieben. Vielmehr wurde daraus eine viel fundamentalere Forderung nach einer Bildung, die den Lernprozess in den Mittelpunkt stellt. Denn Sinnhaftigkeit zu erleben funktioniert nur, wenn diese erfahren oder erfahrbar gemacht wird. »Lernen braucht Begeisterung. Begeisterung braucht Bedeutsamkeit. Bedeutsamkeit braucht Sinn.«[163]

Gleichzeitig reicht es nicht aus, die Forderung eines sinnstiftenden Lernens in die Diskussion zu bringen, ohne die oftmals über Jahrzehnte gewachsenen Strukturen des Schulsystems anzusprechen. Denn die Bedingungen des Systems und die Schaltstellen einer funktionierenden – und in den meisten Fällen eben nicht funktionierenden – Bildung zu ignorieren, wäre idealistisch, wahrscheinlich aber eher naiv. Ketzerisch könnte man äußern, dass man sich nicht aufregen müsse, denn es funktioniert ja. Noch. Es stehen jedenfalls keine Scharen von verbeamteten Lehrerinnen und Lehrern vor den Landtagen der Länder und ignorieren das Streikverbot, weil es ihnen zu viel wird. Es gibt keine Elternaufstände, keine Schülerstreiks. Es gab zwar einen nationalen Bildungsprotest[164], aber selbst dieser war allenfalls ein Strohfeuer. Einerseits.

Andererseits könnte man anführen, dass gerade der gravierende Lehrermangel ein Zeichen dafür ist, dass ein System es versäumt hat, attraktiv für jene Studierende zu sein, die es ausbildet – Studierende, von denen zwischen 2010 und 2018 konstant ein Drittel das Studium wieder abgebrochen hat.[165] Immerhin war das ein Hauptargument gewesen, um die Schulzeit bis zum Abitur auf zwölf Jahre zu verkürzen.[166] Die Millionenindustrie der Nachhilfeinstitute, die ganz nebenbei die Chancenungleichheit vertieft,[167] weist ebenfalls darauf hin, dass Schulen keine Lernorte sind, sondern Zertifizierungsanlagen.

Föderaler Brandbeschleuniger

Leider scheinen die Länder selbst diese Aufgabe nicht erfolgreich zu gestalten. Jedenfalls werden die Rufe nach einer Abschaffung des Bildungsförderalismus lauter. »Wir halten den Bildungsförderalismus für gescheitert«, so Mathias Brodkorb und Katja Koch in ihrem Buch *Der Abiturbetrug*.[168] Selbst wenn man den Autoren nicht darin folgt, die Abiturientenquote herunterzuschrauben und das Heil in einem zentralen Abitur zu sehen, ist doch festzuhalten, dass zumindest eine scharfe Kritik am Bildungsföderalismus nichts ist, für das man sich noch rechtfertigen müsste. Im Gegenteil.

Der Bildungsförderalismus, der durch die Besatzungsmächte nach dem Zweiten Weltkrieg als Gegenbewegung zu einem leichter manipulierbaren zentralistischen System implementiert wurde,[169] hält immer noch an der Idee des »Wettbewerbs der Länder«[170] fest, die aber als Papiertiger bezeichnet werden muss. Corona als Brennglas für ein defizitäres Bildungssystem wurde als Metapher in den letzten Jahren überstrapaziert. Dennoch darf man annehmen, dass hier etwas deutlich geworden ist.

So könnte man für den Bildungsföderalismus das konstatieren, was Armin Nassehi für die gesamte Gesellschaft feststellt, nämlich dass ihre Routinen »nicht schnell genug, nicht genau genug, nicht konsequent genug« auf die Herausforderungen reagieren konnten.[171] Damit wird der Föderalismus in dieser Lage zu einem Brandbeschleuniger. Sowohl für eine konkrete Politik als auch ganz konkret für Familien, zum Beispiel wenn diese nach einem Umzug versuchen, das Kind in einer Schule in einem anderen Bundesland anzumelden.

Das ist keine Überraschung, aber könnte man von einem Bildungsförderalismus, der einem Wettbewerbsgedanken unterliegt, nicht erwarten, dass gute Ideen flächendeckend implementiert werden? Hätte das im Falle der Reaktion auf Corona nicht bedeuten müssen, dass ein Impulspapier mit didaktischen Hinweisen für das Lernen auf Distanz, wie es das nordrhein-westfälische Schulministerium veröffentlichte,[172] flächendeckend übernommen werden muss? Damit wir uns ein Bild machen: Das Impulspapier war kein Hexenwerk, sondern eine sinnvolle Auflistung von Empfehlungen für gelingendes Fernlernen. Es erschien im Februar 2021, wohingegen die offizielle Handreichung in Baden-Württemberg sieben Monate später erfolgte – zu einem Zeitpunkt, an dem es qua Beschluss der Kultusministerkonferenz[173] kein Fernlernen mehr geben sollte. Das Scheitern gemeinsamer Konzepte zeigt, dass jeder das machte, von dem er glaubte, dass es das Richtige sei.

Nun ist ausgerechnet die Krise nicht die Zeit, in der man verlangen kann, dass alles auf Anhieb richtig läuft, aber man kann es auch anders sehen: Wie funktionsfähig ist ein vielgliedriges System, das es in einer solchen Situation nicht schafft, basale Informationen über gelingenden Unterricht auszutauschen?

Wenn wir hier am kleinstmöglichen Problem scheitern, das im Grunde darauf reduziert werden kann, erprobte Empfehlungen von der einen zur anderen Homepage zu kopieren – was sagt das über größere, komplexere Herausforderungen aus? Über gemeinsames Lernen? Über Chancengleichheit unabhängig vom Elternhaus? Inklusion? Über ein gleichwertiges Abitur und damit über gleiche Chancen für den Beginn eines Studiums? Oder gar über ein gemeinsames Verständnis darüber, was Bildung und Lernen im 21. Jahrhundert sein oder leisten soll? Das alles verweist auf eines: Es ist kompliziert.

Learning by doing

Es soll aber auch deutlich werden, dass man, wenn man es darauf anlegt, gar nicht aufhören kann, Probleme des Bildungssystems aufzulisten. Doch es geht nicht um eine Auflistung, sondern um eine Perspektive, die das Verständnis vom Lernen verbessert. Einem Lernen im und außerhalb des Klassenraums. Einem Lernen der Lehrerinnen und Lehrer. Einem Lernen von Institutionen. Einem Lernen, dessen Bedeutung durch diejenigen, die lernen, erkannt wird. Und damit muss das Warum ins Zentrum dieses Lernens!

Diese Forderung beruht auf meiner persönlichen Erfahrung, basiert aber zudem auf wissenschaftlichen Erkenntnissen darüber, wie Lernen funktioniert. Diese Erkenntnisse existieren schon seit Jahren, kommen aber in der praktischen Anwendung der Schulen zu kurz. Der US-amerikanische Pädagoge, Bildungspolitiker und Philosoph John Dewey (1859–1952) formulierte Ende des 19. Jahrhunderts Grundsätze, die in der Diskussion ums Lernen eine Rolle spielen – oder spielen sollten. Dewey, der das Konzept des »Learning by doing« erdachte, ging es um den einzelnen Menschen, aber immer im Hinblick auf eine demokratische Gesellschaft. So war Schule seiner Meinung nach dazu da, den Grundstein für Lernoffenheit zu legen.[174] Daran schloss er die Aufgabe der Schule an, für Demokratieerziehung zu sorgen und gleichzeitig dafür, dass ein Kind in die Lage versetzt wird, über sein eigenes Leben zu bestimmen. Dabei sollte nicht alles festgesetzt sein, sondern es ging Dewey um eine »dynamische Offenheit«: »Diese Dynamik braucht ständige Aushandlungsprozesse. Daher sind kommunikative Fähigkeiten fundamental.«[175] In einem Essay mit dem Titel »My Pedagogic Creed« (»Mein pädagogisches Glaubensbekenntnis«) zählte er pädagogische Grundsätze auf, deren Modernität geradezu ins Auge springt.[176] Unter anderem formulierte Dewey in kurzen Sätzen, die er jeweils mit »Ich glaube« (engl. »I believe«*)* begann, dass »die einzig wahre Bildung durch die Anregung der Stärken des Kindes« entstehen könne,[177] dass das ein Wissen der sozialen Zusammenhänge erfordere[178] und dass die Schule primär eine soziale Institution sei und Bildung deshalb der Prozess des Lebens selbst, nicht etwa die Vorbereitung eines zukünftigen Lebens. »Ich glaube, dass Schule das Leben repräsentieren sollte – Leben, so real und lebendig dem Kind gegenüber wie jenes, dass es zu Hause erlebt, in der Nachbarschaft oder auf dem Spielplatz.«[179]

Es fällt schwer, in diesen Äußerungen nicht das Fundament einer Diskussion über zeitgemäßes Lernen[180] zu erkennen, die wieder und wieder geführt wird. Denn konkret bedeutet dies, Aushandlungsprozesse zu erlauben, nein, sie zu initiieren. Selbstwirksamkeit und sinnstiftendes Lernen braucht die Aushandlung allein deshalb, weil sie Kinder und Jugendliche aus einer passiven Haltung heraus in die Aktivität holt. Übrigens auch eines von Deweys Grundprinzipien: »Kindliches Lernen funktioniert zuerst über unmittelbar praktische Erfahrungen und erst nachträglich über die Reflexion der Erfahrung.«[181] Das heißt nicht, dass eine Lernsituation nicht im Klassenzimmer stattfinden kann, und auch eine für den tradierten Unterricht übliche Form der kommunikativen Auseinandersetzung kann ein Weg der Erfahrung sein. Aber wenn man nicht nur lange bestehenden Erkenntnissen von Pädagogen Glauben schenken will, sondern ebenso der aktuellen Hirnforschung, dann kann das Primat des Lernens durch Erfahrung so verstanden werden: »Eine Veränderung im Außen, die im Innen nichts bewirkt, oder eine Veränderung im Innen, der mit einer bereits vorhandenen und hinreichend effizienten Reaktion begegnet werden kann, bleibt für eine Zelle gleichermaßen bedeutungslos wie für eine Organisation oder ein soziales System.«[182]

Bei diesen Worten muss ich an Gäste meines Podcasts »Die Schule brennt« denken, die in den verschiedensten Varianten von der Bedeutungslosigkeit des Lernens sprachen. Oder davon, dass sie gar nicht erst in die aktive Auseinandersetzung kamen. Da war Maximilian Pollux, der spätere Schwerstverbrecher, der es schlicht nicht schaffte, dauerhaft still zu sitzen. Oder der Motivationscoach Biyon Kattilathu, der eine lange

Zeit vor der Tür verbringen musste, weil er die Anweisungen nicht genau so befolgen wollte. Oder Aljosha Muttardi, der sich in seinem schulischen Umfeld nicht traute, zu seiner Sexualität zu stehen. Es gibt viele Beispiele wie diese, in denen es Schule nicht geschafft hat, eine Veränderung im Innen zu bewirken. Einfach deshalb, weil sie nicht Priorität hat.

Die Bedeutung des eigenen Tuns

Was besagt das speziell für das Lernen? Es besagt, dass das Lernen, und zwar unabhängig von Fach oder Lehrkraft, nach dem Prinzip der Bedeutsamkeit ausgerichtet werden muss, zumindest dann, wenn man als Ziel der Schule annimmt, dass sie die Persönlichkeit in einem Sinne beeinflusst, die im Positiven noch lange nach ihrem Verlassen wirksam ist: »Wahre Größe und Kurzsichtigkeit vertragen sich nicht miteinander. Bedeutende Leistungen können nur dann erreicht werden, wenn man seine eigenen Ansichten erweitert und sie in Richtung Horizont verschiebt.«[183] Das mag sich poetisch anhören, ist aber harte Prosa. Eine solche Verschiebung der Ansichten kann als Lehrkraft miterlebt werden, sobald sich ein sinnstiftendes Lernen für Schülerinnen und Schüler offenbart.

So beispielsweise beim Schreiben im Internet, dem Bloggen. Diese Tätigkeit, die ich ab der zehnten Klasse neben und im Unterrichtsgeschehen initiiert habe, zeigte über Jahre den Unterschied zwischen einem schulischen Schreiben, das einem Malen nach Zahlen gleicht, das man bei typischen Interpretationen umsetzen muss, und einer bedeutsamen Tätigkeit. Natürlich lässt sich ein solches Beispiel nicht auf alle Altersstufen übertragen, allein weil durch die unterschiedlichen Entwicklungsstufen der Kinder auch unterschiedliche Bedürfnisse entstehen.[184] Der Pionier der Entwicklungspsychologie, der Schweizer Jean Piaget (1896–1980), vertrat dazu folgende Auffassung über das Lernen: »Die einzige dem kindlichen Denken angemessene und im Hinblick auf Lernleistung wirkungsvolle Methode ist … die des aktiven Unterrichts.«[185]

Die einfache Überlegung vor dem ersten Blogprojekt, das ich erst im Nachhinein mit Dewey, Piaget und anderen im Einklang sah, war, wie sinnvolles Üben aussehen kann. Dass Automatismen entscheidend sind, daran lässt sich längst nicht mehr zweifeln. Die Frage ist eher, inwiefern ein solches Üben und Vertiefen in der Schule wichtig sind. Und inwiefern die Übung selbst sinnstiftend oder motivierend sein kann.

Schreiben übt man am besten durch Schreiben. Aber wann genau? Auch in der Oberstufe gibt es wenig Zeit für jene Praktiken (nicht Inhalte), die im Grunde viel bedeutsamer sind als inhaltliche Details. Diese stehen aber auf dem Lehrplan. Muss also Thomas Manns *Bekenntnisse des Hochstaplers Felix Krull* in einer sechsstündigen Arbeit mit Franz Kafkas Roman *Der Verschollene* verglichen werden, muss zuvor natürlich über beide Bücher diskutiert werden.

Ein eigener Blog war also der Ansatz, die Übung in sinnstiftende Inhalte zu überführen. Die Schülerinnen und Schüler bekamen meist mehrere Impulse, die sich an aktuellen Anlässen orientierten: Sollte man gendern? Ist die Cannabis-Legalisierung sinnvoll? Themen also, die den Erfahrungshorizont der Oberstufenschülerinnen und -schüler betrafen. Der letzte Impuls bestand immer darin, alles zu ignorieren und über ein eigenes Thema zu schreiben. Diese Möglichkeit wurde häufig voll ausgenutzt. Die Themenwahl war so ergiebig, so vielschichtig und interessant, dass sich allein daraus neue Diskussionsanlässe ergaben.

Eine Schülerin, die vor einigen Jahren bei diesem Projekt mitmachte, schrieb über das Führen des Blogs, zunächst über die Überforderung und Orientierungslosigkeit, die sie verspürte, als sie zusammen mit den anderen den Auftrag bekam, Texte ins Internet zu schreiben. Dies änderte sich jedoch: »Aber als ich dann fertig war und mein erster Beitrag online ging, war ich komischerweise sogar ein bisschen stolz auf mich. … Mein erster Text, den ich frei geschrieben habe und nicht über irgendein Gedicht oder eine Kurzgeschichte. Sondern über etwas, das *mich* interessiert und bewegt, und über etwas, über das ich gerne schreibe. … Nach und nach kamen Leser dazu, die nicht zu meinem Kurs gehörten. Und das war das eigentlich Überraschende daran. Nicht nur, dass ich Spaß daran hatte, sondern dass sich fremde Leute meine Texte durchgelesen haben und sich dafür interessierten, was ich zu sagen habe.«[186]

Es lohnt sich, die Zeilen genauer anzuschauen. Hier schreibt eine junge Frau – Jahre nachdem sie die Schule verlassen hat – über eine Lernerfahrung. Eine Übung. Oder in bildungssprachlicher Prosa: einen Kompetenznachweis. Erinnern wir uns an Dewey und fügen nochmals eine mehr als 100 Jahre alte Grundüberzeugung des Pädagogen an: »Ich glaube«, so Dewey, »dass Interesse das Zeichen und Symptom wachsender Leistung ist. Ich denke, dass es entstehendes Potenzial zeigt. Dementsprechend muss die konstante und sorgfältige Beobachtung der Interessen (der Schülerinnen und Schüler) von äußerster Wichtigkeit sein.«[187]

Zurück zum Blogbeitrag: Die einstige Schülerin schrieb auch über Bedeutsamkeit: über Stolz! Über das Überwinden von Hürden: Zuvor war die Aufgabe als »schrecklich« eingestuft worden. Über die Erfahrung des Erfolgserlebnisses. Über persönliche Betroffenheit. Und über Selbstwirksamkeit über die Mauern des Klassenzimmers hinaus. Jürgen Kaube, Mitherausgeber der *FAZ*, erläuterte in seinem Buch *Ist die Schule zu blöd für unsere Kinder?*, dass es darum gehe, »Kinder und Jugendliche an eigene Lebensführung durch Lernen und ein lernfreundliches Verhalten heranzuführen«.[188] Wunderbare Worte: »Lebensführung durch Lernen«. Hier zeigt sich einmal mehr die Vielschichtigkeit des Begriffs, denn es geht zwar auch, aber eben nicht nur um individuelle Aneignung. Lernen erstreckt sich aber hier auch in das Zusammensein hinein, in die solidarische, gemeinsame Tätigkeit.

Zurück zum Beispiel: Unabhängig davon, dass Schreiben und Lesen die Grundlage für kulturelle Teilhabe ergeben, würde der Hinweis ins Leere laufen, dass ja nicht alle Menschen später »was mit dem Internet machen«. Denn erstens kann man sich da nicht so sicher sein, und zweitens erscheint es zweifelhaft, dass es auch nur einen Beruf gibt, bei dem die Fähigkeiten, die hier gebraucht werden, nicht wichtig sind, so die kreative Beschäftigung mit neuen Themen, die eigene Erschließung, die Aneignung, die strukturierte, unterhaltsame Wiedergabe. Und letztlich die Selbstwirksamkeit.

All dies ist auf unterschiedlichen Niveaus und in unterschiedlichen Altersstufen zu erreichen und hat nicht zwangsläufig mit einem digital erweiterten Lernen zu tun. Sicher jedoch damit, dass erfahren werden kann, wie sich Lernen anfühlt, bei dem es nicht darum geht, die Schlüsselbegriffe vorgefertigter Instruktionen innerhalb von ein paar Stunden auf kariertem oder liniertem Papier zu notieren.

Wenn wir die Erstellung digitaler Produkte wie Kurzfilme, Stop-Motion-Filme oder Präsentationen als Beispiele anführen wollen, so kann die Argumentation über deren Bedeutung für jene »Lebensführung durch Lernen« erfolgen. Nicht etwa, weil jedes Kind im späteren Beruf Kurzfilme drehen müsste. Sondern weil die unterschiedliche Gestaltung mit den zur Verfügung stehenden Möglichkeiten der digitalen Gesellschaft eine Übersicht darüber gibt, was möglich ist. Und damit zeigt sich, was Lernen – vor allem aber schulisches Lernen – leisten sollte: nicht nur zu lernen, was ist, sondern zu lernen, was sein könnte.

Leidenschaftliche digitale Bildung

Es ist deshalb wichtig, den Wert solcher digitaler Arbeiten darzustellen, weil diese Arten des Lernens (und die daraus entstehenden Produkte) häufig den Inhalten entgegengestellt werden, die meist aus einer Jahrzehnte gewachsenen und damit einer scheinbaren Normalität angehörenden Bildungstradition stammen. Damit kommen jene in Rechtfertigungszwang, die den Kindern ein Lernen ermöglichen wollen, das sie nicht nur motiviert, sondern das auch den Anspruch an eine moderne Allgemeinbildung erfüllt. In seinem dieses Jahr erschienenen Buch *Mit KI zu leidenschaftlicher Bildung* will der Autor und Professor Olaf-Axel Burow zeigen, wie dies für eine Schule der Zukunft umgesetzt werden kann. Digitalität und künstliche Intelligenz werden damit nicht zu Prothesen, mit denen das eigene Lernen outgesourct wird, sondern zu Assistenten und Werkzeugen, die neue Möglichkeiten der Gestaltung erlauben. Und zu einer solchen Gestaltung motivieren.

Der motivationale Aspekt, die Frage also, ob die Kinder aus eigenem Antrieb handeln (soweit das innerhalb einer Pflicht, die Schule beziehungsweise den Unterricht zu besuchen überhaupt völlig frei möglich ist), spielt dabei eine zentrale Rolle. Etwas allgemeiner formuliert: Die Lernmotivation hat zunächst mit der erwarteten Erreichbarkeit durch die eigenen Handlungen und den Wert der Folgen zu tun: »Die Motivation ist dann hoch, wenn zum einen die Wahrscheinlichkeit hoch ist, ein Ergebnis mit den eigenen Möglichkeiten erreichen zu können, und zum anderen die Folgen dieses Ergebnisses wünschenswert sind und hohe Relevanz besitzen.«[189]

Motiviert bis in die Haarspitzen

Die Lernmotivation selbst kann in verschiedene Arten unterteilt werden: das Interesse am Thema, das Lernen hinsichtlich positiver oder negativer Folgen (extrinsische Motivation), die Lern- und Aufgabenorientierung als Wunsch nach der Steigerung der eigenen Fähigkeiten, die Hinwendung zur eigenen Tätigkeit, die Orientierung an Bezugspersonen oder eben die sogenannte intrinsische Motivation.[190]

Entscheidend ist die Motivation aus dem eigenen Antrieb heraus – die intrinsische Motivation. Nicht jeder Lerngegenstand kann eine solche hervorrufen, aber allein die Begründung dafür, warum eine Aufgabe notwendig ist, kann die Bedeutung steigern.[191] In der Selbstbestimmungstheorie, einer inhaltlichen Motivationstheorie, von Edward L. Deci und Richard M. Ryan, beschreiben die Autoren Faktoren für ein Lernen, in dem Autonomie, Kompetenz und soziale Eingebundenheit für eine intrinsische Motivation sorgen können, die wiederum Basis für ein sinnstiftendes und bedeutsames Lernen ist.[192] Im Grunde kennt dies jeder, der von sich aus lernt. Was nur möglich ist, wenn man die richtige Einstellung hat. Jede Form eines Lernens, das aus einem selbst heraus geschieht, braucht dieses Gefühl des Könnens, also die Kompetenz. Und die Autonomie, die Möglichkeit also, selbst etwas zu tun, ohne jedes Mal angewiesen zu werden. Die soziale Eingebundenheit mag später weniger wichtig werden, bleibt aber ein beachtenswerter Baustein, gerade dann, wenn man mit anderen zusammen beginnt, etwas zu lernen.

Diese Erkenntnisse, auf die ich später noch einmal zurückkommen werde, sind deshalb so fundamental wichtig, weil sie die Frage nach der Nützlichkeit hin zur Frage nach der Relevanz verschieben.

Dieser Hinweis erscheint mir vor allem mit Blick auf die oftmals im Netz vorzufindende Anklage gegen das unnütze Bildungssystem sinnvoll. So wird beispielsweise in Tausenden Videos auf TikTok oder Instagram erklärt, dass es überhaupt keine Schule mehr geben solle – außer wenn diese auf den Umgang mit Geld vorbereite. Unabhängig davon, dass ein Mathematikunterricht, der das Warum ins Zentrum stellt, in der Tat begreifbar machen sollte, inwiefern das erworbene Wissen auf dem Finanzmarkt nützlich sein könnte, zeigt sich hier eine funktionalistische Bildungsauffassung, in der Bildung zu einer neoliberalen Handlungsleitlinie werden soll. Aus dieser Sicht ist nur noch jenes Lernen sinnvoll, dass als direkte Handlung in den Alltag überführt werden kann. Oder mit dem man Geld machen kann. Damit müssten dann aber nicht nur Steuererklärungen, Mietverträge und Versicherungen in den Bildungsplan, sondern auch Waschmaschinen, Kfz-Mechatronik oder Fliesenlegen. Nicht dass man nicht davon profitieren könnte, aber gerade die Spezialisierung nach der Schule erlaubt einer Gesellschaft eine Verteilung der Aufgaben. Im besten Fall nach einem Interesse und einem Schwerpunkt, den man sich als junger Mensch selbst überlegt hat.

Sinnstiftendes Lernen muss also nicht zwangsläufig nützlich sein. Zumindest nicht in dem oben erwähnten Sinn. Relevanz statt Nützlichkeit hebelt damit eine falsche Kategorie bei der Beurteilung von Lernen und Bildung aus. Indem wir wissen, warum wir lernen, erhalten wir eine Grundlage dafür, dieses Lernen als für uns bedeutsam zu empfinden. Die Bedeutsamkeit vom Lernen wiederum kann in einem Warum ihren Ausdruck finden, das verdeutlicht, dass die Leitlinie jedes Lernens sich danach ausrichten muss, wie Kinder und Jugendliche es in ihre Welt integrieren können. Oder es führt zu dem Verständnis, warum es auch einer Abgrenzung von Inhalten bedarf. Man muss nicht immer alles sofort sinnvoll finden. Distanz ist ab und zu sogar gut, um sich einer Sache neugierig nähern zu können. Wenn dann irgendwann der Punkt erreicht ist, an dem der Gegenstand als sinnvoll erkannt wird, kann er immer noch in das Leben integriert werden.

Das geht natürlich nur, wenn die Möglichkeit für diese Erkenntnis gegeben wird. Genau deshalb ist lernen nicht gleich lernen. Ja, wir Menschen können viel lernen. Auch wenn es nur darum zu tun ist, dass wir es müssen.

Aber das bedeutsame Lernen, das uns motiviert und uns wachsen lässt, dieses Lernen ist es, das ins Zentrum schulischer Bildung muss. Ein Lernen im Tun, in der Gemeinschaft, in dem Respekt für uns selbst und andere zu einem zentralen Bestandteil wird. Und ein Lernen, das mit den Mitteln und Wegen unserer Jetztzeit umgeht.

Alles dreht sich um Motivation und Inspiration

Das Jahr 1975 war ein wichtiges auf der Weltbühne. Nach 20 Jahren endete in Vietnam ein Krieg, der noch heute für einen ungerechtfertigten Stellvertreterkrieg steht und der immer dann herangezogen wird, wenn die USA über Auslandseinsätze ihrer Armee diskutieren. Auf der anderen Seite des Atlantiks ging mit dem Tod des spanischen Diktators Francisco Franco eine Ära des Schreckens zu Ende, die zwar in der Demokratie mündete, aber über Jahrzehnte nicht aufgearbeitet wurde. Fernab von diesen weltverändernden Ereignissen markierte das Jahr aber auch eine Revolution in der Bildung. Oder zumindest rückwirkend betrachtet eine hätte sein sollen, wenn die Forschungsergebnisse von Ryan und Deci eine tiefere Wirkung in den Schulen gehabt hätten. Denn mit ihren Büchern über Motivation hielten sie eine bahnbrechende Erkenntnis fest, nämlich dass das bisherige Modell von Arbeit und Belohnung einem fundamentalen Irrtum unterlag. Dieser Irrtum offenbarte, warum so viele Menschen mit ihrer Arbeit und so viele Schülerinnen und Schüler mit dem Lernen unzufrieden waren und noch immer sind. In dem Buch *Drive. Was wirklich motiviert* beschreibt der US-amerikanische Autor Daniel H. Pink, wie kurzfristige Belohnungen, wie sie etwa in Schulen durch Noten ausgeteilt werden, das Gegenteil dessen erreichen, was oftmals kolportiert wird. »Wenn Institutionen – wie Familien, Schulen, Unternehmen und Sportmannschaften – sich auf den Kurzzeiteffekt konzentrieren und sich für die Kontrolle des menschlichen Verhaltens entscheiden, hinterlassen sie mit diesen Methoden einen beträchtlichen langfristigen Schaden.«[193] Genau dieser Schaden ist es, den Ryan und Deci, auf die sich Pink bezieht, herausgearbeitet haben. Was heißt: Durch Belohnungen von außen stirbt die Motivation von innen.

Zwar können Belohnungen für monotone Aufgaben, bei denen immer dasselbe getan werden will, eine Wirkung haben. Bei längerfristigen Aufgaben ist dies jedoch nicht so oder sorgt sogar für das Gegenteil. Lernen ist per se auf einen nachhaltigen Effekt ausgerichtet – oder sollte es sein. »Das menschliche Lernen ist ein langsamer Prozess, der eher über Monate und Jahre als über Stunden und Tage geschieht«[194], so der bekannte Bildungsforscher John Hattie. In diesem Sinne erreicht Schule oftmals die Umkehrung dessen, was sie erreichen sollte. Dazu nochmals Pink: »In Bildungssystemen, die auf standardisierte Prüfverfahren, Noten und ›Wenn-Dann‹-Belohnungen ausgerichtet sind, haben Schüler oft keine Ahnung, warum sie tun, was sie tun. Schaffen Sie Veränderung, indem Sie Kindern helfen, über den eigenen Tellerrand zu blicken. Ganz egal, was sie gerade lernen, stellen Sie sicher, dass die Schüler diese Fragen beantworten können: *Warum lerne ich das? Welche Bedeutung hat es in der Welt, in der ich lebe?*«[195]

Was hier als Empfehlung für die Eltern gedacht ist, die sich in der Tat jeder Elternteil zu eigen machen sollte, ist weit mehr als das. Es ist die Antwort auf die Frage, warum das Warum Teil jedes Lernens sein soll, das sinnstiftend ist.

Um diese »Warum«-Frage hat der britisch-US-amerikanische Unternehmensberater Simon Sinek einen der erfolgreichsten TED Talks gehalten. In seinem Buch mit dem Titel *Frag immer erst: Warum* erweiterte er ihn. Zentrum ist bei ihm der »Golden Circle«, der erfolgreiche von erfolglosen Unternehmen unterscheidet. In der Mitte des Kreises steht die Frage »Warum?«. Im nächsten Kreis die Frage »Wie?«. Und erst im letzten Kreis folgt das »Was?«. Sineks Argumentation: Die Menschen kaufen nicht Produkte, weil man sie davon überzeugen kann, dass sie besser sind als andere. Sie kaufen Produkte, die eine Geschichte beinhalten. Die Menschen kaufen also nicht das Was, sondern das Warum. An den erfolgreichsten globalen Marken unserer Zeit kann man dies überprüfen. Die Qualität bestimmter Produkte unterscheidet sich meist kaum so sehr, dass ein unternehmerischer Erfolg, der alle anderen hinter sich lässt, allein aus dem Material erklärbar wäre. Oder der Größe der Werbekampagne. All das ist ein wichtiger Baustein, aber erst dann, wenn das Warum und das Wie geklärt sind.

Das Warum entscheidet.

Doch bei der Bildung spielt das Warum nahezu keine Rolle. Es existiert mehr oder weniger nicht. Es ist ausgespart. Und damit höhlt man Bildung aus, da ihre Empfänger nicht verstehen, nicht verstehen können, warum eine Tätigkeit wichtig ist. Denn das Verständnis darüber, warum etwas getan wird, beinhaltet zunächst einmal Autonomie gegenüber dem Gegenstand. Wenn wir wissen, warum wir etwas tun, können wir auch damit leben, wenn sich der Effekt nicht oder erst sehr viel später einstellt. Besonders plausibel ist das beim Sport. Gehe ich nach dem ersten Mal Joggen auf die Waage, um zu überprüfen, ob meine Tätigkeit zu einem Ergebnis geführt hat, müsste ich es sofort wieder sein lassen, da eine Gewichtsabnahme kaum gemessen werden kann.

Um dem Warum in der Schule eine Rolle beizumessen, braucht es vor allem eine Ressource, die Schulen nicht haben:

Zeit! Denn um etwas zu diskutieren, auszuhandeln oder gemeinsam zu reflektieren, darf es eigentlich keine Rolle spielen, ob in der nächsten Woche eine Klassenarbeit ansteht. Aber es ist so.

Und weil das so ist, werden Gespräche über die unterschiedlichsten Aspekte der Bildung oftmals gar nicht oder nur sehr oberflächlich geführt. Und genau das ist ein Defizit, das sich längerfristig auswirkt. Denn es bedeutet, dass man mit kurzfristigen Lösungen oder Scheinlösungen über die Runden kommt, anstatt sich Gedanken darüber zu machen, welche grundlegende Bedeutung eine Veränderung hat. Aber genau diese Gedanken müssen wir uns alle machen, wenn wir ein Lernen ermöglichen wollen, das in Zeiten von KI, Krisen und sozialer Ungerechtigkeit für die Kinder und Jugendlichen sinnvoll ist. In den Schulen – und zwar in den Grundschulen und den weiterführenden Schulen gleichermaßen – in den Hochschulen, aber auch zu Hause und in all jenen Bildungsstätten, in denen Lernen noch stattfinden kann.

Jede Bildung ist unabgeschlossen

Auch wenn es vor dem Hintergrund von Jahrzehnten (oder Jahrhunderten) der Bildungsforschung provokant oder gar anmaßend erscheint, mithilfe eines neuen (oder wiederaufgenommenen) Lernverständnisses quasi aus dem Nichts ein Bildungsverständnis zu formulieren, erscheint es mir sinnvoll, einen Bildungsbegriff zu skizzieren, der meinem Verständnis am nächsten kommt.

Dafür möchte ich auf einen Gedanken zurückgreifen, den ich in meinem Buch *10 Dinge, die ich an der Schule hasse* formuliert habe, und diesen weiterführen: »Schule sollte allen Schülerinnen und Schülern die Möglichkeit geben, ihre Potenziale kennenzulernen, sie zu entfalten und so als interessierte und kritische Mitglieder der Gesellschaft Freude am weiteren Lernen zu entwickeln.«[196] Vieles von dem, was Bildung ist – oder sein sollte –, ist in diesem Verständnis integriert. Denn Bildung ist nicht nur ein Verstehen dessen, was ist, sondern eines von dem, was sein könnte. Oder wie es der britische Philosoph Alfred North Whitehead einmal formulierte, Bildung ist der »Erwerb der Kunstfertigkeit, sich Wissen nutzbar zu machen«[197]. Was heißt das?

Zunächst einmal ist Bildung ein Erwerb, also ein Aneignungsprozess, der oft ein sozialer Prozess ist.[198] Wenn wir diese Auffassung zum Zwecke eines besseren Verständnisses verkürzen, wird daraus: Bildung ist Aneignung. Und wenn wir davon ausgehen, dass die Herausforderung darin liegt, »wie durch

Lernen und durch Bildung auf eine inhaltlich unbestimmte Zukunft vorbereitet werden kann«,[199] liegt sogar in diesem verkürzten Verständnis eine Antwort. Bildung ist dann nicht Ergebnis, sondern der Prozess.

Der zweite Aspekt ist jener der »Kunstfertigkeit«. Bildung ist also nicht nur die Aneignung von etwas, das dann abgespeichert irgendwo liegt und nie wieder eine Rolle spielt, sondern sie selbst ist eine Fertigkeit, die Kreativität erfordert. Erst danach kommt das Wissen hinzu, geradezu nachgelagert. Das bedeutet nicht, dass Wissen unbrauchbar ist. Aber es bedeutet, dass Wissen ohne die erworbene Kunstfertigkeit auch keinen Zweck erfüllt. Außer vielleicht bei *Wer wird Millionär?* zu glänzen.

Wie, so könnte man noch fragen, macht man sich Wissen nutzbar? Ich kann mir meine Bildung, also meine erworbene Kunstfertigkeit, nutzbar machen, indem ich mir durch mein Wissen bei einem Museumsbesuch die Schönheit von Kunstwerken erschließe. Damit ist es also nicht in dem oft verkürzten Sinne nützlich. Aber es eröffnet mir Wege.

Natürlich könnte ich auch sonst »sehen«, was dort ausgestellt ist. Aber eine eingehende Betrachtung ist etwas anders, etwas Tieferes.

Ich kann durch meine Bildung, eben deshalb, weil sie unabgeschlossen ist, neue Felder erschließen, in die ich zuvor keinen Einblick hatte, und dadurch meinen persönlichen Weg in eine andere Richtung lenken. Ich bin nicht ohnmächtig gegenüber Veränderungen.

Wie sehr eine konkrete Veränderung auch noch möglich ist, wenn man durch einen Abschluss formal fertig ist, erlebe ich in zahlreichen Gesprächen – unter anderem in meinem Podcast. Wenn die Bildungsinfluencerin und Grundschullehrerin Saskia Niechzial über ihr ADHS spricht und darüber, wie man sie besser hätte fördern können. Wenn Margret Rasfeld über Briefe von Kindern und Jugendlichen spricht, die unter dem Druck der Schulen einbrechen. Und darüber, wie man gegensteuern kann. Oder wenn der Lehrer Tobias Nolte über seine Arbeit in einer Schule in schwieriger sozialer Lage spricht. Dann sind das alles Möglichkeiten, solche Einblicke zu bekommen. Und damit seine eigene Sicht zu verändern und ins eigene, konkrete Handeln einzubetten.

Schülerinnen und Schüler können durch eine solche Bildung dafür sorgen, dass sie einen Beruf wählen, mit dem sie ihren Lebensunterhalt bestreiten. Das ist das Verhältnis zwischen Bildung und Lernen, das hier formuliert wird: »Bildung geht nicht ohne Kompetenz, aber Kompetenz ist noch lange nicht Bildung.«[200] Oder weitergedacht: Bildung im 21. Jahrhundert basiert auf einem Lernen, das gleichzeitig ihr Bestandteil, ihre Voraussetzung und ihre weitere Zielsetzung ist. In einem solch allgemeinen Sinn ist es Aufgabe der Schule, Kinder und Jugendliche zu bilden. Nicht damit am Ende eine Checkliste an Wissensbeständen steht, sondern damit institutionelles Lernen der Anfang eines eigenen Lernens darstellt, das sich die Welt nach der Schule erschließt und eben gerade dadurch offen für sie wird.

Leistung, aber zeitgemäß

Wenn Lernen das Fundament einer unabgeschlossenen Bildung ist, muss man zwangsläufig die Frage beantworten, welchen Platz Leistung in diesem Zusammenhang einnimmt. Es gibt nicht wenige Stimmen, die meinen, Leistung habe grundsätzlich nichts in der Schule verloren. Eine solche Ansicht verkennt, dass das Leistungsprinzip selbst einen wichtigen Aspekt des modernen Schulsystems darstellt. Die Leistung konnte so an die Stelle von Stand oder Reichtum treten. Dies ist einer der Gründe, warum Wilhelm von Humboldt Leistung und Leistungsmessung gegenüber aufgeschlossen war.

Das Problem an heutiger Leistungsmessung und dem zugrundeliegenden Leistungsbegriff ist seine Beurteilung nach einer immergleichen Zielsetzung mit immergleicher Methode. Leistung ist demnach das, was durch Leistung ausgedrückt wird. Damit wird Leistung zirkulär: Derjenige, der beispielsweise am besten imstande ist, in sechs Stunden zu einem vorgegebenen Thema einen Aufsatz nach bestimmten Kriterien zu verfassen, erbringt die beste Leistung, die entsprechend bewertet wird. Das bedeutet im Umkehrschluss nicht, dass eine Schülerin, die sehr gute Deutschaufsätze schreiben konnte, später auch eine gute Journalistin werden kann. Aber es bedeutet, dass nicht jede Schülerin, die keine guten Aufsätze schreiben kann, nicht auch eine gute Journalistin werden kann. Leistung ist nämlich prozessabhängig.

Leistung kann zwar an Kriterien gebunden sein, diese sollten aber deutlich geöffnet werden. Und zwar sowohl auf die Art und Weise der Leistungserbringung als auch auf deren Prozesshaftigkeit.

Mit anderen Worten: Wenn das Lernen im Zentrum schulischer Bildung steht, muss sich die Beurteilung der Leistung, die aus diesem Lernen erwächst, an dem Lernprozess orientieren. Leistung muss anhand von Kriterien erbracht werden, die Vielfalt erlauben. Ist dem nicht so, erwächst eine Diskrepanz zwischen Anspruch und Wirklichkeit, die es jetzt schon in verschiedenen Bereichen gibt. Am besten lässt diese sich durch die Digitalisierung in Schulen verständlich machen, die immer dann keine Rolle spielt, wenn Leistungsnachweise erbracht werden sollen.

Leistungserbringung kann über vielerlei Arten geschehen (siehe Seite 48 ff.), unter anderem hinsichtlich jener großen Kompetenzbereiche, die nicht umsonst als Leitperspektiven in die Bildungspläne eingeschrieben sind. Doch auch hier gibt es einen seltsamen Unterschied zwischen dem hehren Wunsch und dem sinnvollen Ziel, etwa »Demokratieerziehung« zu leisten, und der tatsächlichen Umsetzung. Diese könnte etwa demokratische Strukturen einbeziehen, die Menschen brauchen, die bestimmte Tätigkeiten übernehmen. In diesem Falle Schülerinnen und Schüler, die Aufgaben übernehmen und damit eine Leistung erbringen – sei es für ihre Schule oder für ihre Klasse. Stattdessen ist die Praxis, dass entweder Aufforderungen kommen, die Demokratieerziehung irgendwie zu implementieren (wo und durch wen wird nicht gesagt), oder es werden fachspezifische Fortbildungen angeboten, in denen darauf aufmerksam gemacht wird, dass ein Thema wie ebenjene Demokratieerziehung doch bitte mehr einbezogen werden soll (beispielsweise im Fach Geschichte). Und auch hier: Wie das Ganze gehen soll in einem sowieso überladenen System, ist dann am Ende Sache der einzelnen Lehrkräfte.

Den Leistungsbegriff zu erweitern, hilft nicht dabei, alle systemischen Probleme, die sich bisher ergeben haben und die sich noch ergeben werden, loszuwerden. Aber der Gedanke ist wichtig: Wenn Leistung nicht nur bedeutet, das (mit wenigen Ausnahmen) einzig bestehende Klassenarbeitsformat zu beherrschen, sondern erweitert wird um den Prozess, inkludiert man nicht nur mehr Schülerinnen und Schüler. Zudem nimmt man auch seine eigenen Ziele ernst. Was kann das bedeuten? Meine Antwort darauf:

- alternative Prüfungsformate auszuprobieren und sukzessive in die schulische Praxis einfließen zu lassen, beispielsweise (digitale) Produkte, mündliche Vorträge, Teamarbeit und so weiter,
- *Formative Assessments* aufzuwerten, also dafür zu sorgen, dass nicht die Stunde, der Tag und die genaue Form der Leistungsbewertung über die Leistung entscheidet, sondern die schrittweise Erstellung,
- die Aufwertung eigens gewählter Schwerpunktaufgaben, beispielsweise im Rahmen von frei einzuteilenden Stunden,
- die Aufwertung sozialen und kulturellen Engagements in der Schule.

Zum letzten Punkt: Eine Leistung, wie etwa bei einem Theaterstück mitzumachen, kann die Möglichkeiten einer Abwahl anderer Leistungsnachweise bewirken. Das mag zunächst irritieren, aber innerhalb bestimmter staatlicher Vorgaben ist das jetzt schon möglich. Diese müssten nur erweitert werden.

Von einem Beispiel habe ich erfahren, als ich zu einem Diskussionsabend am Freiburger Rotteck-Gymnasium eingeladen wurde – als Protagonist einer Schülergesprächsreihe mit dem Titel »nachgefragt«. Diese Reihe besteht seit 2005, und bislang haben zahlreiche interessante Personen an ihr teilgenommen, darunter Politikerinnen und Politiker wie Armin Laschet oder Claudia Roth, der Comedian Florian Schröder, die Schriftstellerin Juli Zeh und viele mehr.

Nun ist dieses Event aber nicht »nur« eine wunderbare Möglichkeit für Schülerinnen und Schüler im schulischen Rahmen die vielen Bereiche kennenzulernen, die mit der Vorbereitung und Durchführung eines solchen Gesprächs verbunden sind. Weiterhin handelt es sich dabei auch um einen »Seminarkurs«, wie er in Baden-Württemberg für Schülerinnen und Schüler angeboten wird. In der offiziellen Handreichung für Seminarkurse vom Zentrum für Schulqualität und Lehrerbildung Baden-Württemberg (ZSL) heißt es da vollmundig, dass dieses Format das Motto erfüllen soll, dass man »nicht nur für die Schule, sondern fürs Leben« lerne. Als Hauptziel wird aber angegeben: »Schülerinnen und Schüler lernen selbstständig zu arbeiten, zu forschen und Forschungsergebnisse zu kommunizieren … Sie üben, in Teams zusammenzuarbeiten, sich auf Zeitpläne und Fristen zu verständigen, sich gegenseitig zu unterstützen und sich kritisches Feedback zu geben.«[201]

All dies führt zu zwei Ergebnissen. Erstens: Die Schülerinnen und Schüler, die einen solchen Seminarkurs durchgeführt haben, sprechen davon, dass nichts sie mehr auf das universitäre Studium oder die Arbeitswelt vorbereitet habe als dieser Kurs. Und zweitens: dass (abhängig von der Schule) viel zu wenige Schülerinnen und Schüler einen Seminarkurs wählen. Denn das Problem ist, dass eine »besondere Lernleistung« wie der Seminarkurs nicht mit dem Wegfall substanzieller anderer schulischer Leistung »abgegolten« wird. Unter bestimmten Voraussetzungen kann ein Seminarkurs eine mündliche Prüfung ersetzen. Genau! Eine mündliche Prüfung! Vor dem Hintergrund, dass durch die Stofffülle sowieso schon Druck auf die Schülerinnen und Schüler ausgeübt wird, ist nachvollziehbar, dass es viele junge Leute gibt, die das Konzept interessant finden und auch verstehen, was es für sie bringen würde. Dann aber entscheiden sie sich nach einer kurzen Kosten-Nutzen-Analyse doch lieber für eine mündliche Prüfung, für die man zur Not auch drei Abende vorher lernen kann. Hier handelt es sich schlicht um falsche Anreize. Dass dabei die Schülerinnen und Schüler nicht als Schuldige ausgemacht werden können, weil sie womöglich nicht nachvollziehen können, wie viel sie von einer solchen besonderen Leistung hätten, ist klar. Polemisch gesagt, sie werden darauf konditioniert, nur das zu tun, was für die wenigste Vorbereitung am meisten einbringt.

Dennoch verdeutlich eine derartige Lernleistung, dass es auch systemisch möglich ist, Leistung von den tradierten Überprüfungen abzukoppeln. Und dass noch viel mehr möglich wäre. Während an vielen Stellen im schulischen Verantwortungsdschungel erfolgreich argumentiert wird, warum man diese oder jene Reform nicht durchbringt, wären hier Entscheidungen möglich, die einen großen Unterschied machen können. Übrigens auch gerade in dem Sinne einer unabgeschlossenen Bildung, die zuvor beschrieben wurde. Denn solch alternative Leistungen beinhalten eine Vielzahl von Kompetenzen, die auch in der weiteren Lernbiografie eine wichtige Rolle spielen. Darunter Organisation, Recherche, Korrespondenz mit unterschiedlichen Verantwortlichen, Vorbereitung auf eine Moderation und vieles mehr.

Wenn durch einen Seminarkurs wissenschaftspropädeutisches Arbeiten gelernt wird (also eine Form der Arbeit, die auf die Universität vorbereitet), sollte es doch spätestens in der Oberstufe, in der der Kurs stattfindet, möglich sein, bei einer Teilnahme auch größere Prüfungen in den einzelnen Fächern zu ersetzen. Wieso sollte eine Schülerin oder ein Schüler, die beziehungsweise der die grundlegenden mathematischen Fähigkeiten beherrscht, zwei weitere Oberstufenjahre an Formen der höheren Mathematik scheitern, wenn er oder sie gleichzeitig in der Lage wäre, mit einem solchen Kurs auf ein Studium im Bereich der Gesellschaftswissenschaften oder auf eine Ausbildung als Eventmanager vorbereitet zu werden? Außer einem strukturellen Anspruch zu genügen, der keinem

Warum mehr standhalten kann, gibt es dafür keine vernünftige Erklärung.

Nun ist ein solcher Seminarkurs eine Sache des Gymnasiums, aber in unterschiedlichen Niveaustufen und Darbietungsformen ist eine derartige besondere Lernleistung für alle Schularten denkbar. Dabei ist es immer von Bedeutung, die Schülerinnen und Schüler aktiv in die Planung und Durchführung der Projekte einzubeziehen und ihnen Raum für Kreativität, selbstständiges Lernen und eigenverantwortliches Handeln zu geben. Auch die Kriterien der Bewertung können gemeinsam besprochen werden. Dies führt in nicht wenig Fällen dazu, dass diese besser angenommen werden.

Und wenn es nicht das Ziel sein sollte, dass ein Schüler oder eine Schülerin eine Lernleistung nicht besteht, so ist Leistung doch an Standards geknüpft, die eingehalten und an Ziele gebunden werden, die erreicht werden müssen. Mit anderen Worten: Die Forderung, den Leistungsbegriff prozessual zu verstehen und auf verschiedene Produkte und Prozesse auszuweiten, ist nicht die Forderung nach einer Auflösung des Leistungsgedanken. Leistung muss im Hinblick auf die Voraussetzungen betrachtet werden, die sie möglich machen. Das ist so. Und sind die Voraussetzungen unterschiedlich, muss es Aufgabe der Gesellschaft sein, Bildung als so wertvoll einzuschätzen, dass die Ressourcen bereitgestellt werden, die eine Angleichung dieser Voraussetzungen ermöglichen. Mit dieser Auffassung bin ich nicht allein.

Der Bayerische Lehrer- und Lehrerinnenverband veröffentlichte 2018 ein Positionspapier, in dem die Veränderung des Leistungsbegriffs im Hinblick auf das Lernen angemahnt wurde. Das Leistungsverständnis, das hier gefordert wird, ist eines, »das den einzelnen Schüler und die einzelne Schülerin ins Zentrum rückt. Nur so kann ein realistisches Selbstbild aufgebaut und die Erfahrung von Selbstwirksamkeit geschaffen werden. Dies fördert die Lernfreude, erhält sie und entwickelt sie weiter.«[202]

Aber wenn dieses Ziel erreicht oder zumindest angestrebt ist, ist es sogar im Sinne der Chancengerechtigkeit, Leistung einzufordern, und zwar eine, die durch individuelle oder gemeinsame Arbeit innerhalb der Schule möglich ist. In einem schon 2011 erschienenen Fachartikel stellt der schon erwähnte Soziologe Aladin el Mafaalani »Ungleichheit und Normalität als pädagogische Leitideen« nebeneinander.[203] Gegenüber der formalen Gleichheit als Leitidee steht in einer Tabelle die konkrete Vielfalt als Leitidee. Gegenüber der Homogenisierung steht die Inklusion von Heterogenität, gegenüber der Standardisierung steht der konkrete Lernprozess, gegenüber einem deduktiven, von Themenfeldern ausgehenden Lernweg steht ein induktiver, der von der Lebenswelt ausgeht. Und all das basiert auf der Logik der Ressourcenorientierung, die nach Stärken sucht, und nicht der Defizitorientierung, die gesucht wird. Weiter heißt es zur Reihenfolge: Erst fördern, dann fordern. Und eben nicht andersherum.

In Bezug auf alternative Leistungsnachweise werden auch weiterhin Vorbereitungen außerhalb der Schule stattfinden, aber hier wird nicht nur künstliche Intelligenz dafür sorgen, dass persönliche Leistung immer weniger von schlauer Anwendung von KI zu unterscheiden ist. Außerdem sind die sozialen Voraussetzungen auch sehr unterschiedlich, weshalb Vorschläge, den sozialen Kontext in Prüfungsformate einzubeziehen, sehr naiv oder geradezu fahrlässig zu nennen sind.

Leistung als Form einer Zielerreichung, die durchaus variieren kann, die sich an den Voraussetzungen orientiert, die

Schülerinnen und Schüler mitbringen und die gleichzeitig eine Rückmeldung für das weitere Lernen bringt, ist ein anzustrebendes Ziel. Dies bedeutet auch für Eltern, sich danach zu erkundigen, welche Rolle der konkrete Lernprozess in Bezug auf den Leistungsnachweis gespielt hat. Nicht als Konfrontation, sondern im Sinne des Verständnisses.

Gleichzeitig darf Leistung und Leistungserbringung nicht das oberste Ziel eines Bildungssystems sein, das alle jungen Menschen mitnimmt und ihnen Bildung auf den Weg gibt. Leistung ist das, was entsteht (und auch erbracht werden kann), wenn Lernen gelingt. Um das zu gewährleisten, müssen wir uns damit beschäftigen, wie diese Art des Lernens möglich ist.

Denken lernen

Kurz bevor die Schülerin an der Tür war, um den Raum zu verlassen, drehte sie sich um, und konfrontierte mich mit schonungsloser Kritik: In den letzten Stunden hätten wir zu wenig das getan, worauf sie sich im Unterricht immer freue – denken! Sie würde sich das wieder mehr wünschen. Über diese Kritik einer Oberstufenschülerin wiederum freute ich mich aus drei Gründen, die mit Bildung zusammenhängen. Als *Gestaltung* ist Bildung offene Interaktion, die hier als vertrauensvolle Konfrontation daherkommt. Als *Entwicklung* fördert sie den Geist in seiner Befassung mit unbekannten Gegenständen. Und als *Vorstellung* verdeutlicht sie das unausgeschöpfte Potenzial von Kreativität und ihrer Umsetzung.[204]

In den kritisierten Stunden hatte ich auf ein Aufgabenformat vorbereitet, aber auf ein Aufgabenformat vorzubereiten, geht an einer individuellen Aneignung, die einen sinnhaften Kern hat, vorbei: Das Warum findet sich darin, das zu tun, was gefordert wird – also genau das, was viele Schülerinnen und Schüler an der Schule hassen.

In diesem Fall bedeutete das, eine Dreiteilung von »Einleitung – Hauptteil – Schluss« in verschiedenen Variationen aufs Blatt zu bringen. Und zwar in einer Art und Weise, in der außerhalb der Schule keiner schreibt, der sich mit dem Schreiben befasst. Die Inhalte spielen, wenn überhaupt, nur am Rande eine Rolle. Aus dem Warum der Bildung wird ein »Darum«. Gleichzeitig bedeutet dies nicht, dass Lehrpersonen, die ihre Schülerinnen und Schüler auf mehr vorbereiten wollen, auf ein mündiges Leben, solche Aufgabenformate einfach ignorieren könnten. Denn natürlich bedeutet ein Standard, unabhängig davon, ob es sich um nationale Prüfungen oder landesspezifische handelt, dass die Schülerinnen und Schüler am Ende mit der Leistungsanforderung konfrontiert werden, die auf diesen Schemata basiert. Langer Rede, kurzer Sinn: Formate müssen auch dann erläutert werden, wenn man sie selbst für wenig ergiebig hält. Und die Schülerinnen eben auch.

Und da stand also die Schülerin und forderte Bildung, statt Verwaltung. Eine solche Form der Kritik ließ jene Augenhöhe erkennen, die ich als Lehrperson gegenüber Schülerinnen und Schülern einfordere: nicht als missverstandene Kumpelhaftigkeit, aber als Möglichkeit der offenen Aussprache. Weiterhin wurde bei der Schülerin in den Schema-Stunden das eingelöst, was aus meiner Sicht einen sehr wichtigen Bestandteil von schulischem Lernen ausmachen sollte: das Denken lernen![205] Das ist ein anspruchsvolles Ziel! Und eines, das momentan unter dem Schlagwort »Thinking Classroom« diskutiert wird, aber (noch) keine empirische Grundlage hat.

Überhaupt ist es eine fast unmögliche Aufgabe, zu beschreiben, wie ein Lernen im 21. Jahrhundert funktionieren kann. Die Forschungsarbeiten, Übersichten, Empfehlungen und Beiträge diesbezüglich sind kaum noch zu überblicken. Aber in diesem Buch, in dem es ums Lernen geht, sollte es dennoch eine Ahnung davon geben, wie ein sinnvolles und bedeutsames Lernen, das im Zentrum der schulischen Bildung steht, umgesetzt werden kann. Nicht nur konkret (das formuliere ich später noch aus), sondern auch in der Herleitung, sodass ein Verständnis über ein bedeutsames Lernen ermöglicht wird, bevor es umgesetzt werden kann. Denn, so meine Überzeugung: Das Wissen um die Sinnhaftigkeit von etwas, das mit mir selbst zu tun hat, steht vor jeder Form der Umsetzung, die sich gegenüber einer langen tradierten Vorstellung von dem, was Schule ist und wie in ihr unterrichtet wird, behaupten muss. Man kann durchaus sagen, dass das, was die Schülerin einforderte, als sie mehr denken wollte, eine erstaunliche Reflexion dessen ist, was in der momentanen wissenschaftlichen Diskussion die Grundlage von gutem Unterricht ist. Aber es geht auch um mehr.

Sichtbares Lernen und guter Unterricht

Die wichtigste Erkenntnis der immer noch die Diskussion um Lernen und Unterricht prägenden Studie, die der neuseeländische Bildungsforscher John Hattie 2009 präsentierte, ist jene, dass das Lernen sichtbar gemacht werden muss.[206] Es bedeutet, »dass Lehrpersonen effektiver sind, wenn sie beginnen, den Lernprozess mit den Augen ihrer Schülerinnen und Schüler zu sehen«.[207] Das ist schwieriger, als es sich anhört, aber dennoch erlernbar. Es basiert auf verschiedenen Prinzipien, die auch damit zu tun haben, dass Lehrpersonen wissen, wann Lernen nicht möglich ist, weil »der Kopf voll ist« (kognitive Belastung), inwiefern Feedback notwendig ist und wann es gut ist, inwiefern Anstrengung für das Lernen effektiver ist als Intelligenz und inwiefern das Gehirn sozial ist. Diese Prinzipien gehen darauf zurück, dass Lehrende wissen müssen, wie Schülerinnen und Schüler gut lernen, um dieses Lernen anzuleiten, zu initiieren und zu begleiten. Dies alles wird immer noch viel zu stark an jener Lernzeit ausgerichtet, die als Unterricht bekannt ist. Auch hier lohnt sich ein genauer Blick. Denn ein Unterricht, der Lernen fördert, ist mehr als die Abfolge von einzelnen Schritten, wie sie oftmals in der Didaktik vorausgesetzt und geprüft werden.

Aber was ist guter Unterricht?

Das Institut für Bildungsanalysen Baden-Württemberg (IBBW) arbeitete an einem »Unterrichtsfeedbackbogen«, der sich auf die »Tiefenstrukturen« von Unterricht bezieht.[208] Vielleicht kann man diese Strukturen mit einem Eisberg vergleichen: Der obere, sichtbare Teil des Eisbergs bildet alles ab, was sich unmittelbar beobachten lassen kann. Wird im Unterricht geredet? Wird eine besondere Methode angewendet? Melden sich Schülerinnen und Schüler? Hierbei geht es um all das, was der Pädagoge Hilbert Meyer als die »10 Merkmale guten Unterrichts« definiert hat, so um Unterrichtsfluss, klare Struktur und auch hohe Lernzeit.[209] Wissenschaftlich belegt sind diese 10 Merkmale nicht oder nur teilweise. Erstaunlich, orientieren sich doch immer noch viele Seminare in ganz Deutschland an dieser Liste.

Das ist bei den Tiefendimensionen anders, die als unscheinbarer Dreiklang daherkommen, als »kognitive Aktivierung«, »konstruktive Unterstützung« sowie »strukturierte Klassenführung«.[210] Alle Aspekte zusammen werden als Basisdimensionen von Unterricht bezeichnet. Sie wurden in verschiedenen Forschungsprojekten validiert, sodass gezeigt werden konnte, dass sie sich beispielsweise auf die Motivation der Schülerinnen und Schüler auswirken. Mit diesen drei Dimensionen hat man also Qualitätsstandards, die als Grundlage für die Reflexion von Unterricht eingesetzt werden können.[211] Sie beziehen sich auf unterschiedliche Bereiche:

1. Strukturierte Klassenführung (oftmals als *Classroom Management* bezeichnet) bedeutet, dass es einen effektiven

Umgang mit Störungen durch die Lehrperson, klare Regeln und einen Überblick über das Geschehen gibt.

2. Konstruktive Unterstützung bezieht sich auf die Sensibilität der Lehrperson für individuelle Bedürfnisse, die Abwesenheit von Leistungsdruck und einen wertschätzenden Umgang.
3. Kognitive Aktivierung bedeutet herausfordernde Aufgaben und das Schaffen von Anlässen für eine Aktivierung der Schülerinnen und Schüler.

Letzteres ist nicht misszuverstehen mit einer kurzen Aktivierung, wie sie beispielsweise bei einem Stundeneinstieg erzeugt werden soll. Es ist also ein Unterschied, ob ich die Stunde in einer Ganzkörperrüstung eines mittelalterlichen Ritters beginne, um einen Überraschungseffekt zu erzielen, oder ob ich es schaffe, eine Aufgabe zu erzeugen, deren Lösungsweg so sinnvoll und ergiebig erscheint, dass sie die Schülerinnen und Schüler dranbleiben lässt.

Die Kritik der Schülerin, so könnte man argumentieren, war somit eine Aufforderung gewesen, zurück zu jener Art von Lernen zu kommen, die auch wissenschaftlich gesehen am effektivsten ist.

Die Tiefendimensionen werfen aber zwei Probleme auf, die nicht leicht zu lösen sind. Zum einen eignen sie sich sehr gut für empirische Forschung, zum anderen sind sie aber weniger gut direkt zu beobachten. Es wäre also nicht zuträglich, eine Checkliste anzufertigen, mit der ein Besucher den Unterricht beurteilt.

Wie sollen Tiefenstrukturen auch beobachtet werden? Man stelle sich vor, dass in einem Nachgespräch ein Besucher sich anmaßt zu äußern, dass die Schüler zu wenig kognitiv aktiviert gewesen sind. Dieser Punkt ist auch deshalb hervorzuheben, weil genau dies durchaus passiert. Lehrerinnen und Lehrer schickten mir einen auf der Grundlage der Tiefendimensionen basierenden Bewertungsbogen. Noch mal: Wenn es um das Wie geht, ist es sinnvoll, auf aktuelle Forschung Bezug zu nehmen. Und das kann und sollte bedeuten, sich darüber Gedanken zu machen, wie es möglich ist, Schülerinnen und Schüler – gemäß ihres Anspruchsniveaus – kognitiv zu aktivieren. Aber sobald diese Aspekte zu unverrückbaren Säulen einer Bewertung werden, ergibt sich der schon beschriebene paradoxe Effekt, dass nur das bewertet werden kann, was bewertet werden kann. Alles andere bleibt unsichtbar (zum Beispiel jene Schülerin, die vielleicht sehr stark dabei war, dies aber nicht zum Ausdruck gebracht hat).

Das andere Problem mit den Tiefendimensionen ist – aus meiner Sicht –, dass sie auf Grundannahmen basieren, die sie aber nicht erwähnen: So etwa darauf, dass eine Klasse als Klasse geführt werden muss (ohne dass die Klassenstärke klar wäre). In der großen Meta-Studie von Hattie, die 2023 aktualisiert wurde, konnte man unter anderem herauslesen, dass die Stärke der Klassengröße wenig zur Effektivität von Unterricht beitragen würde. Für politische Empfehlungen hinsichtlich des Lehrermangels ist dies eine großartige Nachricht, da man danach argumentieren kann, dass es keine Leistungsveränderung gäbe, würde man die Klassen noch größer machen, als sie es schon jetzt sind. Die Erziehungswissenschaftlerin Felicitas Thiel erklärte sogleich in einem *Zeit*-Interview, dass eine Vergrößerung der Klassen kein Problem darstelle, weil empirisch belegt sei, dass es keinen Effekt habe.[212] Das ist natürlich falsch! Oder es ist nur dann richtig, wenn man davon ausgeht, dass alle Schülerinnen und Schüler in der Klasse den gleichen Leistungsstand und die gleichen Voraussetzungen haben, während die Lehrkraft in gleichem Tempo die Ziele angibt und verfolgen lässt. Diese Utopie findet sich allenfalls in privilegierten Privatschulen.

Man kann aber genau jene Tiefendimensionen hinzuziehen, um gegen politische Kurzschlüsse zu argumentieren: Wann ist eine strukturierte Klassenführung eher möglich, mit mehr oder weniger Schülerinnen und Schüler? Wie hat eine Lehrkraft einen besseren Überblick über das gesamte Geschehen, mit weniger oder mit mehr Schülern? Aber es wird noch abenteuerlicher: Lehrkräfte sollen bei der konstruktiven Unterstützung Schülerinnen und Schüler individuell bei ihrem Lernprozess unterstützen. Ist dies mit mehr oder weniger Schülerinnen und Schülern einfacher umsetzbar? Oder: Wie viel Zeit bleibt einer Lehrkraft bei der individuellen Rückmeldung von 35 Schülerinnen und Schülern in der Klasse?

Und wie sollen diese kognitiv aktiviert werden? Denn Motivierung ist dann erfolgreich, wenn es eine »sinnvolle Anspruchsniveausetzung« gibt.[213] Es nützt also wenig, wenn wir wissen, welche Art von Unterricht effektiv ist, wenn die Realität einen solchen gar nicht erlaubt. Empirisch belegte Effektivität muss immer auch mit der Realität an Schulen abgeglichen werden.

Eine gute Nachricht für die Schulen ist, dass künstliche Intelligenz in diesem Zusammenhang keine Herausforderung, sondern eine mögliche Lösung des Problems ist. Als Jury-Mitglied eines Start-up-Awards konnte ich mit anderen Jurymitgliedern das Start-up fiete.ai auszeichnen. Mit diesem digitalen Werkzeug können Lehrerinnen und Lehrer Kriterien festlegen, auf deren Grundlage die KI passgenaue Rückmeldungen gibt. Eine Anzeige in unterschiedlichen Farben zeigt an, an welcher Stelle die Anforderungen schon gut erfüllt worden sind und wo nachgebessert werden muss. Nach einer Überarbeitung bezieht sich die KI auf das erste Ergebnis, sodass den Lernenden direkt deutlich wird, wo sie sich verbessert haben. Oder wo sie noch weiter lernen müssen. Denn genau das ist es, was durch solche Programme gefördert wird. Die Lehrkraft begleitet dieses Lernen aktiv, wird also nicht überflüssig, sondern kann sich viel mehr denen widmen, die nicht weiterkommen. Das bedeutet aber auch, dass Lehrkräfte sich in dem Bereich der Technologie professionalisieren. In dem Fall von fiete.ai wird die Dimension des konstruktiven Feedbacks direkt in ein unterstützendes digitales Programm übersetzt.

Geht es um Unterricht im Ganzen, in dem Lernen initiiert werden kann, sind alle drei Dimensionen wichtige Orientierungspunkte für Lehrkräfte. Mit den Tiefendimensionen haben wir eine Vorstellung davon, wie innerhalb eines Unterrichtssettings Lernen so initiiert werden kann, das es möglichst effektive Ergebnisse hat. Effektivität ist nicht die einzige Kategorie. Aber wenn individuell gelernt wird, entstehen deutlich mehr Möglichkeiten, zueinander in Beziehung zu gehen. Gleichzeitig bieten diese Ausführungen auch Eltern eine neue Idee davon, was Schulen heute können oder können sollten. Es ist weniger die Frage nach den Noten, die von Interesse sein sollte, sondern danach, ob die Kinder und Jugendlichen zum Denken animiert werden. Und ob sie Möglichkeiten haben, aktiv zu werden und entsprechende Rückmeldung bekommen. Ist dies nicht der Fall, so bietet sich hier eine Möglichkeit an, zusammen mit schulischen Gremien wie der Schulkonferenz, in der Eltern, Lehrkräfte und Schülerinnen und Schüler sitzen, darüber zu sprechen, wie sich die Schule auf dem Gebiet weiterentwickeln kann. Dort, wo Schulen dies schon geleistet haben, zeigt sich, dass Unterricht gar nicht mehr das ist – oder sein muss –, was wir im Kopf haben, wenn wir an unsere eigene Schulzeit denken.

Unterricht kann auch ganz anders aussehen

Was muss sich also ändern, wenn wir der Auffassung sind, dass Schule im momentanen Zustand nicht mehr das leistet, was sie leisten sollte? Und wenn wir sinnstiftendes Lernen und damit Motivation durch Autonomie und soziale Eingebundenheit ins Zentrum stellen.

Es geht hier nicht darum, jeden einzelnen Aspekt eines veränderten Unterrichts umfassend zu klären. Dennoch sind einige Impulse hilfreich, wie ein solcher Unterricht aussehen kann und wie man ihn sich vorstellen kann, auch wenn man selbst keine Lehrperson ist. Das ist vor allem deshalb wichtig, weil Eltern in vielen Fällen ein sehr klares Bild von Unterricht haben und davon, wie dieser auszusehen hat. Und das wiederum kann sogar kontraproduktiv sein, weil etwas eingefordert wird, das man selbst kennt, aber das möglicherweise gar nicht (mehr) sinnvoll ist.

Ein kleiner Exkurs in die Zeit des digitalen Fernunterrichts kann dies verdeutlichen. Dafür lege ich den Fokus auf jene Familien, bei denen alles vorhanden war: Technik, Raum und Personen, die in der Lage waren, digitalen Fernunterricht zu gestalten. Bis zu dem Zeitpunkt, als der Fernunterricht nicht nach staatlich verordneten Leitlinien ablaufen musste, konnte es vorkommen, dass eine Lehrperson sich mit der Klasse digital getroffen, einen Impuls gegeben und Fragen beantwortet hat. Danach haben die Schülerinnen und Schüler erst einmal allein gearbeitet (ohne Kameras). Dass dies nur funktioniert, wenn die Kinder selbstverantwortlich arbeiten können, ist klar. Und die staatlichen Verordnungen waren sicherlich auch nicht auf Bösartigkeit gebaut, sondern auf der Vorstellung, möglichst alle mitzunehmen. Nur: Ab einem bestimmten Zeitpunkt setzte sich in der Öffentlichkeit durch, dass nur »Videounterricht« tatsächlicher Fernunterricht war. Ab dem Zeitpunkt war es schwer zu erklären, dass ein Unterricht, bei dem die Lehrperson versucht, den Unterricht in Präsenz zu imitieren, indem sie alles, was sonst gemacht wird, einfach überträgt, kein guter Unterricht ist. Wie auch: Wenn die Lehrkraft einen Vortrag hält, bis die Stunde vorbei ist und erst danach gearbeitet, also gelernt werden kann, bedeutet das eine Verdopplung der Unterrichtszeit. Kurz: Um Unterricht zu verändern, müssen neben den Lehrkräften vor allem die Eltern wissen, was das zur Folge hat. Und sie müssen mitgenommen, einbezogen werden.

Unterricht (eigentlich müsste man sagen: Lernzeit), in der das Lernen im Zentrum steht, muss sich von den üblichen Schemata eines starren Unterrichts verabschieden, wie ich ihn schon in *10 Dingen, die ich an der Schule hasse* beschrieben habe.[214]

Die Didaktik, die sich an der Klasse als einer homogenen Einheit orientiert, ist damit tot. Das will ich ein wenig erläutern: Wenn also eine unverrückbare Vorstellung von Unterricht besteht, bei der immer alle an der gleichen Stelle anfangen und an der gleichen Stelle aufhören, ist jede Didaktik, die daraus Unterricht herleitet, beschränkt. Man ist gezwungen, sich an den Mittelköpfen auszurichten, also quasi einem Schülerdurchschnitt, der gar nicht real existiert. Der Schweizer Schulleiter Primin Stadler nennt dies 10G-Unterricht: »Alle Gleichaltrigen haben zum gleichen Zeitpunkt, im gleichen Fach, beim gleichen Lehrer, im gleichen Raum, mit den gleichen Mitteln die gleichen Dinge zu tun und zu den gleichen Fragen in der gleichen Zeit die gleichen Antworten zu geben.«[215] Solange Unterricht sich daran orientiert, ist es völlig unmöglich, dass alle gleich kognitiv aktiviert sind oder dass man allen zur gleichen Zeit eine konstruktive Rückmeldung gibt. Eine gute Klassenführung ist möglich, ja. Aber die hätte man auch, wenn man einen Film zeigt, der spannend genug ist, dass sich keiner rührt.

Gleichzeitig bedeutet Unterricht, in dessen Zentrum das Lernen ist, auch nicht, dass man nur noch offene Unterrichtsformen durchführt, vor allem nicht in dem Sinn, den sich viele darunter vorstellen: »Guten Tag, nun macht mal!« (Wenngleich eine solche Lernform möglich und auch empirisch belegt sinnvoll ist[216], wenn sich bestimmte Strukturen und eine entsprechende Haltung etabliert haben.) Auch bedeutet das nicht, dass kein gemeinsamer Anfang mehr möglich ist oder dass es nicht zu Diskussionen kommen könnte.

Der Lehrervortrag, der, wenn er gut durchgeführt ist, durchaus einen starken Lerneffekt haben kann, stirbt nicht aus.[217] »Der Mangel an direkter Anleitung hat schädlichere Wirkungen auf das Lernen bei leistungsschwachen Schülerinnen und Schülern, insbesondere wenn die Vorgehensweise unklar ist …«[218] Vielmehr kann eine Einführung für alle, die in der Lernzeit ausdifferenziert und am Ende zusammengezogen wird, durchaus Teil eines lernzentrierten Unterrichts sein. Ein bewährtes Instrument, wie Lernen initiiert werden kann, sodass gemeinsam gestartet wird, ist der *Advance Organizer*, der sich für mich in der Corona-Zeit im digitalen Fernunterricht bewährt hat und den ich seitdem für alle Klassen übernommen habe. Es handelt sich dabei um eine von der Lehrperson im Voraus (engl. in advance) gegebene, oftmals visuelle Lern- und

Orientierungshilfe, die neue Lerninhalte gedanklich strukturiert (engl. to organize) und mit Vorwissen verknüpft.[219] So sorgt der Advance Organizer für

- Ziel- und Verfahrenstransparenz: also die Antwort auf die Frage, was erreicht werden soll und wie das erreicht werden kann,
- fokussierte Aufmerksamkeit: indem also klar gemacht wird, was die Aufgaben sind,
- Planungssicherheit und Klarheit: indem alle Schülerinnen und Schüler (auch auf unterschiedlichen Niveaustufen) ein Bild davon haben, welchen Weg sie gehen oder gehen können,
- langfristiges Behalten durch Anbahnung von eigenständigem Lernen,
- eine grundsätzliche Hilfestellung.

Hierbei handelt es sich um *Scaffolding*, um ein Gerüst, auf das die Lernenden zurückgreifen können, indem sie wissen, was sie wann, wie und warum tun. Insofern dies mit Vorwissen zu tun hat, betrifft das den Kern von dem, was hier als sinnhaftes Lernen betrachtet wird: »Wir müssen Ordnung, Struktur und Bedeutung bei dem finden, was wir lernen. *Sinnhaftigkeit* oder Bezug stammt direkt vom Vorwissen ab.«[220] Damit ist Vorwissen – neben Zeit, Anstrengung, verteiltem Üben und Motivation – ein Grundprinzip des Aneignens.[221] Ein solcher Advance Organizer erlaubt dementsprechend auch genau das: das Warum ins Zentrum des Lernens zu stellen, indem zu Beginn genug Zeit dafür ist, diese wichtigen Fragen zu besprechen.

Erst danach beginnt die Lernzeit, in der gerade nicht alle dasselbe machen müssen. Das heißt: Das Ziel in einem Advance Organizer kann auch sein, dass alle sich intensiv mit einem Gegenstand befassen und so weit kommen, wie sie kommen. Oder mit unterschiedlichen Gegenständen arbeiten. Oder auf unterschiedlichen Niveaustufen.

In einem solchen Unterricht, einer solchen Lernzeit, findet ein gemeinsamer Tafelanschrieb, den alle abschreiben müssen, nicht mehr zwangsläufig statt. Natürlich kann als Ergebnissicherung, die alle als Merkhilfe haben, eine Sammlung angelegt werden. Digitale Medien wie kollaborative Dokumente, auf die alle Schülerinnen und Schüler zugreifen können, erlauben sogar eine sukzessive Sicherung dessen, was getan wird. Aber Unterricht findet nicht (mehr) als Abfolge von Blöcken statt, die sich an einem Mittelstandard orientieren, den die Lehrperson als gegeben annimmt. Unterricht wird so zu einer Lernzeit, in der Anfang und Ende durchaus durch die Lehrpersonen gesteuert werden kann, es aber nicht auf das minutiöse Nacheinander ankommt. Für Eltern kann dies befremdlich sein. Sie fragen dann Lehrpersonen, warum nicht alle dasselbe gemacht haben, fürchten, dass das Kind »nicht mitkommt« oder etwas fehlt. Aus diesem Grund ist das Wissen rund um zeitgemäße Lernformate so wichtig. Das heißt aber auch, dass die Kommunikation zwischen Lehrkräften und Eltern und ihren Kindern in der Zeit des Umbruchs, in der wir uns befinden, fundamental wichtig ist. Und zwar mit einer Haltung, die auch fürs Lernen zentral ist: zugewandt, interessiert und neugierig, nicht zuvorderst beurteilend. Auch nicht in Bezug auf die Inhalte, denn die verändern sich gerade in Zeiten der Großen Beschleunigung rasant. Oder sie sollten es zumindest tun.

Faust, Algorithmen und ein Gedicht

Wenn es darum geht, was genau gelernt werden soll, wird es sehr kompliziert: Jede und jeder kann durch die eigene Bildungsbiografie rechtfertigen, warum dieser und jener Inhalt unbedingt gelernt werden sollte – oder nicht. Die Gründe sind persönlicher, kultureller, gesellschaftlicher oder religiöser Natur.

Ich weiß, dass ich immer mit der Kritik rechnen muss, etwas weggelassen zu haben, das doch Teil der Bildung sein sollte.[222] Denn Bildung kann nie abgeschlossen sein, sie trägt in sich selbst eine Unabgeschlossenheit. Aber was bedeutet das? Was soll gelernt werden? Was heißt das für eine Weiterentwicklung?

Warum die Frage danach, was gelernt werden soll, heutzutage schwieriger denn je zu beantworten ist, zeigt eine kleine Geschichte, die ich in *Alle sind so ernst geworden* gefunden habe, einem Buch von Martin Suter und Benjamin von Stuckrad-Barre. Es besteht aus Dialogen, die beiden Autoren unterhalten sich über unterschiedliche gesellschaftliche Themen. Als es um die Apple-Software Siri geht, sprechen sie von einem Bob Blume. Wie konnte das passieren?

Einige Jahre nach meinem Studium an der Universität Freiburg telefonierte ich mit einem Freund, den ich länger aus den Augen verloren hatte. Sebastian Treyz und ich diskutierten darüber, wie man in der Pandemie eines der großen Dramen der

Weltliteratur, Goethes *Faust*, Schülerinnen und Schülern zugänglich machen könnte, ohne selbst als Lehrkraft anwesend zu sein. Wir beschlossen, Videos aufzunehmen, in denen wir über einzelne *Faust*-Szenen sprechen wollten. So entstand ein Kontakt, der nicht nur uns die Freude der gemeinsamen Besprechung bot, wir redeten auch über weitere Inhalte und Themen für die Abiturkurse.

Da ich immer wieder Musterlösungen auf meinem Blog veröffentlichte, fragte ich Sebastian, ob er ebenfalls welche zur Verfügung stellen würde. Ich wusste, dass er sehr gut schreiben kann, Texte sehr genau liest und die gewonnenen Erkenntnisse auf eine abstrakte Ebene zu heben vermag. Dies tat er dann auch. Die Interpretation des Gedichts »Reisen« von Gottfried Benn wurde bisher über 100 000 Mal aufgerufen.

Zwei Jahre, nachdem Sebastian den Beitrag geschrieben hatte, markierte mich eine Podcasterin auf Twitter, um zu erklären, dass sie in ihrem Podcast »Kneipenlesung« eine Randnotiz zu mir hätte. Das war der Punkt, an dem ich darauf hingewiesen wurde, dass mein Name in *Alle sind so ernst geworden* von Martin Suter und Benjamin von Stuckrad-Barre gefallen war.

Suter und von Stuckrad-Barre unterhalten sich über Gedichte und fragen Siri nach dem Lieblingsgedicht von Letzterem. So landen sie auf dem erwähnten Blogeintrag zu Gottfried Benn. »Also, ein Bob Blume hat das hier reingestellt, und es gibt schon zwei Kommentare. Das sind natürlich Waschkorbdimensionen für Bob Blume, möglicherweise.«[223] Über den Neologismus »Waschkorbdimensionen« musste ich nachdenken, aber dann war schnell klar, dass hier auf meine Unbekanntheit angespielt wurde. Zwei Kommentare sind für jemanden wie mich also schon ganz schön viel.

Warum die ganze Geschichte? Nun, in dem hier dargestellten Weg über den Podcast, den Blog und schließlich das Buch zeigt sich etwas, das vor allem im Online-Diskurs »Kultur der Digitalität« genannt wird. Der etwas klobige Begriff bezeichnet eine Realität des Austausches, die vom Digitalen geprägt ist. Mit anderen Worten: Der Weg ist mit der »Digitalisierung« nicht mehr zu erklären. Es sind andere Prozesse am Werk.

Zur Digitalisierung, wie wir sie oftmals verstehen, existiert ein Unterschied. Es geht nicht um Inhalte, die in anderer Form sichtbar werden, nicht um die Frage, ob Sie dieses Buch zwischen zwei Pappdeckeln oder mit Ihrem Kindle lesen. Selbst diese Unterscheidung geht schon weiter als die bloße Form, wenn Sie beispielsweise mit Ihrem Gerät sehen können, wie viele Menschen eine bestimmte Textstelle unterstrichen haben. Oder wenn weitere Bücher basierend auf Ihrem Interesse vorgeschlagen werden.

Digitalität meint die Wirkung des Digitalen und dessen Vernetzung auf die Gesellschaft – im Guten wie im Schlechten. Der Begründer der Phrase »Kultur der Digitalität«, der Schweizer Felix Stalder, bleibt in seiner gleichnamigen kultursoziologischen Abhandlung eher positiv. Er fasst die Kultur der Digitalität als Möglichkeit eines ganz neuen Austausches, der es schafft und schon geschafft hat, bestimmten Gesellschaftsgruppen Sichtbarkeit zu geben. Stalder zeigt dies beispielsweise anhand der Schwulenbewegung der Neunzigerjahre auf, die erst durch den digitalen Diskurs an Selbstbewusstsein gewonnen habe. Die Kultur der Digitalität fungiert als Verstärker von Entwicklungen.[224]

Ein anderes Beispiel: Bevor die weltweite Vernetzung dafür gesorgt hat, dass ein Video von einer miauenden Katze nicht nur millionenfach geteilt werden konnte, sondern Musiker überall auf der Welt zu dem Miauen Lieder komponierten, die wiederum millionenfach aufgerufen wurden (also »viral gingen«) hatte es so mancher schwer, bei einem ausgefallenen Hobby oder einer bestimmten Lebensart Gleichgesinnte zu finden. Das änderte sich mit Online-Communitys. Plötzlich war man nicht mehr ein Außenseiter, wenn man düstere Musik hörte, japanische Comics mochte oder eine andere sexuelle Orientierung hatte als die Mehrheit der Bevölkerung. Die befreiende Wirkung des Internets liegt in der Möglichkeit, Gleichgesinnte zu finden und so zu einer Freiheit für sich und die Gruppe zu finden.

Gleichzeitig ist mittlerweile klar, dass dieser Prozess nicht zu der erhofften Freiheit für alle geführt hat. Unabhängige Foren wurden durch Plattformen ausgetauscht, die eine so große Macht erlangt haben, dass von einem Plattformkapitalismus die Rede ist, in dem die großen (meist US-amerikanischen) Netzwerke über die Art und Weise des Austausches bestimmen.

Das ist die Kehrseite der Kultur der Digitalität. Gleichgesinnte können zudem auch amoralische Menschen finden, Betrüger (Scammer), Pädophile oder Rechtsradikale. Denn das ist ebenso Teil der Wahrheit: Wenn Gleichgesinnte die Meinung zusätzlich verstärken, gibt es kein Korrektiv mehr. Die Meinungen radikalisieren sich und stoßen in einem »Filterclash« aufeinander.[225]

Felix Stalder beschreibt drei Formen einer Kultur der Digitalität. Die Referentialität ist »eine Methode, mit der sich Einzelne in kulturelle Prozesse einschreiben und als Produzenten« auftreten.[226] Wie beispielsweise bei sogenannten Memes. Die meisten Menschen kennen Memes mittlerweile. Memes sind (unter anderem) bestehende Bilder, die mittels Text neu interpretiert werden. Aus der Beziehung zwischen Text und Bild wird etwas Neues. Das kann schreiend komisch sein, aber es bilden sich auch Bildwelten heraus, die kulturelle Konflikte auslösen können, vielfach als Kulturkrieg (*Culture Wars*) bezeichnet. Was hier also passiert, ist eine aktive Teilnahme am Geschehen.

Nun kann nicht jede oder jeder für sich beanspruchen, bestimmte kulturelle Strömungen mitzuprägen. Zumindest nicht nur dadurch, dass sie oder er sich auf etwas bezieht (also darauf referenziert). Dies geschieht erst durch eine größere Gemeinschaft von Interessierten. Dies ist der zweite Punkt der Kultur der Digitalität, die Gemeinschaftlichkeit. Sie strukturiert, »wie die Mitglieder die Welt wahrnehmen und wie sie sich selbst und ihre Handlungsmöglichkeiten darin entwerfen«.[227]

Auch hier ein konkretes Beispiel: Bei seiner Amtseinführung behauptete der damalige US-Präsident Donald Trump, dass die Zuschauerzahl um ein Vielfaches größer gewesen sei als bei der Inauguration von Barack Obama. Fotos bewiesen das Gegenteil, und zwar so klar und deutlich, dass es schockierend und irritierend war, als bei einer Befragung deutlich wurde, dass Trump-Anhänger zunächst das Bild von Obamas Amtseinführung als das von der Trumps hielten und andere sogar das Foto mit den deutlich weniger Menschen darauf als mehr wahrnahmen.[228] Dies mag Ausdruck einer kognitiven Verzerrung (*Confirmation Bias*) gewesen sein, bei der man das wahrnimmt, von dem man annimmt, dass es sowieso zu sehen sein wird. In Deutschland konnte diese Art der Verzerrung beobachtet werden, als in rechten Kreisen die Verschwörungstheorie herumging, dass gar nicht so viele Demonstrierende gegen Rechtsradikale auf den Straßen waren, weil sie ansonsten zum Beispiel in Hamburg auf dem Wasser hätten stehen müssen. Es stellte sich heraus: Die rechten Verschwörer hatten schlicht die Perspektive der Bilder nicht verstanden.[229]

Es hat aber auch gleichzeitig damit zu tun, dass Menschen aus einer bestimmten Gemeinschaft – vielfach durch die Algorithmen abgebildet, später auch gesteuert – ähnliche Inhalte sehen, bis sich dadurch ein Weltbild aufgebaut hat, aus dem man schwer wieder mittels der eigenen Reflexion entfliehen kann. Algorithmizität ist dementsprechend die dritte Einheit der Kultur der Digitalität.[230]

Diese Ausführungen sind deshalb so wichtig, weil sie zeigen, wie sich die gesellschaftliche Umgebung, in der wir leben, verändert hat.

Kultur als gemeinsame Aushandlung

Kultur ist nicht mehr (nur) ein symbolischer Überbau, sondern unterliegt dem Prozess der Verhandlung sozialer Bedeutung.[231] Was heißt das konkret für die Schule?

Der Weg, wie etwas relevant, transparent oder sichtbar wird, muss mitgedacht werden. Genauso wie die Frage, ob ein Werk unter veränderten Bedingungen angemessen ist oder nicht. Das schließt klassische Hochkultur nicht aus. Aber etwas lapidar formuliert: Es geht nicht nur darum, Goethes *Faust* zu lesen, weil Hunderttausende Schülerinnen und Schüler dies vorher getan haben, es geht auch um die unterschiedlichen Sichtweisen auf den Stoff.

Das ist anstrengend. Sowohl in der Schule als auch in der Gesellschaft. Und genau das ist gut. Da, wo auf den Prozess geachtet wird, kann man sich nicht mehr auf ein »Darum« zurückziehen, selbst wenn man als Lehrkraft Autorität ist. In dem Roman *Homo faber* von Max Frisch, einem Klassiker der Nachkriegsliteratur, finden sich rassistische Vorurteile über die »Ureinwohner« Südamerikas, die zur Zeit der Veröffentlichung als unproblematisch gegolten haben – dies aber mittlerweile nicht mehr sind. Das heißt nun keineswegs, dass man den Roman nicht mehr lesen sollte, im Gegenteil: Neben dem Blick auf den Menschen Walter Faber, der all sein Wirken der Arbeit widmet und darüber seine Beziehungen zerstört, sind solche eingeschriebenen Rassismen auch eine Chance, Vorurteile zu diskutieren. Aber, und das ist der springende Punkt, es muss getan werden. Und Lehrkräfte müssen für diese Art des Umgangs mit Literatur sensibilisiert werden. Was passiert, wenn dies nicht geschieht, zeigte sich in der Diskussion, ob der Roman *Tauben im Gras* von Wolfgang Koeppen sich tatsächlich als Abiturlektüre eignet. Geschrieben als antirassistisches Buch Anfang der 1950er Jahre wiederholt es das N-Wort so häufig, dass es damit heutzutage, in einer diversen Gesellschaft, womöglich jene Stereotype transportiert und weitergibt, die es zu reflektieren eigentlich gedachte.

Und wieso liest man, wenn antirassistische Sichtweisen so wichtig sind, wie es die baden-württembergische Kultusministerin betonte, Bücher, die aus einer anderen Perspektive geschrieben worden sind. Also Einwanderergeschichten oder Geschichten von weiblichen Autorinnen? Das ist keine rhetorische Frage. Denn wenn Aushandlung in Gesellschaft und im Netz stattfindet, nicht aber in Gremien oder Institutionen, müssen eben jene Institutionen damit rechnen, dass man die normative Auswahl hinterfragt.

Die Konsequenz aus der Kultur der Digitalität, einer Gesellschaft also, die immer wieder neu aushandelt, was kulturell relevant oder problematisch ist, reicht aber in deutlich mehr Bereiche als in die Literatur(wissenschaft). Schülerinnen und Schüler müssen neben Tatsachen, die scharf und immer wieder von Meinungen über diese Tatsachen zu unterscheiden sind, auch verstehen, wie Tatsachen zustande kommen.

Dieses Prinzip ist universal: Es besagt nicht, dass jede Stunde und jeder Unterricht, jede Form von Lernen ein Verstehen darüber, wie etwas zustande kommt, zum Kern haben muss. Aber es besagt, den Prozess grundsätzlich immer mitzudenken. Ganz gleich, ob es darum geht, wie Nachrichten entstehen, warum die Klimaerwärmung keine Meinung ist oder warum Menschenrechte für alle gelten. Das Lernen in den Mittelpunkt des Lernens zu stellen, beinhaltet auch, Möglichkeiten zu geben, wie der Einzelne verstehen kann, warum etwas wahr und plausibel ist und anderes nicht. Und es muss bedeuten, kritisch zu reflektieren, ob Inhalte für alle die gleiche Chance bieten, sich zu identifizieren und sich mit ihnen auseinanderzusetzen. Was das angeht, sind wir noch am Anfang.

Fortschritte gemacht wurden hingegen bei der Frage danach, wie eine Bildung aussehen kann, die die Große Beschleunigung und ihre Auswirkungen auf die Welt, in der wir leben, bewusst reflektiert.

Alle zusammen für bessere Bildung

Stellen wir uns eine Ausnahmesituation vor: Alle politisch Verantwortlichen der Bundesländer erkennen an, dass ihre Kulturhoheit nicht dazu imstande ist, die massiven Probleme des Systems Schule zu bewältigen. Stellen wir uns weiter vor, dass es einen Ausschuss gibt, einen Rat, besetzt von Bildungspraktikerinnen und -praktikern, von Bildungspolitikern, Wissenschaftlerinnen und Leuten aus der Verwaltung. Und stellen wir uns vor, dass all diese Menschen in gemeinsamer Kraftanstrengung einen Plan erstellen, in dem erklärt wird, was zu tun ist und vor allem wie. Zum Schluss hätte man ein großes Dokument, vielleicht annähernd 400 Seiten dick, in denen die Ziele der Bildung definiert und die Schritte hin zu einem fairen und qualitativ hochwertigen System besprochen würden. Vorstellbar wären auch Worte wie diese: »Das umfassende Ziel der Bildung ist die Fähigkeit des Einzelnen zu individuellem und gesellschaftlichem Leben, verstanden als seine Fähigkeit, die Freiheit und die Freiheiten zu verwirklichen, die ihm die Verfassung gewährt und auferlegt.«[232] Aber natürlich müsste das Ziel noch genauer definiert werden. Etwa eine Veränderung vorzunehmen, die vorsieht, dass es nicht länger möglich sein wird, »Rangunterschiede dadurch zu begründen, dass man einer volkstümlichen eine wissenschaftliche Bildung entgegensetzt … Auch wird es nicht länger möglich sein, einer allgemeinen eine nur berufliche Bildung gegenüberzustellen.

Das Lernen soll den ganzen Menschen fördern. Dazu gehört, dass jeder das Lernen erlernt. Das soziale System des Lernens soll in allen Bildungseinrichtungen dazu führen, dass die für das Zusammenleben erforderlichen Verhaltensweisen erworben werden.«[233]

Um deutlich zu machen, dass es wirklich um alle jungen Menschen geht, sollte ein solcher Bildungsrat explizit erklären, dass es bei der Bildung nicht darauf ankommen sollte, welchen sozialen Hintergrund man hat. »Das Recht auf schulische Bildung ist dann verwirklicht, wenn Gleichheit der Bildungschancen besteht und jeder Heranwachsende so weit gefördert wird, dass er die Voraussetzungen besitzt, die Chancen tatsächlich wahrzunehmen.«[234] Und wenn man schon utopisch werden darf, sollte dem Bildungssystem eine dementsprechende Verfassung gegeben werden, »die niemanden durch Zwang zu nicht korrigierbaren Entscheidungen von bestimmten Chancen ausschließt oder auf eine andere Weise benachteiligt«.[235] Bei solchen allgemeinen Forderungen dürfte es natürlich nicht bleiben. Vielmehr müssten daran konkrete Forderungen angeschlossen werden, zum Beispiel:

- ein Ausbau des Vorschulbereichs, in dem auf die Grundschule vorbereitet wird und der kompensatorisch wirkt, also dort unterstützt, wo Eltern dies nicht können,
- eine kompensatorische Erziehung auch in der Grundschule, Förderung des entdeckenden Lernens, des kooperativen Arbeitens und des problemlösenden Denkens,
- eine einheitliche Gesamtschule, vielleicht zunächst als Schulversuch,
- ein Angleichen der Schulformen durch Schulzentren, die diese Angleichung koordinieren,

- eine Verzahnung gymnasialer Bildung und Berufsbildung,
- deutlich mehr Wahl- und Pflichtkurse in der gymnasialen Oberstufe.

An dieser Stelle stoppe ich die Utopie, denn die Lesenden von Fußnoten wissen längst, dass es sich um keine neuartige Idee, sondern um eine längst vollendete handelt.

Der Deutsche Bildungsrat, der schon 1965 als Nachfolgeeinrichtung des Deutschen Ausschusses für das Bildungs- und Erziehungswesen gebildet worden war, erstellte 1970 einen »Strukturplan für das Bildungswesen«, in dem alle hier aufgeführten Punkte nachzulesen sind.[236]

Es sollte nochmals betont werden, dass in diesem Dokument Chancengleichheit direkt hinter den Grundrechten als wichtigster Punkt unter den »Allgemeinen Zielen« nachzulesen ist.[237] Unter »Lernen« fallen Punkte wie »Das Lernen des Lernens«, »Lernen und leisten«, »individuelles Lernen« und »soziales Lernen«. Aber auch Durchlässigkeit, Wandlungsfähigkeit, unterschiedliche Arten des Lernens in der Familie, im Kindergarten und in der Schule sowie Differenzierung und Individualisierung bekommen eigene Kapitel wie auch viele andere Aspekte. Klar wird dadurch: Vor mehr als 50 Jahren waren die Probleme, die sich in den letzten Jahrzehnten nochmals verschärft haben, nicht nur bekannt, es gab auch schon die unterschiedlichsten Ansätze für eine Lösung.

Besonders bemerkenswert ist, dass das Lernen in Bezug auf die Chancenungleichheit eine zentrale Rolle einnimmt. Hier wird deutlich, dass der Zusammenhang zwischen Förderung und Forderung im Hinblick auf ein sinnstiftendes Lernen strukturelle Implikationen hatte – und hat. Mit anderen Worten: Der Fokus auf das Lernen verändert das System.

Man kann die hier angedeuteten Punkte mindestens zweifach auslegen. Erstens, indem man hervorhebt, was alles *nicht* geschehen ist. »Nicht einmal die flächendeckende Einführung der Gesamtschule als vierter Schulart im Sekundarbereich gelang«, so Franz-Michael Konrad, Professor für vergleichende Pädagogik. Und weiter: »(S)ie ist am politischen Widerstand der CDU/CSU-regierten Bundesländer gescheitert.«[238] Zweitens, indem man dennoch wahrnimmt, dass, sofern die Verantwortlichen es schaffen, sich gemeinsam an einen Tisch zu setzen, es zu Impulsen kommt, die bis in die Gegenwart wirken. So sind beispielsweise die Gemeinschaftsschulen als vierte Schulform zwischen Haupt- und Realschule und Gymnasium deutlich von den Überlegungen geprägt, die vor Jahrzehnten formuliert wurden. Damit darf man sich nicht zufriedengeben, aber eine Erkenntnis muss auch sein: Vieles ist da!

Bildung für nachhaltige Entwicklung und Toleranz

In etlichen Interviews und Diskussionen waren nicht wenige Teilnehmende erstaunt, wenn ich über die »Leitperspektiven« sprach, die in Baden-Württemberg dem Bildungsplan vorangestellt worden sind. Meine Behauptung: Alles, was dort steht, ist nicht nur sinnvoll, sondern an einigen Stellen sogar revolutionär innovativ. Selbstverständlich ist Baden-Württemberg nicht das einzige Bundesland, das solche Leitperspektiven zum Bildungsplan formuliert hat. Da ich durch den lokalen Bezug aber den besten Einblick habe, lohnt sich ein etwas genauerer Blick, um zu zeigen, dass diese Leitgedanken, würden sie ernst genommen, das Potenzial hätten, Schule zu verändern. Natürlich hat jede eigene Schulform ihre eigene Leitperspektive, es handelt sich hier also nur um einen kleinen Ausschnitt, der aber dennoch stellvertretend steht.

Auch wenn es einige Schulen gibt, die eigene Programme und Arbeitsgemeinschaften haben, die sich an den Leitgedanken orientieren, sehe ich keinen durchdringenden Erfolg. Diesen würde ich insofern definieren, als dass die Leitgedanken eine allumfassende Anwendung erfahren würden. Man könnte auch sagen: Wir haben ein Umsetzungsproblem.

Die Leitperspektiven sind:

- Bildung für nachhaltige Entwicklung
- Bildung für Toleranz und Akzeptanz von Vielfalt
- Prävention und Gesundheitsförderung
- Berufliche Orientierung
- Medienbildung
- Verbraucherbildung

Zusätzlich heißt es auf der entsprechenden Seite der Bildungspläne zum »Leitfaden Demokratiebildung«: »Angesichts der aktuellen Diskussion um die politische Bildung und mögliche Defizite in dieser staatsbürgerlich wichtigen Debatte kommt der Demokratiebildung an Schule eine noch bedeutendere Rolle zu.«[239] Wie das Ganze umgesetzt wird, wurde schon besprochen: Es soll »irgendwie« in dem einen oder anderen Fach eine Rolle spielen, ist aber genau das nicht, was das Wort »Leitfaden« bedeutet: leitend!

Und all dies könnte man für alle Punkte aufführen. Natürlich ist es sinnvoll, »Bildung für Toleranz und Akzeptanz von Vielfalt« als Leitperspektive zu formulieren. Wer außer den Ewiggestrigen hätte etwas gegen einen toleranten Umgang und eine »Schule als Ort der Toleranz und Weltoffenheit«, die es jungen Menschen ermöglicht, »die eigene Identität zu finden und sich frei und ohne Angst vor Diskriminierung zu artikulieren«?[240] Aber wenn wir uns erinnern, steht dem das Problem entgegen, dass das System Schule sich nicht nach diesen Punkten ausrichtet. Es sei denn, man ist damit zufrieden, dass man eine AG (Arbeitsgemeinschaft) hat, bei der zwölf Schülerinnen und Schüler die Gedanken der Leitperspektive umsetzen und leben. Zugespitzt formuliert:

Das momentane dreigliedrige Schulsystem und die Fixierung auf Leistung läuft den Leitperspektiven oftmals diametral entgegen.

Will man zur Demokratie erziehen, braucht man demokratische Strukturen. Will man lernen, frei von Diskriminierung zu sein, braucht man einen entsprechenden Rahmen. Predigt man Weltoffenheit, muss man tatsächliche Inklusion ermöglichen. Möchte man Medienbildung stärken – übrigens auch und gerade hinsichtlich einer stabilen Demokratie –, muss Medienbildung auch passieren. Nicht als Zusatz oder als Add-on, sondern bei der Durchführung allen Lernens. In der Tat kann man also sagen: Was zu tun ist, ist bekannt. Wie es zu tun ist, in vielen Fällen auch. Aber eine reale Veränderung kann nur über eine Veränderung der Struktur laufen, wie ich sie beispielsweise bei den Prüfungsformaten oder der konkreten Umsetzung eines anderen Unterrichts beschrieben habe.

Demokratieerziehung als Verwaltungsakt, der am »normalen« Schulalltag vorbeiläuft, ist nicht nur unnütz oder kontraproduktiv, sondern sogar gefährlich. Damit wird signalisiert, dass es nichts ist, was »wirklich wichtig« ist. Dabei sind Demokratieerziehung, Bildung für nachhaltige Entwicklung und Medienbildung – um nur drei der aufgeführten Punkte zu nennen – geradezu überlebenswichtig für uns als Gesellschaft.

Unter den 17 Nachhaltigkeitszielen der »Agenda 2030«, die schon 2015 von den Vereinten Nationen verabschiedet worden ist, findet sich nicht nur die »hochwertige Bildung« selbst als Punkt, sondern »Frieden, Gerechtigkeit und starke Institutionen«, »Keine Armut« oder »Gesundheit und Wohlergehen«.[241] Man könnte auch sagen: all jene Ziele der Bildung, ohne deren Erfüllung wir uns ernsthaft Gedanken um das Leben auf der Erde machen müssen.

Insofern dürfen diese klugen Gedanken und auch jene Ziele, die der deutsche Bildungsrat schon vor 50 Jahren formulierte, nicht abgelegt und archiviert werden, sondern müssen handlungsweisend sein. In jedem Bereich der schulischen Bildung – und darüber hinaus.

TEIL IV

ERFÜLLTES LERNEN FÜR EINE DYNAMISCHE WELT

Von Schachspielern und Lernstrategien

Worin unterscheiden sich Meister-Schachspieler von Anfängern, was ihr Spielverständnis betrifft? Und wie bekommt man das heraus? Eine Antwort auf diese Frage, eher intuitiv erfasst, hat sicherlich mit der Übung zu tun. Wer mehr übt, kann besser spielen. Das ist keine weltbewegende Erkenntnis, wenngleich es erstaunlich ist, dass die Vorsitzende der Kultusministerkonferenz, Astrid-Sabine Busse, bei Amtsantritt im Januar 2023 genau darauf verwiesen hat.[242] Geht aber das tiefere Verständnis bei Meister-Schachspielern auch mit einer besseren Kommunikation einher? Oder können sie gar besser einparken?

Eine oftmals artikulierte Forderung im öffentlichen Diskurs über Bildung ist es, das Lernen zu lernen. Wenngleich sie als Innovation präsentiert wird, findet man diese Formulierung schon bei Wilhelm von Humboldt.[243] In vielen Schulen werden unter dieser Überschrift Strategien zum Lernen überlegt. Die dahinterstehende Idee: Sind die Prinzipien des richtigen Lernens erlangt, können sie auf alle anderen Bereiche übertragen werden. Ähnlich rechtfertigen sich auch Vertreter verschiedener Fächer, wenn sie der Ansicht sind, warum ihre Inhalte nicht verkürzt werden können.

Dass diese Argumentation auf tönernen Füßen steht, hat mit den Schachspielern und einer Untersuchung zu tun, die die Frage beantworten sollte, was Experten in einem bestimmten Gebiet auszeichnet. Mit der Studie »Perception in Chess« lieferten die US-amerikanischen Wissenschaftler William G. Chase und Herbert A. Simon Hinweise, die gegen die didaktische Annahme von inhaltsunabhängigem Wissen und allgemeinen Denkprozessen sprechen, die von dem einen auf den anderen Bereich übertragbar sind.[244] Schachmeister konnten sich nämlich an reale Figurenkonstellationen sehr viel besser erinnern als Amateure und Anfänger, während sie bei rein zufälligen Konstellationen keinen Vorteil mehr hatten. Ihre Überlegenheit basierte auf »domänenspezifischem Wissen«. Ihr Wissen bezog sich auf ein Können, das sie in vielen Spielen geübt hatten und nicht auf eine allgemeine Fähigkeit, sich beliebige Schachstellungen zu merken. Es ist eine spezifische Fähigkeit, sich Stellungen zu merken, die es tatsächlich gibt.

Übertragen auf das schulische Lernen bedeutet das: Übe ich sehr viel Mathematik, kann ich danach besser Mathematik, aber ich habe mich nicht unbedingt im logischen Denken verbessert.

Dieses Wissen wird als konzeptuelles Wissen verstanden. Es ist an konkrete Inhalte geknüpft und kann nicht einfach übertragen werden. Anders als beim Faktenwissen, bei dem es sich darum dreht, einen Sachverhalt darlegen zu können, handelt es sich beim konzeptuellen Wissen immer um die Sache selbst.

Das kennen Lehrerinnen und Lehrer aller Fächer, wenn sie das Gefühl haben, dass etwas verstanden wurde – etwa, was eine Metapher ist. Und wenn sie bei einer Abfrage oder Prüfung erkennen müssen, dass das damit verbundene Faktenwissen nicht in der Interpretation angewendet werden kann. Das heißt nicht, dass gewisse Fähigkeiten nicht auch übertragen werden können, zumal wenn es um elementare Fähigkeiten geht: Wer gut lesen kann, kann gut Bücher lesen oder später auch Geschichtsquellen. Oder die Anleitung für einen Versuchsaufbau in der Chemie. Auch bedeutet das nicht, dass keine Voraussetzungen für ein Lernen geschaffen werden können, die es dem Lernenden erleichtern, sowohl zu Faktenwissen als auch zu konzeptuellem Wissen zu kommen. Es bedeutet aber, dass es ein Unterschied ist, ob ich davon ausgehe, dass eine bestimmte Strategie, die sich auf ein Themenfeld bezieht, einfach auf andere Felder transferiert werden kann.

In diesem Teil des Buchs sollen die Überlegungen zum Lernen, wie sie in den ersten Teilen hergeleitet wurden, in praktische Strategien übersetzt werden. Es sind keine Strategien, die sich auf konkrete Gegenstände beziehen, sondern allgemeinere, die dennoch ein besseres Lernen ermöglichen. Dabei spielen metakognitive Strategien eine Rolle, die nicht immer auf jede beliebige Situation anwendbar sind. Lernen selbst ist so mannigfaltig und hat mit so vielen Variablen zu tun, dass es immer auch darum geht, die für einen selbst passendste Voraussetzung zu schaffen. Unabhängig davon gibt es Gelingensbedingungen für das Lernen zu Hause, in der Schule und für das System selbst. Sie können dafür sorgen, dass effizientes, sinnstiftendes und bedeutsames Lernen stattfinden kann.

Wenngleich die hier vorgestellten Impulse für die verschiedenen Bereiche des Lernens sehr unterschiedlich sind, kann die Haltung gegenüber dem Lernen, die allem zugrunde liegt, gar nicht genug betont werden: »Wenn ein Mensch einmal Erfahrungen gemacht hat, die ungünstig waren, und darauf eine Haltung entstanden ist, die zum Beispiel heißt ›Lernen macht keinen Spaß‹, ›Lernen ist doof‹, ›Sich anstrengen ist blöd‹ oder ›Arbeiten gehe ich nur, weil ich Geld verdienen muss‹, dann lassen sich diese Haltungen weder durch kognitive Strategien (Aufklärung) noch durch emotionale Strategien (liebevolles

Verständnis) verändern«, so der Hirnforscher Gerald Hüther.[245] Das Wissen um die Wichtigkeit dieser Haltungen verdeutlicht er als Glaubenssätze. Diese sind nach der Psychotherapeutin Stefanie Stahl Vorstellungen, die das eigene Handeln maßgeblich beeinflussen können.[246]

Auf dem Wissen um diesen massiven Einfluss basiert auch die Growth-Mindset-Theorie der US-amerikanischen Psychologin Carol S. Dweck. Diese Motivationstheorie hat zum Ausgangspunkt, dass es Menschen mit einem *Growth Mindset* und einem *Fixed Mindset* gibt. Während Personen mit einem Fixed Mindset denken, dass sie ein bestimmtes Wissen und bestimmte Fähigkeiten haben, die unveränderlich sind, glauben jene mit dem Growth Mindset an ihre Veränderung durch »Erfahrung, Training und persönliche Anstrengung«.[247]

In einem Podcast mit der Bildungsinfluencerin Caroline von St. Ange, deren gesamte Herangehensweise auf dem Growth Mindset basiert, sprach ich mit ihr über dieses Konzept. Die Erkenntnis: Die Veränderung des Glaubenssatzes kann über ein einziges Wort geschehen. Oder zumindest kann dadurch die eigene Perspektive infrage gestellt werden. Das Wort ist: *noch.*

Anstatt dass Kinder und Jugendliche in dem Glauben gelassen werden, etwas *einfach nicht* zu können, kann man motivational helfen, indem man ihnen zu verstehen gibt, dass sie es nur *noch* nicht können. Das mag sich nach einer kleinen Veränderung anhören, kann aber einen riesigen Unterschied ausmachen.

Obwohl sowohl die Infragestellung der Glaubenssätze als auch das Growth Mindset als Grundlage für erfolgreiches Lernen betrachtet werden können, müssen kurz die Einwände hervorgehoben werden. Zunächst einmal geht es beim Growth

Mindset um einen Ansatz, der davon handelt, dass man immer weiterlernen kann, und nicht darum, persönliche Wünsche, Talente und Besonderheiten zu ignorieren. Nicht jeder kann einfach alles sein. Aber darum geht es auch nicht. Der Ansatz ist vielmehr einer, der zunächst einmal die Haltung desjenigen betrifft, der das Kind begleitet.

Und dies führt zu einem zweiten, berechtigten Einwand: Der Fokus auf innere Haltungen und Grundüberzeugungen gegenüber dem Lernen darf nicht darüber hinwegtäuschen, dass die Bedingungen zum Lernen sich fundamental unterscheiden. Es reicht mir als Lernendem nicht, wenn ich daran glaube, mich verbessern zu können, wenn ich weder Zeit noch Raum oder Hilfe dafür habe, dies auch zu tun. Mit anderen Worten: Dass hier das Growth Mindset als Möglichkeit angedeutet wird, seine eigene Haltung zum Lernen neu zu beleuchten, bedeutet nicht, dass jeder dies ohne Hindernisse tun kann. Eltern müssen dafür mit dem Kind auf eine bestimmte Weise kommunizieren, müssen sich dafür interessieren. Müssen das Konzept kennen. Müssen die Möglichkeiten haben, tatsächlich mit dem Kind zu üben.

Deshalb bedeutet es einmal mehr, diese Haltung in die Schule zu bringen, dem einzigen Ort, an dem es eine Form von annähernder Chancengerechtigkeit geben kann. Oder könnte.

Wenn es ums Lernen geht und um seine konkrete Umsetzung, müssen wir also darauf achten, mit welcher Grundüberzeugung wir es initiieren und was der praktischen Anwendung im Weg steht, um sie in die Tat zu überführen.

Im besten Fall machen wir dies sowohl in der Schule als auch zu Hause, und zwar sowohl, was die Kinder und Jugendlichen selbst betrifft, als auch, was die Schule als Organisation, als »lernende Organisation« betrifft.

Zu Hause lernen: Haltungen fördern – oder überwinden

In meinem Podcast »Die Schule brennt« hatte ich das Glück, mit verschiedenen Menschen über Schule und Bildung sprechen zu können – und dabei zu lernen. Obwohl oder gerade weil die Personen, die in ihm zu Wort kamen, in den ersten drei Staffeln nicht direkt mit dem Bildungssystem zu tun hatten, ergaben sich daraus für mich einige wichtige Erkenntnisse. So erinnere ich mich daran, wie die Psychologin Stefanie Stahl berichtete, dass sie nach einem erfolgreichen Mathematiktest nach Hause kam und ihre Eltern darüber überrascht waren, denn Mathe zu verstehen, so meinten sie, läge nicht in der Familie. Dies habe aber dazu geführt, dass sie nie wieder gute Mathearbeiten geschrieben habe.

Nun ist es mit zu simplen Zusammenhängen immer so eine Sache: Man kann nicht mehr nachprüfen, ob sie wirklich stimmen oder ob es nicht zahlreiche andere Faktoren gegeben hat, die dafür sorgten, dass jemand etwas nicht kann oder glaubt, es nicht zu können. Aber dass es Glaubenssätze gibt, daran besteht kein Zweifel.

Bevor ich verschiedene Prinzipien zum erfolgreichen Lernen zu Hause formulieren werde, möchte ich nochmals auf Caroline von St. Ange verweisen, die in ihrem Buch *Alles ist schwer, bevor es leicht ist* die Leitlinie eines »neuen Lernens« vorgibt, die sich auf das Growth Mindset bezieht.[248] Sie schreibt darin, wie wichtig es ist, eine sehr natürliche Haltung, die die meisten Eltern von Kleinkindern haben, wenn sie etwas Neues lernen, auch später in der Schule beizubehalten. Denn: Nämlich etwas nicht zu können, heißt nicht, für immer gefangen zu sein in der Unmöglichkeit. Und die Tatsache, keinen leichten Zugang zu haben, meint nicht, dass man nicht intelligent genug oder gar »dumm« ist. Im Gegenteil: Der Gedanke daran, etwas *noch* nicht zu können, ist der Ausgangspunkt dafür, dem Kind zu helfen:

1. Beim Lernen von Neuem geht es darum, daran zu denken, dass alles am eigenen Willen hängt. Wenn man etwas wirklich möchte, dann schafft man es auch dann, wenn es erst einmal nicht so einfach ist.
2. Mit dieser Haltung wird es auch einfacher, nicht aufzugeben. Das klappt auch mit der Vorstellung, dass wir unser Gehirn gerade dann trainieren, wenn etwas noch nicht geht.
3. Es geht vor allem darum, aktiv zu werden. Etwas zu tun. Das Growth Mindset bietet die Motivation dafür ins Tun zu kommen.[249]

Wichtig ist, dass das Growth Mindset die Ausgangssituation darstellt, eine wichtige Grundlage also, die aber das Tun selbst nicht ersetzen kann. Dennoch sollten sowohl Eltern als auch alle Lehrerinnen und Lehrer eine Idee vom Growth Mindset und seiner Implikation auf das Lernen haben.

Aus diesem Grund kommen wir zu zehn Prinzipien des Growth Mindset für das Lernen zu Hause. Weil sie ja nicht auf alle möglichen Situationen angewendet werden können, können sie immer nur Impulse sein, die in der konkreten Ausführung ausprobiert werden müssen. Dennoch ist es wichtig, von den theoretischen Ausführungen und Überlegungen hinsichtlich eines anderen Lernens in der Schule zu konkreten Möglichkeiten zu kommen.

10 Prinzipien für ein Lernen zu Hause

Prinzip 1: Progressive Herausforderung

Steigern Sie den Schwierigkeitsgrad von Aufgaben langsam, aber stetig, um kontinuierliches Lernen und Leistungsverbesserung zu fördern.

Dieses Prinzip kennen die meisten Menschen, und gerade für Lehrkräfte ist die Frage nach der Progression der Lerngegenstände immer ein wichtiger Begleiter. Dass dies aber auch fürs Lernen zu Hause gilt, sollte angemerkt werden, weil so Frustration vermieden werden kann. Wenn ein Kind eine bestimmte Aufgabe, die schwierig ist, nicht sofort lösen kann, kann es vielleicht eine weitere Aufgabe aus dem Bereich lösen, die es noch verstanden hat. Es geht nicht darum, auf jeden Fall Frust zu vermeiden. Manchmal muss man sich durchbeißen. Aber wer die Möglichkeiten hat, Aufgaben so zu stellen, dass es nur nach und nach schwieriger wird, vermeidet nicht nur Frustration, sondern auch unnötigen Stress.

Prinzip 2: Geduld und Unterstützung

Geben Sie Ihrem Kind genug Zeit, um Probleme zu lösen, und helfen Sie bei Bedarf durch Umformulierungen oder Hinweise.

Gerade wenn man berufstätig ist, ist es nicht leicht, ruhig und gelassen zu bleiben, wenn das Kind etwas nicht versteht. Auch hier muss betont werden, dass es einmal mehr Sinn macht, die Lernbegleitung in die Schule zu verlagern. Die Situation ist aber momentan noch so, wie sie ist. Trotzdem ist die Erkenntnis wichtig, dass die Geduld mit dem Kind gerade für den längerfristigen Erfolg maßgeblich ist. Druck führt zu Stress, und beides ist für das Lernen pures Gift. Wenn etwas nicht sofort geschafft wird oder es gerade nicht weitergeht, ist das keine Niederlage. Es kann auch bedeuten, dass eine Pause angebracht ist und später wieder weitergearbeitet wird.

Prinzip 3: Betonung der Anstrengung

Anerkennen Sie den Fleiß und die Anstrengung Ihres Kindes, nicht nur das Endergebnis. Verwenden Sie Ausdrücke wie »Gut nachgedacht!« oder »Gut aufgepasst!«. Dies ist gerade für eine Umsetzung des Growth Mindset fundamental wichtig. Es geht um die Anstrengung, nicht nur um das (vielleicht zufällige) Talent. Gerade wenn es sich darum handelt, den Prozess und damit das Lernen selbst zu fördern (vielleicht schon mit Blick auf die Zeit nach der Schule), sollte die Anstrengung selbst eine große Rolle spielen, nicht nur das Endergebnis.

Prinzip 4: Sinnvolles Lob

Loben Sie Ihr Kind nur dann, wenn es sich wirklich angestrengt hat. Gute Ergebnisse, die nicht aus eigener Anstrengung erfolgt sind, sollten hingegen nicht in dem Maße hervorgehoben werden, wie jene, die eine Bemühung voraussetzen.

Dies führt das Prinzip 3 weiter. Es dreht sich nicht darum, dass man ein bestimmtes Talent nicht ansprechen darf. Aber das ständige Lob für ein Talent kann zum Gegenteil führen, wenn es ums Lernen geht, zur Grundhaltung, dass man das eine eben einfach kann und das andere eben nicht. Positiv formuliert: Es geht also um eine Offenheit gegenüber den verschiedensten Gegenständen, unabhängig davon, ob der Zugang zunächst leicht oder vielleicht sehr schwer fällt. Wird daran früh genug arbeitet, eröffnet man den Kindern und Jugendlichen die Möglichkeit, sich nach Berufen umzuschauen. Es ist immer bemerkens- und lobenswert, wenn jemand sich beim Lernen anstrengt.

Prinzip 5: Kritik am Einsatz, nicht an Fähigkeiten

Führen Sie schlechte Ergebnisse auf mangelnden Einsatz zurück, nicht auf fehlende Intelligenz oder Fähigkeiten. Es kann immer sein, dass etwas nicht geschafft oder verstanden wird. Man kann einen schlechten Tag haben oder man muss die Grundlage wiederholen. So oder so sollte es nie darum gehen, dass jemand »einfach mal so ist«. Das soll nicht heißen, dass wir als Menschen nicht verschieden sind und die einen talentierter als die anderen in unterschiedlichen Bereichen. Nicht jedes Kind ist gleichmäßig hochbegabt. Aber, und das ist wichtig, wir alle können es schaffen, an verschiedenen Gegenständen zu wachsen. Zumindest dann, wenn wir Kritik erhalten – und das betrifft das schulische Lernen umso mehr –, die uns weiterbringt und die sich auf die Tätigkeit und den Einsatz bezieht, nicht darauf, dass das Endergebnis Ausdruck eines grundsätzlichen Unvermögens ist.

Prinzip 6: Konstruktives Feedback

Dass das konstruktive Feedback auch in der Schule eines der effektivsten Mittel ist, den Unterricht wirksam zu gestalten, wurde in diesem Buch ausführlich beschrieben. Es ist wissenschaftlich belegt, dass gutes Feedback dazu führt, dass Kinder besser und auch mehr lernen. Zu Hause kann dies zwar nicht in dieser Tiefe geleistet werden, aber konstruktives Feedback kann man dennoch geben. In erster Linie weist man dabei darauf hin, was verbessert werden kann, ohne eine Bewertung abzugeben, dass das eventuell nicht geschafft werden kann. Noch besser ist es natürlich, wenn auch der Weg gezeigt wird.

Hier kann nur darauf aufmerksam gemacht werden, dass es auch für Eltern sehr nützlich sein kann, sich die neuen Entwicklungen in der künstlichen Intelligenz anzuschauen. Man muss nicht zur Expertin oder zum Experten werden, aber wenn man beispielsweise Angebote in der Übersetzung (deepl.com), in der Formulierung (ChatGPT, Gemini und ähnliche Angebote) oder bei der Rechtschreibung (Orthografietrainer.net) wahrnimmt, ist es nach und nach um ein Vielfaches leichter, dem Kind bei den Aufgaben zu helfen. Selbst in der Mathematik gibt es Möglichkeiten, den Prozess des Lernens mit künstlicher Intelligenz zu begleiten (zum Beispiel mit der Google-App). Wichtig ist die Haltung, dass die Technik den eigenen Lernfortgang nicht ersetzt, sondern ihn unterstützt. Das konstruktive Feedback wird so zu einer Frage der Haltung des Kindes, die es unbewusst und bewusst erlernen muss.

Prinzip 7: Vertrauen ausdrücken

In Bezug auf KI, aber auch auf andere Aufgaben, die Kinder zu Hause erledigen, ist Vertrauen die wichtigste Grundlage. Das Thema ist, dass das Kind weiß, dass es Potenziale hat, selbst dann, wenn etwas nicht sofort begriffen oder umgesetzt werden kann. Dem Kind zu vertrauen heißt auch, es Fehler machen zu lassen und ruhig auf diese hinzuweisen. Es heißt weiterhin, in den Aufbau von Fähigkeiten zu vertrauen, die nicht sofort da sein müssen. Vertrauen ist insofern die Basis dafür, dass das Kind überhaupt – mal schneller, mal langsamer – zu einer Haltung geführt wird, die ihm später das selbstständige Arbeiten und Lernen erlaubt. Und das wiederum ist die

Grundlage für Ausbildung und Studium, bei dem weder Eltern noch Lehrkräfte in der gleichen Intensität begleiten können.

Prinzip 8: Fokus auf den Prozess

Loben Sie den Lernprozess und den Fortschritt, nicht nur die endgültige Note oder das Ergebnis. Eine stetige Wiederholung – auch im Zusammenhang mit dem Lernen zu Hause – erscheint deshalb angebracht. Wir neigen dazu, ein Endprodukt zu bewerten. Geschieht das auf der Arbeit, ist das nachvollziehbarer. Aber wir müssen dennoch daran denken, dass Lernen erst der Erwerb der Fähigkeiten ist, die die Kinder und Jugendlichen dazu bringen, später auf eine Art und Weise zu arbeiten, bei der dann möglicherweise das Ergebnis das Wichtigste ist. Insofern sollte man immer wieder den Prozess selbst in den Blick nehmen und ihn, sofern damit eine Anstrengung verbunden ist, auch in dem Moment loben, wenn sich das Ende noch nicht abzeichnet.

Prinzip 9: Die Reise betonen

Heben Sie den weiteren Weg hervor und was als Nächstes gelernt werden kann, anstatt nur auf das aktuelle Niveau zu schauen. Die Reise zu betonen, geht in dieselbe Richtung, hat aber auch mit dem Ziel zu tun. Das Entscheidende ist, dass das Kind weiß, dass das, was es tut, letztlich für die eigene Entwicklung wichtig ist. Das muss selbstverständlich nicht auf diese Art und Weise formuliert werden. Aber Kinder merken es ganz gut, wenn sie etwas Neues erlernt haben und es anwenden können. Auf positive Lernerfahrungen zu verweisen, ist insofern auch eine gute Strategie, um dem Kind zu signalisieren, dass es das Ziel erreichen kann – gerade dann, wenn der Weg noch weiter und schwer erscheint.

Prinzip 10: Die Sprache des Growth Mindset verwenden

Verwenden Sie Worte wie »noch« und »schon«, um zu betonen, dass Fähigkeiten entwickelt werden können. Zum Beispiel: »Das kannst du noch nicht.« Oder: »Das hast du schon gelernt, und hier müssen wir noch dran arbeiten.« Verwenden Sie die Analogie »Das Gehirn ist ein Muskel«, um zu erklären, dass Übung und Anstrengung zu Verbesserungen führen.

Der Hinweis auf das Gehirn als Muskel ist eine weitere Erkenntnis, die ich von Caroline von St. Ange gelernt habe. Gerade in Zeiten, in denen Körperkult eine große Rolle spielt (und unabhängig davon, ob und wie man dies bewertet), ist es für Kinder und Jugendliche einleuchtend, dass stetiges Üben dazu führt, dass sich ein Muskel vergrößert. Nur dass es hier das Gehirn ist.

Man darf den Hinweis auf das »noch« nicht als Generalvollmacht zu besserem Lernen betrachten. Mal eben festzustellen: »Das kannst du noch nicht«, wird nicht ausreichen. Die stetige Wiederholung, dass der Prozess und die Zielerreichung weder ausschließlich mit Glück noch mit Talent zu tun hat, sondern mit Anstrengung, ist aber trotzdem lohnend. Es ist die Grundlage dafür, eine Haltung zu erreichen, von der ausgehend alles gelernt werden kann, was das Kind möchte.

Die Prinzipien des Growth Mindset führen zu einem Umgang, bei dem Lernen sehr gut möglich ist. Selbstverständlich kann ich nicht jedes einzelne Fach oder jedes einzelne Thema hervorheben, wie hier Lernen konkret vonstattengehen kann. Dennoch will ich auf einige wenige Strategien hinweisen, die sich übertragen lassen. Es sei aber angemerkt, dass es sich nur um einen Ausschnitt von verschiedensten Strategien handelt, die es für das Lernen, Üben und Vertiefen gibt.

Lernstrategien und -impulse

Voraussetzungen schaffen

Nicht jedes Kind hat identische Voraussetzungen, um zu lernen. Aber um so zu lernen, dass es nachhaltig ist, sollten Eltern versuchen, eine Umgebung zu schaffen, in der konzentriert gelernt werden kann, ob im Kinderzimmer, am Küchentisch oder unter dem Hochbett. Wichtig ist, dass das Lernen in einem Umfeld stattfinden kann, das für das Kind förderlich ist. Als Elternteil kann man hier auch mit dem Kind in den Austausch gehen, denn nicht immer ist die Umgebung, die die Eltern aussuchen, auch die, die das Kind angemessen findet. Schon eine veränderte Lernumgebung kann für eine ganz neue Motivation sorgen.

Muster schaffen

Um erfolgreich lernen zu können, ist es weiterhin wichtig, sich auf ein Setting verlassen zu können, das sich möglichst wiederholt. Das trifft sowohl auf die Räumlichkeiten als auch auf die Zeit zu. Wenn es einen bestimmten Zeitrahmen gibt, in dem gelernt wird – zum Beispiel, bevor das Kind rausgehen und spielen kann –, gibt es eine verlässliche Struktur. Das Kind kann sich darauf einstellen, was passiert und wie. So kann es sich auf den Lernvorgang konzentrieren. Das muss nicht bedeuten, dass man Muster nicht auch brechen kann. Es geht vielmehr um ein Gefühl von Wiederholung, das Sicherheit gibt, die für das Lernen von Neuem zentral ist.

Vorverständnis prüfen

Um lernen zu können, muss man das Problem oder die Grundlagen verstanden haben. Lernen knüpft immer an Vorwissen an, und wenn dieses nicht gegeben ist, kann nicht ordentlich gelernt werden. Auch für zu Hause gilt dies. Die Eltern können keine Ersatzlehrer sein, aber zu überprüfen, ob das Kind verstanden hat, was das Problem ist, das es zu lösen gilt, ist genauso wichtig wie zu schauen, ob der Weg des Lernens klar ist. Ist dies nicht der Fall, sollte mit der Lehrkraft gesprochen werden, denn auch dieser ist ja daran gelegen, dass das Kind weiterkommt. Vielleicht hat sie Material, das die Grundlagen nochmals vertieft und auf dessen Basis das Kind dann Schritt für Schritt weiterlernen kann.

Relevanz und Sinn diskutieren

Es gibt Themen, deren Relevanz nicht sofort klar wird, dennoch ist Relevanz eine der wichtigsten Erkenntnisse, damit Lernen als sinnstiftend wahrgenommen wird. Schaffen es die Lehrpersonen nicht, diese Relevanz klarzumachen, ist es sehr hilfreich, wenn die Aufgaben auf diese Relevanz hin überprüft werden. Vielleicht kann das sogar ein kleines Ritual werden: Man spricht darüber, wofür man das, was man lernt, brauchen kann.

Umwälzungen ermöglichen

Für Lehrkräfte gibt es im Unterricht (streng nach den didaktischen Normen, die den Unterricht als »gut« erscheinen lassen) die sogenannte Transferphase, die quasi die Königsdisziplin des Unterrichts darstellen soll. In dieser Unterrichtsphase sollen die Schülerinnen und Schüler das, was sie gelernt haben, anwenden. Meist auf einem Gebiet, das zuvor nicht behandelt wurde.

Wurde also der Konjunktiv im Unterricht behandelt, soll etwa eine Nachricht geschrieben werden, wie sie in der *Tagesschau* vorkommt, und in der dann der Konjunktiv seine Anwendung findet. Jedoch ist es auch zu Hause sinnvoll, Kindern zu ermöglichen, dass sie das, was sie gelernt haben, anwenden – oder umwälzen. Umwälzen in dem Sinne, dass der gelernte Inhalt in eine andere Form übertragen wird. Ein Beispiel: Aus einem Lernvideo wird eine Mindmap. Oder ein Strukturbild. Oder eine beschriftete Zeichnung. Auf diese Weise wird das Wissen oder die Methode durch den Prozess selbst weiter eingeübt und gefestigt. Je grundlegender das zu Lernende ist, desto wichtiger ist eine solche Einbettung in verschiedene Anwendungsbereiche. Nicht alles kann zu Hause geleistet werden – und sollte es auch nicht. Aber solange zu Hause gelernt werden soll und muss, so lange ist es sinnvoll, sich mit entsprechenden Strategien zu beschäftigen.

Lernen in der Schule und die neuesten Erkenntnisse der Hirnforschung

Lernen, so meine Kernthese, gehört ins Zentrum schulischer Bildung, um Schülerinnen und Schülern chancengleiche Möglichkeiten zu gewähren und um auf die neuen technischen und gesellschaftlichen Entwicklungen zu reagieren. Steht das Lernen im Zentrum schulischen Lernens, verschiebt das den Fokus. Weg von einem System, in dem es darum geht, Wissen aufzunehmen und es dort zu vertiefen, wo die Unterschiede am größten sind. Hin zu einem, in dem Schulen der Ort für die Aneignung, die Auseinandersetzung und das lustvolle Lernen sind. Mit und ohne Digitalisierung. Mit und ohne künstliche Intelligenz. Wird allein dieser Gedanke mitgenommen, trägt er schon Veränderungen in sich.

Ich möchte aber noch ein wenig konkreter werden und Impulse an die Hand geben, die dazu anregen können, wie eine solche Hinwendung zum Lernen in der Schule aussehen kann. Zunächst einmal muss auf einen Fakt hingewiesen werden, der zwar vielen klar ist, aber dennoch in aller Deutlichkeit gesagt werden muss: Es kommt auf die Lehrpersonen an. John Hattie erläutert in einem Beitrag zu seinem Buch *Lernen sichtbar machen*, das auf mehr als 2100 Meta-Studien und weiteren 130 000 Studien beruht, diesen Umstand: »Das Wichtigste für die Lehrkräfte ist es, hohe Erwartungen an alle Schüler zu stellen. Das bedeutet, dass man die Schüler nicht mit einem Etikett (wie ›intelligent‹, ›schwierig‹, ›ADHS‹ oder ›autistisch‹) versieht, da dies zu geringeren Erwartungen sowohl bei den Lehrern als auch bei den Schülern führen kann, sondern dass man alle Schüler als Lernende betrachtet, die in ihrem Lernen sprunghaft wachsen können.«[250]

Der Anspruch an Lehrkräfte ist, das Potenzial der Schülerinnen oder Schüler an erster Stelle zu sehen. Es ist wenig erstaunlich, dass Hattie in diesem Zusammenhang von Lernenden spricht. Lehrkräfte, die im aktuellen Schulsystem Erfahrungen sammeln, könnten einwenden, dass die Unterschiede zwischen den Schülerinnen und Schülern genau diese hohen Erwartungen verunmöglichen. Das zeugt aber von einem Fokus, der auf einem Unterrichten im Gleichtakt beruht, jedoch nicht auf einem differenzierten Lernen. Mit anderen Worten: Gerade weil hohe Erwartungen an die Lernenden einen positiven Effekt haben, bedeutet dies, dass das Lernen ins Zentrum muss.

Der Bildungsforscher erwähnt in diesem Zusammenhang noch weitere Faktoren, die das Lernen effektiv gestalten und sinnvoll unterstützen und die gerade in der Schule weiterentwickelt werden sollten:

- Computer-Tutorensysteme, die ein direktes Feedback zur Verfügung stellen. Hierbei kann an die Möglichkeit gedacht werden, mithilfe von Dialogsystemen wie ChatGPT individuelle Lernhilfen zur Verfügung zu stellen. Das schon angesprochene KI-System fiete.ai ist ein Beispiel für ein solches Tutorsystem.
- Flipped-Classroom-Lernen, bei dem die Schülerinnen und Schüler zu Hause den Input bekommen (beispielsweise in Form von Videos) und dann in der Schule das erlangte Wissen anwenden – also in der Schule lernen.

- Gruppen-Puzzle-Methoden, bei denen der Inhalt in verschiedene Bereiche unterteilt wird, die in Teams bearbeitet und analysiert werden können. Im Grunde nichts Neues, aber mittels digitaler Kooperationstools nun in ganz neuen Dimensionen möglich.
- Kognitive Aufgabenanalyse, bei der die Schülerinnen und Schüler nicht nur die inhaltliche Aufgabe bekommen, sondern auch Strategien, wie sie über diese Inhalte nachdenken können.[251]

Bei diesen Punkten haben wir es nicht mit intuitiven Empfehlungen zu tun, sondern mit Lernstrategien, die sich aus den Tausenden Studien als effektiv beim Lernen herausgestellt haben. Auf der anderen Seite sind sie nicht in Stein gemeißelt, sondern können zusammen mit der nun vielfach besprochenen Haltung, dem Fokus auf das Lernen und hinsichtlich des zu erlernenden Inhalts variiert und weiterentwickelt werden.

Gerade Letzteres ist dabei besonders hervorzuheben, da bei all den noch bestehenden Leerstellen darüber, wie genau Lernen im Gehirn funktioniert, doch mittlerweile klar ist, dass die Erkenntnisse der Hirnforschung für ein effektives Lernen fruchtbar gemacht werden können.

Lernen und das Gehirn: Neurodidaktik

Die Neurodidaktik befasst sich genau mit diesem Themenfeld. Franz Hütter und Sandra Mareike Lang präsentieren vor diesem Hintergrund mit ihrem Buch *Neurodidaktik für Trainer* einen Leitfaden, wie die Erkenntnisse der Hirnforschung für ein effektives Lernen genutzt werden können.[252] Die Herleitung der neuronalen Prozesse und der betreffenden Hirnregionen kann hier nicht geleistet werden, aber die sich daraus ableitenden Prinzipien sind für schulisches Lernen oder für eine schulische Bildung, die das Lernen ins Zentrum stellt, von großer Bedeutung. Die Prinzipien, die ich paraphrasiert und gekürzt habe, basieren auf unterschiedlichen Ergebnissen der Hirnforschung und deren Übertragung auf schulisches Lernen durch die US-amerikanischen Wissenschaftler Renate N. Caine und Geoffrey Caine.[253]

Die folgenden Prinzipien sind mittlerweile breit rezipiert worden und können so als Grundlage für schulisches Lernen gesehen werden, bei dem es weniger um eine strukturelle Gestaltung von Unterricht geht, sondern bei dem das Lernen im Mittelpunkt steht. Zugleich sollte das Plädoyer lauten, Lernen sehr viel mehr nach diesen Prinzipien zu orientieren, um zu gewährleisten, dass schulisches Lernen effektiv, sinnstiftend und nicht überfordernd für die Schülerinnen und Schüler ist.

12 Prinzipien der Neurodidaktik

Prinzip 1: Lernen bezieht die Physiologie mit ein

Lernen ist ein ganzheitlicher Prozess, bei dem Körper und Geist miteinander verbunden sind. Um effektiver zu lernen, sollten Schülerinnen und Schüler ihre Sinne und Körper in den Lernprozess einbeziehen. Dieses Prinzip ist den meisten Lehrkräften bekannt und wird oftmals im Referendariat erwähnt. Beim Konzept »bewegte Schule«[254] wird das System umgesetzt, es ist aber noch lange nicht in der Breite in allen Schulen angekommen. Unabhängig von schulischen Gesamtkonzepten kann das System direkt im Unterricht umgesetzt werden, indem Phasen der Ruhe, der Bewegung und der Meditation fester Bestandteil des Unterrichts werden. Das kann über gemeinsame Meditation geschehen, die ich selbst schon in unterschiedlichen Klassen ausprobiert habe. Aber auch feste Rituale und Bewegungsabläufe zwischen Lernphasen sind möglich. Am besten ist es immer, wenn dies nicht nur bei einer Lehrkraft gemacht wird, sondern die Schule als Ganzes sich an dem Prinzip orientiert.

Eine Schule, die das Lernen ins Zentrum stellt, bezieht die Physiologie ein.

Prinzip 2: Das Gehirn ist sozial

Der Mensch ist von Natur aus ein soziales Wesen. Schülerinnen und Schüler lernen besser, wenn ihre sozialen Bedürfnisse und Beziehungen berücksichtigt werden. Das Prinzip basiert auf dem Begriff des *Social Brain*.[255] Zwar ist im Unterricht die sogenannte Schülerorientierung Teil schulischer Realität, aber die soziale Eingebundenheit als grundlegender Teil schulischen Lernens kann noch verstärkt werden. Nicht nur zufällig basieren die 4K des Lernens (Kommunikation, Kollaboration, Kreativität und kritisches Denken), die als Fähigkeiten des 21. Jahrhunderts herausgearbeitet wurden,[256] auf sozialen Zusammenhängen, die nicht nur, aber auch mithilfe von digitalen Medien erweitert werden können. Dabei darf Interaktion nicht nur Teil einer einzelnen Phase sein, wie der Sozialform »Gruppenarbeit«, sondern Bestandteil ganzer Abläufe, die auch trainiert werden können.

Auch hier kann man festhalten: Eine Schule, die das Lernen ins Zentrum stellt, versucht, das Lernen in den Zusammenhang sozialer Interaktion zu bringen.

Prinzip 3: Die Suche nach Bedeutung ist angeboren

Menschen streben danach, Dinge zu verstehen und Sinn zu finden. »Deshalb sind alle Lernprozesse durch die subjektive Zuschreibung von Bedeutsamkeit gekennzeichnet. Und deshalb kann auch nichts gelernt werden, was für ein Lebewesen bedeutungslos ist.«[257] Dass Schülerinnen und Schüler effektiver lernen, wenn ihre Interessen, Ziele und Ideen einbezogen und geachtet werden, ist mein wichtigstes Argument. So wird Lernen aus den Augen der Schülerinnen und Schüler gesehen. Und das Warum kommt ins Zentrum des Lernens.

Eine Schule, die das Lernen ins Zentrum stellt, bezieht das Warum und damit die Bedeutung des Lernprozesses zu jeder Zeit ein.

Prinzip 4: Die Suche nach Bedeutung erfolgt durch Musterbildung

Menschen organisieren und kategorisieren Informationen, um Sinn zu finden. Schülerinnen und Schüler haben großes Potenzial, um Muster zu erkennen und mit ihrem vorhandenen Wissen zu verknüpfen. Die Studie über Schachspieler hat gezeigt, wie wichtig diese Muster für ein Lernen ist, das sich ganz der Sache widmet. Gleichzeitig ist entscheidend, dass diese Verknüpfungen nur dann geschaffen werden können, wenn basales Wissen vorhanden ist. Dazu Gerald Hüther: »Was schon da ist, was an Verknüpfungen im Gehirn bereits entstanden ist, ist entscheidend dafür, wie das Neue beschaffen sein muss, damit es zum bereits Vorhandenen passt. Wenn es passt, macht es Sinn, wenn es nicht passt, wird es als Unsinn abgetan«.[258] Zunächst einmal könnte man behaupten, dass das Prinzip des langsamen Musteraufbaus bekannt ist. Auf der anderen Seite haben wir beim schulischen Lernen dann ein Problem, wenn sich der Unterricht nicht auf das Lernen fokussiert. Denn geht es um übergeordnete Klassenziele, kann dies bedeuten, dass die Verknüpfungen bei einigen Kindern noch nicht abgeschlossen sind und dennoch zum nächsten Thema übergegangen wird. Nimmt man die Verknüpfung zwischen schon vorhandenem und neuem Wissen ernst, bedeutet das zwangsläufig, sich in den ersten Lernjahren und auch später viel Zeit dafür zu nehmen, dass die Grundlagen des Lernens und der Erarbeitung verschiedenster Themen für alle ersichtlich sind. Ist das nicht so, fehlt Schülerinnen und Schülern jene wichtige Grundlage für jedes mögliche Thema, das überhaupt erst diese wichtigen Verknüpfungen erlaubt.

Eine Schule, die das Lernen ins Zentrum stellt, nimmt die basalen Kompetenzen, das basale Wissen und Erlernen von Grundlagen für alle ernst, da es erst die Weiterarbeit mittels Verknüpfungen und Mustern erlaubt.

Prinzip 5: Emotionen sind entscheidend für die Musterbildung

Emotionen spielen eine zentrale Rolle beim Lernen. Schülerinnen und Schüler lernen effektiver, wenn angemessene Emotionen vor, während und nach dem Lernen hervorgerufen werden. »Es gibt jedoch ein substanzielles Element eines Bildungsprozesses, das in den Einrichtungen nicht immer gelingt: das Berührt- und Bewegt-Werden.«[259] In der Lehrerbildung sollte sehr viel mehr über Beziehungen und Emotionen gesprochen werden. Viel zu schnell werden sie aber den Themen untergeordnet, deren Ziele erreicht werden müssen. Gerade theatrale Spiele zeigen, wie eine emotionale Verbindung dafür sorgen kann, dass unterschiedliche Themen mit Freude gelernt werden. Aus diesem Grund bietet es sich auch an, theatrale und szenische Verfahren häufig im Unterricht anzuwenden. Die emotionale Berührung erfolgt dabei nicht (nur) über die Themen, sondern ebenso über die Art und Weise des Zugangs. Bei einer von mir entwickelten Methode läuft der Zugang sogar zunächst ausschließlich über die Emotionen, indem die Schülerinnen und Schüler darüber nachdenken, was für sie »auffallend, anregend und abgefahren« ist.[260] Die Alliteration hilft dabei, für einen Zugang zu sorgen, der über die oft als langweilig empfundene analytische Arbeit hinausgeht. Weiterhin erfolgt der Austausch über die Funde nach einer Methode, bei der die Schülerinnen und Schüler hin und her gehen und sich nach einem von der Lehrperson ausgerufenen Stopp mit jenen unterhalten, neben denen sie gerade zufällig stehen. Dieser Austausch kann dann wieder über andere Methoden – analoge und digitale – festgehalten werden. Das Wichtige ist: Die Emotionen sind sowohl inhaltlich als auch in der Bewegung Teil des Lernens.

Eine Schule, die das Lernen ins Zentrum stellt, berücksichtigt die Emotionen der Lernenden als wichtige Ressource für den Lernprozess und damit für die Aneignung der Inhalte und Kompetenzen.

Prinzip 6: Das Gehirn verarbeitet Teile und Ganzes gleichzeitig

Das Problem einer schulischen Bildung, in der Unterricht in Happen aufgeteilt wird, die wiederum in zeitliche Einheiten aufgeteilt sind, lässt sich in einem Widerspruch begreifen, den jeder Lernende kennt: Auf der einen Seite soll das große Ganze begriffen werden, auf der anderen kann dies nur in kleineren Schritten erfolgen. Dies führt oftmals zu zwei gegenläufigen

Tendenzen: Während die einen auf ein schrittweises Kennenlernen der Inhalte pochen (eine Kompetenzorientierung führt auch dazu, dass beispielsweise Schulbücher im Bereich Sprache so aufgebaut sind, dass Kompetenzen in Kleinstschritten erworben werden), sehen andere das *Big Picture*[261] als Grundlage allen Lernens. So sei nur Projektunterricht imstande, ein umfassendes Verständnis zu erzeugen. Die Hirnforschung zeigt uns aber, dass beide Teile wichtig sind. Mit anderen Worten: Man muss stetig darauf achten, dass beim schulischen Lernen das Verständnis des Gesamtbilds nicht hinter Kleinstschritten verschwindet, die das Lernen fördern können, aber auch dafür sorgen, dass dieses Lernen nicht als sinnvoll erlebt wird. Auf der anderen Seite dürfen Schülerinnen und Schüler auch nicht überfordert werden, indem der Anspruch, dass sie komplexe Zusammenhänge verstehen, darin mündet, dass sie keine Leitlinien mehr haben. Der Fokus auf das Warum kann dabei helfen, weil der Grund für die Erarbeitung dessen, was man tut, gleichsam das Ziel eines Gesamtverständnisses ist, das dann immer wieder in Teilschritten erlangt werden kann.

Für ein besseres Verständnis müssen Schülerinnen und Schüler sowohl das große Ganze als auch die Einzelheiten beachten. Wenn das Lernen im Zentrum schulischen Lernens steht, wird dies berücksichtigt.

Prinzip 7: Lernen umfasst fokussierte Aufmerksamkeit und periphere Wahrnehmung

Die Hinweise auf emotionales Lernen haben gezeigt, dass es nicht ausreicht, über die Phasen nachzudenken, die ein Thema braucht, damit es erlernt wird. Vielmehr findet Lernen auf unterschiedlichen Ebenen statt. Dies kann bedeuten, dass die Lernumgebung das Lernen fördern kann – und dies wiederum kann sich auf den Lernraum oder eine musikalische Begleitung beziehen. Mittlerweile ist klar, dass der Raum als »dritter Pädagoge«[262] dienen kann: »Kinder und Jugendliche werden sich ihres Lernens dann bewusst, wenn sie vielfältige und häufige Perspektivwechsel einnehmen können«, so Otto Seydel, Leiter des Instituts für Schulentwicklung.[263] Für selbstbestimmtes und individuelles Lernen seien herkömmliche Klassenräume eher ungeeignet. Das muss nicht zwangsläufig bedeuten, dass alles auf den Kopf gestellt werden muss. Schon kleinere Veränderungen in der Aufmachung der Klassenzimmer können für eine Verbesserung der Lernatmosphäre sorgen. Aber offene Klassen- und Lernräume, die zum Lernen einladen, unterstützen ein Lernen, das gleichzeitig die Aufmerksamkeit steigert. Dazu ein Hinweis: In vielen Schulen ist es schlicht nicht möglich, dass das Schulgebäude oder die Inneneinrichtung modernisiert wird. Nicht umsonst wurde von mir der Investitionsstau erwähnt. Wird aber doch über einen Umbau gesprochen, ist es essenziell, dass das Kollegium sich über die Art und Weise des Lernens Gedanken macht – im besten Fall, *bevor* ein Architekturbüro von der Stadt ausgewählt oder eine Ausschreibung gemacht wird. Denn auch ein modern anmutendes Gebäude kann Lernen verhindern, indem die Ausrichtung einer Vorstellung von Schule gehorcht, in der es um Wissensvermittlung im Gleichschritt geht.

Effektives Lernen erfordert tiefe Aufmerksamkeit und die Nutzung mehrerer Kontextebenen. Schulen, die das Lernen ins Zentrum des pädagogischen und fachlichen Handelns stellen, richten ihre Räumlichkeiten danach aus, dass der Lernprozess vom Raum selbst unterstützt wird.

Prinzip 8: Lernen ist bewusst und unbewusst

Schülerinnen und Schüler lernen effektiver, wenn sie Zeit zum Reflektieren und Verarbeiten von Erfahrungen und Informationen haben. Konkret heißt das, dass man Zeit einplanen muss, in der kein aktiver Lernprozess stattfindet, sondern in der die Lernenden sich ausruhen. Unbewusstes Lernen hat aber auch damit zu tun, wie gelernt wird. Gemeinsames Lernen kann also zur Folge haben, dass es nicht »nur« um das soziale Gehirn geht, also darum, dass der Prozess der Aufnahme und die Verarbeitung von Informationen besser gelingt, sondern ebenso, dass diese Gemeinschaft in die Haltung aufgenommen wird, die so wichtig für das Lernen ist. In diesem Sinne halten Lernende, die Hilfe oder Förderung brauchen – auch von anderen Lernenden –, den Prozess nicht auf, sondern sorgen vielmehr dafür, dass Solidarität, gegenseitige Förderung und Hilfe als Teil eines sinnstiftenden Lernprozesses aufgenommen werden. Das ist der unbewusste Teil, der durch die Lehrperson wahrnehmbar gemacht werden und so zusätzlich vertieft werden kann. Die Botschaft: Ihr lernt, wenn ihr euch mit einem Inhalt auseinandersetzt. Aber auch: Ihr lernt, indem ihr euch miteinander auseinandersetzt.

Effektives Lernen erfordert einen Kontext, in dem man sich gegenseitig hilft und so die sozialen Prozesse geschult werden. Schulen, die das Lernen ins Zentrum des pädagogischen und fachlichen Handelns stellen, erlauben Raum für dieses Miteinander.

Prinzip 9: Es gibt mindestens zwei Ansätze zum Erinnern

Es ist wichtig, zwischen Auswendiglernen und dynamischem Gedächtnis zu unterscheiden. Schülerinnen und Schüler lernen besser, wenn sie in Erfahrungen eintauchen, die verschiedene Arten des Erinnerns ansprechen. Nachhaltiges Lernen bedeutet ja, den Prozess zu vertiefen und so dafür zu sorgen, dass Wissen und Fähigkeiten zu einem Werkzeugkasten werden, aus dem sich der Einzelne bedienen kann. Hier setzt unter anderem auch die Prozessorientierung der Leistungsmessung und Leistungserbringung an. Denn wenn es in der Schule vor allem darum geht, von Test zu Test zu »lernen« (»teaching to the test«), wird damit zwar das Auswendiglernen gefördert, aber das dynamische Gedächtnis, die Fähigkeit also, Gelerntes wirklich anzuwenden, bleibt auf der Strecke. Dies ist auch der Grund, warum die Vertiefung im Sinne eines »Learning by doing« im Mittelpunkt stehen muss. Und warum das Lernen ins Zentrum schulischer Bildung gehört. Denn genau hier kann die Expertise von Lehrkräften ansetzen, Schülerinnen und Schülern Möglichkeiten zu bieten, das, was sie lernen, auf unterschiedliche Weise anzuwenden.

Prinzip 10: Lernen ist entwicklungsabhängig

Individuelle Unterschiede in Reife, Entwicklung und Vorwissen sollten bei der Gestaltung des Lernprozesses berücksichtigt werden. Eigentlich ist dies für jeden Pädagogen ein – wie man heute sagen würde – *no-brainer* (dt.: klare Sache, selbstverständlich). Geht es allerdings um neuartige Lernformen, wird der Diskurs oftmals bestimmt durch jene progressiven Kräfte, die meinen, jedes Kind bringe von sich aus die Möglichkeiten mit, sich einem riesigen Thema in seiner allgemeinen Beschaffenheit zu nähern. Das ist nicht so. Momentan geht schulisches Lernen noch zu viel von Voraussetzungen aus, die nicht alle haben. Reife, Entwicklung und Vorwissen zu beachten, ist aus diesem Grund ein entscheidendes Prinzip, um Lernen für alle zu ermöglichen. Gleichzeitig geht es Hand in Hand mit dem

Prinzip, das die Schlussfolgerung von Hatties Meta-Studien ist, nämlich »den Lernprozess mit den Augen (der) Schülerinnen und Schüler zu sehen«.[264]

Entwicklung ist in diesem Sinne also auch sprachlich zu sehen und birgt gleichzeitig eine Forderung in sich. So soll nämlich eine entsprechende Förderung dafür sorgen, dass die Voraussetzungen nicht so unterschiedlich sind, dass die Lehrkräfte nicht damit hinterherkommen, die Unterschiede überhaupt zu diagnostizieren, geschweige denn, darauf einzugehen. Dennoch: Effektives Lernen erfordert die Berücksichtigung unterschiedlicher Entwicklungen und damit Voraussetzungen. Schulen, die das Lernen ins Zentrum des pädagogischen und fachlichen Handelns stellen, achten auf genau diese Aspekte.

Prinzip 11: Komplexes Lernen wird durch Herausforderungen gefördert und durch Bedrohungen gehemmt

Eine optimale Lernumgebung zeichnet sich durch entspannte Wachsamkeit aus, durch eine Kombination aus geringer Bedrohung und hoher Herausforderung. Dieses Prinzip ist für Schulen, für Lehrpersonen von immenser Bedeutung. Hierbei geht es darum, Schülerinnen und Schülern mit einer wertschätzenden Haltung zu begegnen und so eine Erziehung beim und zum Lernen zu gewährleisten, die nicht auf dauernde Drohung aufbaut. Durchaus sind Reaktionen von Schülerinnen und Schülern denkbar, die wenig Respekt vor der Lehrperson haben und die einen wertschätzenden Umgang schwierig, wenn nicht gar unmöglich machen. Gleichzeitig ist ein Umgang, der keine Bedrohung ausspricht, etwas, das erlernt werden kann. Und zwar in der Universität, im Lehramtsstudium. Es handelt sich dabei nicht nur um konkrete Umgangsformen, sondern um Haltungen, die sehr schwer zu erlernen sind, ist man erst einmal im Beruf. Die Umgebung und das soziale Umfeld spielen natürlich eine Rolle, aber diese sollten keine Ausflüchte erlauben: Weiß man, dass eine Bedrohungslage schlecht für das Lernen ist, muss es zumindest das Ideal darstellen, sich daran zu orientieren, Lernen ohne Bedrohungen zu initiieren. Was Noten und Prüfungen angeht, ist das durchaus ein Problem, weil Noten auch dann als Bedrohung empfunden werden können, wenn sie nicht als explizite Bedrohung ausgesprochen werden. Letzteres sollte übrigens gar nicht vorkommen.

Kurz: In einer Schule, in der das Lernen im Mittelpunkt steht, versuchen alle Beteiligten, ein Lernklima und eine Lernkultur zu etablieren, bei der sich niemand bedroht fühlt. Weil Lehrkräfte selbst dann, wenn sie nicht als streng gelten, grundsätzlich eine Autorität gegenüber den Kindern und Jugendlichen haben, erfordert das Wissen um den Einfluss von Bedrohung ein besonders sensibles Sprechen und Handeln.

Prinzip 12: Jedes Gehirn ist einzigartig organisiert

Schülerinnen und Schüler lernen effektiver, wenn ihre individuellen Talente, Fähigkeiten und Kapazitäten einbezogen werden. Mittlerweile ist zwar belegt, dass die sogenannten Lerntypen ein Mythos sind, das bedeutet aber nicht, dass individuelle Talente keine Rolle spielen können. Grundsätzlich sprechen wir hier über zwei verschiedene Dinge. Bei dem Modell der Lerntypen ging man davon aus, dass bestimmte Menschen eher auf Bilder, andere auf Gehörtes, wieder andere aufs Schreiben ansprechen würden. Die Lehr-Lernforscherin Ines Langemeyer erklärt dazu im *Spiegel*: »Obwohl sich diese Annahme hartnäckig hält: Bisher hat keine Studie beweisen können, dass es solche unterschiedlichen Lerntypen gibt … Tatsächlich kommt es eher auf den Lerngegenstand an als auf die Person.«[265]

Das alles muss für schulisches Lernen bedeuten, dass es anders organisiert wird. Es heißt aber auch, dass Vorgaben und Möglichkeiten sich die Waage halten müssen. Vorgaben sind dort wichtig, wo das Erlernen eines Gegenstands die Grundlage für die spätere Differenzierung ist. Möglichkeiten bedeutet, auf der Grundlage aufbauend ein Thema in unterschiedliche Richtungen weiter zu bearbeiten. Eine Schule, bei der das Lernen im Zentrum steht, muss berücksichtigen, dass Schülerinnen und Schüler so unterschiedlich sind wie jedes einzelne menschliche Gehirn.

Auch das Bildungssystem kann lernen

Man kann noch so ausgiebig über lebenslanges Lernen sprechen: Je mehr Zeit vergangen ist, seit wir das Schulsystem verlassen haben, desto schwerer fällt es uns, Dinge dazuzulernen, die dem widersprechen, was wir erfahren haben. Das ist ebenso trivial wie nachvollziehbar, denn wir neigen dazu, das als normal anzunehmen, was wir selbst durchlaufen haben. Auch hier könnte man von einem Bestätigungsfehler, dem schon erwähnten Conformation Bias sprechen. Wir trauen Informationen mehr, die unsere Annahmen stützen. Und wir sind irritiert, wenn neue Informationen dazu führen, dass unsere Annahmen herausgefordert werden.

Im Bildungssystem führt das oftmals dazu, dass Verantwortliche, gerade dann, wenn sie länger nicht mehr in der Schule waren, nicht über den Tellerrand schauen. Die Gestaltung orientiert sich an der eigenen Vergangenheit und nicht an der Zukunft der Heranwachsenden.

Um diesem systemimmanenten Selbsterhaltungstrieb zu entkommen, bei dem jeder nur das favorisiert, was er oder sie wahrgenommen hat, ist die Veränderung von unten notwendig. Diese beruht zwangsläufig auf der Erfahrung eines Alltags, der sich wandelt. Bildungspolitiker sind in keine Schule gegangen, in der die Themen des Tages von den sozialen Medien geprägt waren. Sie hatten keine Zukunft vor sich, deren Konflikte sich so überlagerten, wie sie es heute tun. Oder zumindest war dies nicht in der Form ersichtlich. Es gab keine künstliche Intelligenz, die einfach alle Aufsätze hätte schreiben können. Für die meisten gab es während der Schulzeit nicht einmal Google. Die Einwanderungsgesellschaft hatte noch keine Bezeichnung, das gesellschaftliche Miteinander unterschiedlichster Menschen war zudem nicht in der Mitte angekommen. Und damit auch nicht als Ziel entworfen, im Gegenteil. Der Anspruch auf Inklusion war noch nicht einmal formuliert, geschweige denn, dass man darüber gesprochen hat, wie man ihn in die Tat umsetzen kann.

All das zeigt, dass die Keimzelle von Transformation im Bildungssystem in der Schule selbst liegt. Zwangsläufig bedeutet das verordnete Freiräume, die aber in einer Zeit, in der die Kapazitäten sowieso schon gebunden sind, schwer zu bekommen sind. Dennoch: Wenn es ums Lernen geht, muss es auch um lernende Systeme gehen. Und darum, wie man innerhalb des Schulsystems Lern- und damit Entwicklungsprozesse initiieren kann.

Den Begriff des Lernens habe ich auf unterschiedlichste Weise genutzt, meist als Beschreibung eines Prozesses, bei dem ein Individuum zu einer Gruppe gehört und bei dem die Aneignung im Zentrum steht. Lernen ist damit Entwicklung, aber auch gleichzeitig Veränderung. »Lerntätigkeit meint eine historische Form dieser Aneignung, nämlich ein Lernen, das durch eine Reflexivität gegenüber dem Prozess selbst, gegenüber sich als Subjekt und gegenüber dem Resultat gekennzeichnet ist.«[266]

Was heißt das? Wenn man lernt, muss man verstehen, was man tut. Und wie man es tut. Und auch, darum ging es in diesem Buch immer wieder, warum man etwas tut. Reflexivität ist gefragt. Zu denken ist da an ein Licht, das nicht nur auf die

Sache fällt, sondern auch auf einen selbst, also wie man sich der Sache widmet. Deshalb ist der Prozess des Lernens in der Schule so wichtig.

Gegenüber sich selbst bedeutet das, dass man in der Lage ist zu registrieren, wie das Lernen das eigene Denken beeinflusst. Das muss gar nicht so fundamental sein, es beinhaltet eher ein Erkennen, dass ein neues Wissen über eine Tätigkeit oder das Wissen selbst, das man sich angeeignet hat, die eigene Vorstellung von der Welt und von den Dingen verändert. Der Gedanke, dass die Leistung bei einer Tätigkeit auch davon abhängt, ob die- oder derjenige an das eigene Potenzial glaubt oder nicht, kann maßgeblich sein. Deshalb ist das Growth Mindset so entscheidend, solange man nicht den Fehler macht, dieses unabhängig von tatsächlichen Voraussetzungen der Einzelnen zu sehen. Die Reflexivität gegenüber dem Resultat hat zur Folge, dass man in der Lage ist zu begreifen, wie das eigene Handeln zu einem Ergebnis geführt hat, das man wiederum beurteilen kann. Als gelungen, als misslungen, als gut oder noch nicht gut – immer jedoch als Möglichkeit, darauf aufzubauen.

In einem weit gefassten Sinn kann auch das Bildungssystem lernen – und tut dies sogar qua seiner Teilnehmerinnen und Teilnehmer. Etwa indem es auf Entwicklungen reagiert und mittels Verwaltungsvorschriften, Lehrplänen und Bildungsstandards Wege und Ziele festschreibt. Gleichzeitig dauert der Lernprozess von übergeordneten Strukturen nicht nur lange, sondern hat außerdem Auswirkungen, die die Entwicklung hemmen, anstatt sie zu fördern.

Der Wille, jede Tätigkeit als eine Kleinstkompetenz zu definieren, kann darin münden, dass die Tätigkeiten sich von den Gegenständen spalten. Damit besteht die Gefahr, dass sie willkürlich werden. Und zwar deshalb, weil man allem im Nachhinein eine Kompetenz zusprechen kann, selbst dann, wenn diese nur angedeutet wurde und somit nicht nachhaltig ist.

Lernen innerhalb des Bildungssystems geschieht in den Schulen. Und damit ist nicht nur gemeint, dass die an der Schule beteiligten Menschen lernen.

Bei den »lernenden Schulen«[267] kann man von Einheiten sprechen, »in denen Arbeitsbedingungen, Strukturen und Organisation so angelegt sind, dass Menschen individuelle Lernprozesse erreichen können und gleichzeitig die Organisation weiterentwickeln«.[268] Die Betonung muss hier auf der Möglichkeitsform liegen: *können*. Denn aus einer veränderten Schulkultur, in der das Lernen des Kindes und damit das Kind selbst im Zentrum steht, ergibt sich auch ein Anspruch an die Lehrenden: »(W)enn Schule als Organisation einen Unterschied macht, dann müssen Lehrkräfte Einfluss darauf nehmen, wie Schule gestaltet ist, wie sie sich organisiert und wie sie als Ganzes handelt.«[269] Das ist leichter gesagt als getan. Denn »genauso wenig wie im Gehirn kann auch innerhalb einer sozialen Gemeinschaft, also einer Familie, einem Fußballverein, einem Unternehmen oder einer Glaubensgemeinschaft etwas Neues herausgebildet und in der jeweiligen inneren Organisation verankert werden, was nicht bereits vorher zumindest in Ansätzen vorhanden war«.[270] Mit anderen Worten: Es genügt nicht, dass eine Person oder mehrere eine neue Idee von Schule haben. Es braucht eine Gemeinschaft, die sich erst entwickeln muss. Und dieser Prozess der lernenden Gemeinschaft ist nicht immer einfach. Innerhalb eines Systems, das dem Einzelnen sowieso schon viel abverlangt, wird Veränderung oftmals nicht als Möglichkeit gesehen, sondern als Störfaktor. Im Grunde genommen ist sie das auch, denn in der Tat kann die Neugestaltung von Routinen, die sich eingeschlichen haben, dazu führen, dass ein Ablauf gestört wird, gerade wenn sich Kolleginnen und Kollegen zu Teams zusammenfinden, die die Schule überarbeiten wollen. »Was … aus Sicht der Steuergruppe als positiver Ausdruck neuer Lernfähigkeit und verbesserten Gruppenzusammenhalts betrachtet wird, kann aus der Perspektive der traditionellen Organisationskultur möglicherweise als Bedrohung empfunden werden.«[271]

Der Trick ist, diese Störung zuzulassen, was wiederum auf individuellem Vertrauen, aber auch auf neuen Strukturen basiert. Der Soziologe Stefan Kühl schreibt in der Einführung zu seinem Buch *Organisationskulturen beeinflussen*: »Der einzige Hebel des Managements, die Organisationskultur zu verändern, sind Veränderungen der Formalstruktur.«[272] Und weiter: »Weil sich eine Organisationskultur als Reaktion auf formale Verhältnisse entwickelt, muss in der Analysephase zunächst das Verhältnis von Formalität und Informalität in der Organisation genau untersucht werden.«[273] Damit ist gemeint, wie festgelegte Regeln zur tatsächlichen Umsetzung stehen. Wenn gelebte Schulkultur beispielsweise heißt, dass Kolleginnen und Kollegen solidarisch gegenüber Schülerinnen und Schülern sein sollen, wenn diese etwas aufführen, dann lohnt es sich mehr zu schauen, wie viele Lehrkräfte beim Theaterstück sind, als nachzulesen, ob der Wunsch nach Erscheinen im Protokoll beschrieben wurde. Und das eine, also der Wunsch oder die Regel, muss nicht immer auch die Folge haben, die beabsichtigt ist. Eine Regel kann also, so widersprüchlich es ist, auch dazu führen, dass das Gegenteil eintrifft.

Dann spricht man in Schulen (und anderen Sozialstrukturen) von unbeabsichtigten Folgen.[274] Das ist beispielsweise der Fall, wenn eine komplexe Struktur (wie die Schule) dazu führt, dass eine Neugestaltung nicht die intendierten Folgen hat.

Ein Beispiel aus der Schuldigitalisierung: Klassenbucheinträge in physische Hefte sind oft chaotisch, auch kann man sie nicht gut auf einmal betrachten. Man muss sie durchblättern und nach Einträgen suchen, um zu sehen, wie viele Konflikte es mit einer Schülerin oder einem Schüler gab. Digitale Klassenbücher hingegen schaffen eine Übersicht. Es ist also sehr sinnvoll, digitale Klassenbücher anzuschaffen, in die viel einfacher eingetragen werden kann. Eine unbeabsichtigte Folge könnte nun sein, dass mehr Eintragungen gemacht werden, die für die Schülerin oder den Schüler negative Konsequenzen haben. Oder der gegenteilige Effekt tritt ein: Dadurch, dass man die Klassenbucheinträge aufrufen muss und sie nicht mehr direkt vor sich hat, verlieren sie die Wirkung, die sie eigentlich haben sollen.

In Schulen ist das an vielen Stellen zu beobachten und führt zu paradoxen Effekten: Lehrerinnen und Lehrer nehmen zu wenig an Fortbildungen über Zeiteffizienz teil, weil sie dafür keine Zeit haben. Curricula, die erstellt werden sollen, damit nicht jede und jeder das Rad neu erfinden muss, werden abgelehnt, weil die Kapazitäten nicht bestehen, sich der Erstellung zu widmen. Deshalb müssten für eine Veränderung, die auch innerhalb des Verwaltungsapparats als sinnvoll angesehen wird – etwa die zunehmende Arbeit mit digitalen Medien –, Kapazitäten und Zeit frei gemacht werden, damit sie überhaupt initiiert werden kann. Gewünschte Veränderungsprozesse von oben, die nicht durch die nötigen Begleitprozesse unterstützt wurden, sorgen nicht von ungefähr für viele Konflikte in den Kollegien.

Ein Beispiel: Ein Kollege soll mit Tablets unterrichten, bedarf dafür meist einer Einarbeitung, er muss an Fortbildungen teilnehmen, sich austauschen und selbst mit den Geräten umgehen können. Gleichzeitig besteht die formale Zielsetzung, die Inhalte, die schon seit Jahren auf dem Lehrplan stehen, in der gleichen Zeit wie immer abzuarbeiten. Selbstverständlich taucht hier die Frage auf: »Wieso soll ich digital arbeiten, es ging doch vorher auch?« Oder: »Was ist der Mehrwert dieser neuen Technik für meine (alten) Inhalte.«

Wahrheitsgemäß müsste man antworten: Nichts wird besser. Denn es geht nicht darum, dasselbe zu tun, nur mit anderen Mitteln – dann bräuchten wir die Veränderung nicht. Sondern darum, anderes zu tun, mit Mitteln, die die Veränderung erst möglich machen. Das hört sich schlau an, wird aber spätestens dann fraglich, wenn am Ende einer traditionellen Unterrichtseinheit doch wieder eine Klassenarbeit geschrieben werden muss. Die Keimzelle der Veränderung sind Schulen, aber Veränderungsprozesse im Sinne von lernenden Systemen bedeuten auch, dass die Begleiterscheinungen solcher Veränderungen eingeplant werden. Ansonsten zerbrechen Kollegien an den Ansprüchen, die an sie herangetragen werden.

Dies alles heißt nicht, dass Veränderungen nicht angegangen werden sollten. Es bedeutet nur, dass sich alle im Klaren über mögliche Konsequenzen sein müssen.

Hier spielen die Eltern eine wichtige Rolle, nicht nur, indem sie aktiv in den Prozess eingebunden werden, sondern auch, weil sie ein entscheidender Faktor dafür sind, ob eine Veränderung ausprobiert werden kann. Sind die Eltern zu sehr verhaftet in ihren eigenen Vorstellungen darüber, wie Schule auszusehen hat, dann kann das Entscheidungsprozesse durch sozialen Druck auch hemmen oder sogar stoppen.

Der Beginn für einen Veränderungsprozess der Schule ist auch deshalb ein offener Austausch in einem Forum, das den Raum dafür gibt. Denn um ein Ziel zu definieren, braucht es zumindest einen Grundkonsens darüber, welche Art der Veränderung nötig ist, um Schule so zu gestalten, dass Lernen bestmöglich und mit allen nötigen Ressourcen stattfinden kann. Wenn Schulen Leitlinien für ihr eigenes Handeln definieren, die gleichzeitig übergeordnet, aber auch so konkret sind, dass sie das Handeln der Einzelnen leiten, kann innerhalb dieses gesetzten Rahmens systematisches Lernen stattfinden. Und zwar sowohl von den Schülerinnen und Schülern als auch mit und durch das Kollegium. In dem Buch *Bildung 2030. Sieben Trends, die die Schule revolutionieren* schlägt der ehemalige Lehrer und Professor für Allgemeine Pädagogik Olaf-Axel Burow Forderungen vor, die schon mehr als 40 Jahre alt und immer noch von frappierender Aktualität sind:

- Förderung statt Selektion
- Selbstgesteuertes Lernen und Kreativität statt Normierung und Verplanung
- Lernen in sinnvollen Ganzheiten statt nach einem Fach- und Stundenprinzip
- Integration statt Überbetonung des Kognitiven
- Förderung von physischem Lernen statt Unterdrückung des Bewegungsdrangs
- Lehrer als ganze Menschen sehen und nicht als emotionslose Fachwissenschaftler
- Selbstbestimmtes Lernen statt Bevormundung
- Befähigung zu aktiver Selbstbestimmung statt Resignation[275]

Auch wenn es Lehrerinnen und Lehrer gibt, die wenig Emotionen zeigen, halte ich die Beschreibung emotionsloser Lehrpersonen eher als polemisches Hilfsmittel. Denn: »Wenige Berufe erfordern eine derart vielseitige Kompetenz wie die des

Lehrers. Zu ihr gehören fachliches Können, starke persönliche Präsenz und Ausstrahlung und flexibles Reagieren auf sich ständig verändernde Situationen genauso wie intuitives Gespür, Verständnis für völlig unterschiedliche Schülerpersönlichkeiten, Widerstandskraft, Geschick bei atmosphärischem Gegenwind und – vor allem – Führung.«[276]

Ich lehne mich wohl nicht zu weit aus dem Fenster, wenn ich behaupte, dass es durchaus Schulen gibt, die einzelne angeführte Punkte umsetzen. Oder gar mehrere.

Für ein System, in dem Veränderung im Sinne einer lernenden Schule umgesetzt werden kann, braucht es jedoch mehr als einzelne Leuchttürme. Diese müssen sich nicht an den hier zitierten Leitplanken orientieren. Aber ein Umdenken dergestalt, dass Schule als Raum der Potenzialentfaltung wahrgenommen wird, ist zwangsläufig nötig. Unweigerlich stellt sich die Frage: Wie kann eine solche Entwicklung vorangetrieben werden? Dazu einige Beispiele aus Theorie und Praxis, die aus meiner Sicht fundamental für eine Veränderung der Schule und der Schulkultur sind.

10 Schritte zu einer veränderten Schule

Auch hier noch eine Anmerkung vorab: Genau wie bei den Prinzipien für das Lernen zu Hause und den Prinzipien für das Lernen in der Schule sind bestimmte Schritte nie als eine Art verbindlicher Leitfaden zu sehen, sondern bedürfen einer spezifischen, auf die Schule ausgerichteten Vorgehensweise, die sich an das System anpasst, das entwickelt werden soll. Insofern sind die Schritte als Impulse zu verstehen, die einen möglichen Lernprozess anschieben können.

Idee entwickeln

Es lohnt sich schon zu Beginn einer Idee, die von einem Einzelnen oder auch nur zwei Kolleginnen und Kollegen ausgehen kann, darauf hinzuweisen, dass es wahrscheinlich ist, dass diese Idee am Ende nicht mehr genau jene ist, die man sich überlegt hat. Und das ist auch gut so. Veränderungsprozesse zu initiieren bedeutet, Veränderung der eigenen Ideen zuzulassen oder mehr noch: einzuplanen. Trotzdem habe ich es über Jahre erfahren, dass junge und engagierte Lehrkräfte Ideen für eine veränderte Schule hatten und nicht damit klarkamen, dass diese nicht sofort Anklang fanden. Wenn das doch geschah, war das eher eine Ausnahme. Es ist damit zu rechnen, dass alles, was anders ist, kritisch hinterfragt wird. Das ist erst mal nichts Schlechtes, denn Routinen festigen sich nicht nur, weil sie eine Tradition haben, sondern weil sie sich bewähren. Und paradoxerweise geschieht dies dadurch, dass sie weitergeführt werden.

Es macht also Sinn, sich mit jenen Menschen zusammen- und auseinanderzusetzen, von denen man weiß, dass sie eine andere Schule vor Augen haben. Dazu ist kein seitenlanges Konzept notwendig, es kann auch eine Notiz sein, die so konkret ist, dass man sie erproben kann, und dennoch so allgemein, dass sie sich als eine Art erste Zielsetzung anbietet. Wer dieses Buch bis hierher gelesen hat, für den wird es nicht überraschend sein, wenn ich es für eine wichtige Zielsetzung halte, das Lernen ins Zentrum jeder weiteren Überlegung zu stellen. Aus den Gründen, die hier beschrieben worden sind und die Argumente dafür liefern können, warum es nicht so weitergehen kann, wie es vielerorts bisher war.

Ideen erproben

Ein »Fehler«, der oftmals begangen wird, wenn es um eine veränderte Praxis geht, und der damit sehr oft zu Frustration führt, ist, wenn innovative Lehrkräfte ihre Ideen sofort der Schulleitung oder anderen offiziellen Gremien präsentieren. Sehr scharf könnte man formulieren: Keiner wartet darauf, dass jemand kommt und die bisherige Praxis infrage stellt. Viele sind mit ihrer individuellen Situation, der Situation der Schule und des Bildungssystems insgesamt unzufrieden. Aber dies führt in nicht wenigen Fällen zu einer gegenteiligen Reaktion: Man ist nicht unzufrieden und verändert sich, sondern man ist unzufrieden und flüchtet sich in das, was einem Halt gibt. Selbst dann, wenn es eine überkommene Praxis ist. Man könnte sagen: Oftmals bevorzugen Kolleginnen und Kollegen ein Leiden, das sie kennen, vor einer möglichen Verbesserung, die sie nicht kennen.

Hat man aber eine Keimzelle der Veränderung gefunden, sollte man die Ideen erproben. Das Schöne ist: Das ist in der Schule meist (wenn auch nicht immer) möglich. Eine Idee wäre: Wie sieht Unterricht aus, der das Lernen in den Mittelpunkt stellt – und zwar konkret vor Ort, mit der eigenen Klasse, in den vorhandenen Räumen, mit der Zeit, die dort zur Verfügung gestellt werden kann? Es ist klar, dass die Klassen auf jene formalen Prüfungen vorbereitet werden müssen, die in der Schule gefordert sind oder im Bildungsplan verankert ist. Aber es gibt erstaunlich viel Freiraum, wenn man es schafft, sich von den Vorgaben zu lösen, die beispielsweise im Referendariat als unverrückbare Säulen bestehen.

Der Witz an der Erprobung und im besten Falle einer Reflexion der neuen Praxis ist es, dass diejenigen Dinge, die funktionieren, sogar schon ohne offizielle Strategie Strahlkraft entwickeln können.

Dazu ein Beispiel: Wäre es nicht sinnvoll, wenn Schülerinnen und Schüler unabhängig von den Klassenräumen und den standardisierten Sitzreihen lernen könnten? Nun, das ist schwer zu sagen, oder? Wie soll das aussehen? Selbst wenn man diese Idee hätte, könnte man sie in jedem Kollegium so lange totreden, bis sie nicht mehr existiert. Nun aus der Praxis: Bei einer durch die Medien-AG forcierten Aktion »Meine Idee für die Schule« reichten die Schülerinnen und Schüler Vorschläge ein. Eine lautete: Ein Sofa für jede Klasse. Eine tolle Idee für die Pausen, aber zu teuer. In der gemeinsamen Besprechung wurden daraus Sitzsäcke, die alle ausleihen können. Und das wiederum sorgte dafür, dass jene Kolleginnen und Kollegen, die gerne außerhalb des Klassenraums lernen ermöglichen wollten, diese nutzen konnten. Gleichzeitig sind lernende Schüler auf Sitzsäcken im Windfang der Schule eine neue Praxis. Veränderung wird vorstellbar, es kann darauf Bezug genommen und daran angeknüpft werden.

So etwas funktioniert nicht nur mit Sitzsäcken, sondern mit jeder Art geplanten Veränderung, die in der Praxis erprobt und dann sichtbar wird. Auch dann ist es im Sinne einer lernenden Schule noch kein Selbstläufer. Aber in der Sinnhaftigkeit der wahrgenommenen praktischen Umsetzung ergibt sich die Möglichkeit für weitere Schritte.

Mission erstellen

Ist einmal die Praxis erprobt, ist der nächste Schritt, daraus eine Art Gelingenskonzept zu erstellen. Dieses kann man sich als Konzeptpapier in Arbeit vorstellen, das schon eine erste Idee und Zielsetzung formuliert, wie eine veränderte Praxis aussehen kann und woran sie sich erstellt. Im Sinne einer von Olaf-Axel Burow erdachten Mission sollte gleichzeitig gefragt werden, wofür die Schule beziehungsweise die Schulgemeinschaft steht, worin ihr Auftrag und ihre Bestimmung liegt.[277] Das sind hehre Worte, die aber nötig sind, um Veränderungen nicht nur als eine trendige Methode wirken zu lassen, die zwar einzelne Schülerinnen und Schüler mitnimmt, aber keinen großen Impact hat. Es muss jedoch darum gehen, Schule im Sinne einer veränderten Bildungspraxis zu gestalten.

Mit Idee, Erprobung und der ersten schriftlichen Fassung wird nun die offizielle Arena betreten.

Wenn man so weit ist zu wissen, dass man eine Mission erstellen möchte, aber nicht weiß, wie dies zu leisten ist, ist das auch ein erster guter Punkt, um externe Referentinnen und Referenten in die Schulen zu holen, die gemeinsam mit dem Kollegium – und wenn gewünscht auch mit Eltern und Schülerinnen und Schülern – eine solche Mission formulieren und schon in ersten Ansätzen planen. Das mittlerweile breit erprobte Konzept der »Zukunftswerkstatt«[278] kann dabei helfen, die Vision mit ersten Erfahrungen und einer Mission zu gestalten.

Team mandatieren

Unabhängig davon, wie viel einzelne Lehrkräfte erreichen können, weiß ich mittlerweile: Ohne oder sogar gegen die Schulleitung geht nichts. Das ist deshalb so, weil Schulleitungen, vor allem dort, wo die Schulkultur eher von Hierarchien als von einem Miteinander geprägt ist, einen immensen Einfluss auf das Kollegium und die Stimmung haben. Kippt diese, können Entwicklungen schon im Ansatz begraben werden – was oft genug passiert.

Gleichzeitig können (und sollten) Schulleitungen Veränderungsprozesse nicht einfach durchboxen. Im besten Fall gibt es eine Gruppe, die sich zunächst informell gebildet hat und die in den weiteren Kreis der Diskussion mit der Schulleitung aufgenommen wird.

Wenn die festgelegten – und praktisch erprobten Ideen – sich als fruchtbar erweisen, womöglich sogar von der Schulleitung selbst erprobt, braucht es eine offizielle Mandatierung. Das bedeutet nicht sofort eine Ausstattung mit Stunden, wenngleich das aufseiten der Schulleitung eingeplant werden sollte. Es bedeutet aber, den offiziellen, auch in Konferenzen vorgestellten Auftrag an das Team, die Ideen weiterzuentwickeln. Ein solches Mandat ist wichtig, damit für den restlichen Teil des Kollegiums Mitarbeit möglich wird. Weiterhin bedeutet das Mandat Ernsthaftigkeit und Schutz. Ernsthaftigkeit, weil nach der Verkündung allen klar ist, dass die Schule sich auf den Weg in eine Veränderung begibt. Schutz, weil unsachgemäße Kritik an einer dann offiziellen Ausrichtung abprallt, da sie nicht eine individuelle Idee einer kleinen Minderheit ist. Es bleibt dennoch zentral für die Gruppe, ihre Überlegungen und Fortschritte mit allen zu teilen, damit alle informiert bleiben und sich keiner zurückgelassen fühlt.

Wege bestimmen

Besteht nun ein Team, bei dem noch unterschiedliche Kollegen mitmachen können, ist ein nächster Schritt einen Weg zu bestimmen, der zeitliche Wegmarken bereithält. Damit tritt die Veränderung aus der Unbestimmbarkeit einer kleinen Erprobungsgruppe heraus und betrifft potenziell mehr Menschen. Zugleich können die Wegmarken, die mit fixen Terminen versehen werden müssten, mittlerweile nicht mehr ignoriert werden. Daher ist es so wichtig, an vielen Stellen sowohl den Weg transparent zu machen, der eingeschlagen werden kann, als auch das Ziel und Möglichkeiten der Teilhabe zu benennen.

Gerade bei langjährigen Prozessen besteht immer die Gefahr, dass sich Leute übergangen fühlen und Prozesse dann torpedieren, wenn diese schon weit fortgeschritten sind. Eines ist sicher: Man kann niemals alle mitnehmen oder allen klarmachen, warum die Veränderung lange gelebter Praxis das Richtige ist. Aber man sollte dennoch so viele Optionen wie möglich geben, wie man möglichst viele Menschen in die Entwicklungsprozesse einbinden kann. Dies gilt auch für Eltern und Schülerinnen und Schüler.

Rückkopplung ermöglichen

Gerade Eltern und Schülerinnen und Schüler sollten wissen, wohin die Schule steuert, wie die Entwicklung angetrieben wird und durch wen und an welchen Stellen sie selbst mitmachen können. Auch das hört sich einfacher an, als es ist, denn zum einen können (und sollten) weder Eltern noch Schülerinnen und Schüler dazu verpflichtet werden, neben der eigenen Arbeit noch zusätzlich an der Schule zu arbeiten. Zum anderen sind Prozesse, die das, was sowieso schon Mehrarbeit ist, dokumentieren und zugänglich machen, nochmals ein Extraaufwand. Dieser kann sich aber vor allem lohnen, wenn er als praktischer Mechanismus wirkt. Zur Erinnerung: Schulkultur verändert sich vor allem durch formale Strukturen. Diese müssen sich aber erst etablieren. Was bedeutet das?

Die gemeinsame Arbeit an Unterrichtsmaterial in einer Stufe, Klasse oder sogar Fachschaft kann dafür sorgen, dass die einzelne Lehrkraft ungemein entlastet ist, weil sie nicht jedes Mal das Rad neu erfinden muss. Andererseits ist es nicht möglich, die Idee eines kollegialen Austauschs zu formulieren und zu erwarten, dass dieser »funktioniert«. Dafür muss ein Weg geschaffen werden, um diesen zu erreichen. Diesen Weg habe ich wie folgt beschrieben: die Idee eines Materialpools, die Erprobung in kleiner Gruppe, die Konzeption dieser Praxis, die Ausweitung und dann die offiziellen Maßnahmen.

Nun soll nicht jeder Schritt der informellen Arbeit, der sich bewährt hat, in einem Konzept festgehalten werden. Das wäre in der Tat eine unnötige Zusatzarbeit. Im Gegenteil: Je mehr ein Prozess des gemeinsamen Dazulernens von methodischen, didaktischen oder inhaltlichen Aspekten eingeübt wird, desto mehr befreit er sich von Formalstrukturen und geht in das über, was Schulkultur genannt wird. Es müssen sich verbindliche formale Strukturen etablieren, damit diese im nächsten Schritt keine Rolle mehr spielen können – klingt womöglich ein wenig paradox.

Praxis erproben und ausweiten

Ab dem Punkt, an dem ein Veränderungsprozess von anderen übernommen wird, weitet sich die Idee auf die Schule aus. Auch hier kann man nicht alle mitnehmen, aber es gibt einen sogenannten *Tipping Point*. Dieser Punkt beschreibt jenen Moment, an dem eine Praxis übernommen wird und genügend Menschen an dieser mitwirken, sodass sie nicht mehr als Störung des »richtigen« Prozesses wahrgenommen wird. Man könnte auch sagen, dass die Störung nach dem Übertritt über den Tipping Point bei jenen liegt, die bis dato noch nicht mitgearbeitet haben.

Das Ziel sollte natürlich sein, andere ins Boot zu holen. Das gelingt auch dadurch, dass man ihre Expertise und ihre Praxis in die neuen Rahmenbedingungen integriert. In vielen Fällen ist das ein wenig kompliziert, weil es an persönlichen Präferenzen liegen kann, ob man etwas, das man neu gelernt hat, direkt mit einer kleinen Öffentlichkeit teilt. Wie oft hören jene, die beispielsweise im Bereich Digitalisierung unterwegs sind, dass Kolleginnen und Kollegen zwar digital arbeiten, ihre eigene Arbeit aber nicht hoch genug schätzen, dass sie sie mit den anderen teilen wollten. Letztlich ist das aber einer der wichtigsten Schritte, weil er für zweierlei sorgt: Zum einen sind jene, die vielleicht nicht in der Gruppe der ersten Stunde waren, in den Prozess integriert. Und zum anderen wird diese Integration festgehalten.

Konkret: Sieht ein Konzept vor, dass in Schulen das Lernen in den Fokus rückt und unterschiedliche Arten und Weisen erprobt werden, wie das gelingen kann, ergibt sich durch die Mitwirkung der Kolleginnen und Kollegen ein viel größerer Spielraum dafür, wie man die Zielsetzung zukünftig umsetzen kann.

Organisches Wachstum ermöglichen

Die meisten Menschen, die im Netz unterwegs sind, mögen organisches Wachstum als Entwicklung eines Accounts kennen, der mehr Follower bekommt. Mit organischem Wachstum im Sinne eines lernenden Systems meine ich die Ausweitung der Veränderungsprozesse, abgekoppelt von stetiger, formaler Einforderung. Ein solches organisches Wachstum basiert also auf einer Entwicklung, die als »normal« angenommen wird. Der Prozess als solcher wird nicht mehr infrage gestellt. Verlangt ein solches Wachstum keine Unterstützung oder Sanktionierung bei Nichterfüllung, könnte man fragen, warum es sich überhaupt um einen Schritt handelt. Dies ist so, damit jene, die sich vor allem mit dem Konzept befassen, das die Praxis der Teilnehmenden aufnimmt, wissen, dass es um eine Struktur geht, die man anreichern kann. Mit anderen Worten: Schulentwicklung im Sinne eines lernenden Systems ist auch als offener Prozess angelegt.

Schritte transparent machen

All diese Schritte, von der Idee bis zur Praxis und deren Implementierung in ein gemeinsames Verständnis von Schule, Lernen und Bildung, müssen verständlich und abrufbar sein. Das ist mit Transparenz gemeint. Nur wenn die Schritte nachvollzogen werden können, können Kolleginnen und Kollegen mitdiskutieren und Teil des Gesamtprozesses gemeinsamen Lernens sein. Insofern ist Transparenz eine wichtige Komponente bei einem lernenden System. Man könnte auch behaupten, dass die schon angesprochene Selbstreflexion beim Lernprozess für alle enthalten ist. Jeder muss zu jeder Zeit das Warum, das Wie und das Was kennen, um Teil des Ganzen werden und bleiben zu können.

Mittlerweile gibt es viele Möglichkeiten, wie eine solche Transparenz konkret aussehen kann. Beispielsweise haben einige Schulen offene Portfolios, digitale Ablageflächen also, an denen weitergearbeitet werden kann und auf die durch die Mitglieder der Schulgemeinschaft zugegriffen werden kann.

Vision, Wege und Praxis konsolidieren

»An guten Schulen übernehmen Lehrerinnen und Lehrer, Schülerinnen und Schüler sowie Eltern Verantwortung für das Lernen und für die Schule insgesamt«, heißt es in dem *Handbuch Gute Schule*.[279] Daneben werden ein weiter gefasster Leistungsbegriff, der Umgang mit Vielfalt, der Unterricht, das Schulleben und die Schule als lernende Institution als Qualitätsbereiche guter Schule definiert. »Gute Schulen haben ein individuelles Profil, das als produktives Zusammenspiel von Ressourcen und Aufgaben aus einer zumeist jahrelangen intensiven Entwicklungsarbeit resultiert.«[280] Damit ist gleichsam ein Hinweis darauf gegeben, dass Entwicklungen erst dann nachhaltig werden, wenn sie über einen langen Zeitraum geplant, praktiziert und reflektiert werden. Was nicht heißt, dass es sich nicht lohnt, als eine kleine Keimzelle anzufangen. Wichtig ist, dass für diejenigen, die die Arbeit beginnen, eine Zielsetzung erkennbar ist, an der man sich orientieren kann.

Bei wirklich nachhaltigen Entwicklungen müssen auch die politischen Rahmenbedingungen verändert werden. Wobei – die Entwicklungen der letzten Jahrzehnte haben gezeigt: Man sollte nicht auf die Politik warten, sondern besser heute als morgen damit beginnen, Schulen zu Institutionen zu machen, in denen alle Kinder und Jugendliche mit den für ihre Zukunft wichtigen Fähigkeiten ausgestattet werden.

TEIL V

DIE SCHULE BRENNT – UND WAS MAN TUN KANN, DAMIT SICH WAS ÄNDERT

Sich anstrengen, ohne daran zu zerbrechen

In einem persönlichen Gespräch mit Aladin El-Mafaalani bekräftigte dieser seine Aussage, dass das ganze Gebäude des Bildungssystems brenne. Aber wie es selbst bei unbewohnbaren Häusern ist, fallen diese nicht einfach in sich zusammen. Sie können noch Jahrzehnte stehen bleiben. Wieso ist das so? Beim Bildungssystem könnte die Antwort zweigeteilt sein: Zum einen gibt es durchaus Profiteure des Bildungssystems, wie wir es jetzt haben. Haben die Eltern ein akademisches Studium hinter sich gebracht und können dem Kind oder Jugendlichen wirkungsvoll helfen, hat das Kind weder zu viel Bewegungsdrang noch Probleme damit, jahrelang vorgelegte Aufgaben abzuarbeiten, dann läuft es ganz gut. Zum anderen sind sich aber die meisten wohl darin einig, dass das zu viele Bedingungssätze sind für ein System, das allen zugutekommen soll. Will man beim Bild des brennenden Hauses bleiben: Auch die einzelnen Zimmer brennen. Und um eine tatsächliche Veränderung zu bewirken, benötigt es also Maßnahmen, die die verschiedenen Zimmer (und auch Etagen) berücksichtigen. Doch wenn es um nachhaltige Veränderungen im Bildungssystem geht, ist jede Maßnahme eine Herausforderung. Das soll und darf nicht zu Resignation führen, aber dieser Realität hat man sich zu stellen, damit es zu einer Veränderung im Sinne der Schülerinnen und Schüler kommt. Ein Problem wurde schon angesprochen: Innerhalb eines so komplexen Systems, das über verschiedene Ebenen vertikal (über den Bund, die Länder, die Kommunen, die Städte) und horizontal (auch hier die Länder, dann aber ebenso die unterschiedlichen Schulen und Schulformen) organisiert ist, kann man nicht nur an einer Schraube drehen, und schon wird alles besser. Gleichzeitig gibt es viele Ansatzpunkte, an denen Bildung sich ändern könnte. Diese reichen von monetären Maßnahmen bis hin zu utopischen Überlegungen, wie das System als Ganzes verändert werden könnte.

Bevor ich konkret werde, noch etwas Grundsätzliches über Bildung: Es muss dabei auch um das Menschenbild gehen, nach dem wir uns richten. Oder besser: sein Fehlen. Ich hatte schon aus dem Schulgesetz zitiert, in dem es (angeblich) darum geht, alle Schülerinnen und Schüler gemäß ihren Fähigkeiten zu fördern. Und darum, dies im Angesicht Gottes zu tun. Doch vor dem Hintergrund von Säkularisierung und den unterschiedlichsten religiösen Strömungen ist das nicht mehr zeitgemäß. Religion als Zielsetzung hat deshalb in der Schule nichts mehr verloren. Die Schülerinnen und Schüler sollen in der zehnten Klasse »erläutern, dass Glauben und Nichtglauben Optionen sind, die unterschiedliche Konsequenzen für das Leben haben«.[281] Wie soll man dies verstehen? Viele Schülerinnen und Schüler beschreiben Religion als ein Fach, dessen Problem darin besteht, dass der Glaube nicht nur eine Option, sondern eine implizite oder explizite Voraussetzung ist. Das sollte so nicht mehr sein.

Gleichzeitig ist unbestreitbar, dass die wichtigsten Grundsätze des Grundgesetzes auf religiöser Überlieferung beruhen, mit einer durch die Philosophen der Aufklärung auf den Menschen zentrierten Perspektive. »Die Würde des Menschen ist unantastbar«, heißt es in Artikel 1 des Grundgesetzes. Der langjährige stellvertretende Vorsitzende des Zentralrats der

Juden, Michel Friedmann, formulierte wiederholt die Worte des britischen Schriftstellers und Dramatikers George Tabori: »Jeder ist jemand.«[282] Unter anderem im österreichischen Parlament, um darauf hinzuweisen, dass diese Vorstellung von Menschsein die Grundlage all unseres Handelns ist, und um davor zu warnen, wenn Politikerinnen und Politiker einer Argumentation verfallen, in der eine Menschengruppe angeblich mehr wert ist als eine andere.

Dies sollte in der Schule – in jeder Schule – der Anspruch sein. Nicht nur als frommer politischer Wunsch und auch nicht als Diskussionsgrundlage. Sondern als vollumfängliche Handlungsanweisung für alle Menschen, die in Schule und Bildung insgesamt Verantwortung übernehmen. Das mag sehr allgemein erscheinen, aber daraus ergeben sich vielerlei Konsequenzen. In einer Schule, in der jeder jemand sein kann, ist es unmöglich, jemanden zu vergessen, zu verlieren, zu ignorieren oder gar schlecht zu behandeln.

Es ist das oberste Erziehungsziel, nach der menschlichen Würde zu handeln. Zwar verpflichten sich Beamte dem Grundgesetz und der Aufrechterhaltung der demokratischen Ordnung, aber in der praktischen Umsetzung der schulischen Wirklichkeit, die bestimmt ist von Prüfungen und Notenvergabe, gerät jener Anspruch einer humanen Erziehung, wie sie nötig ist, wenn wir mündige Bürger in die Gesellschaft entlassen wollen, in Vergessenheit. Und das darf er nicht. Die Grundlage allen schulischen Handelns muss sein: Jeder ist jemand!

Es gibt also unterschiedlichste Bereiche, in denen es brennt. Dabei kann unterschieden werden zwischen jenen, bei denen sofort gehandelt werden muss, und jenen, deren Veränderung Jahrzehnte dauern wird. Maßnahmen, die augenblicklich beginnen sollten, wenn wir das System nicht grundlegend vor die

Wand fahren wollen, müssen mit einer Finanzierung im Kindergarten und im frühkindlichen Bereich sowie in den Grundschulen beginnen.

L.E.A.R.N.

Mit Akronymen, also Kurzformen, die aus den Anfangsbuchstaben mehrerer Wörter gebildet worden sind, ist es immer so eine Sache. Schnell werden sie zu *Buzz Words*, zu hohlen Phrasen, deren eigentlicher Inhalt hinter ihnen verschwindet. Dennoch möchte ich an dieser Stelle auf ein Akronym zurückgreifen, auf das ich durch Zufall gekommen bin. Aus meiner Sicht vereint es sehr verkürzt all jene Dinge, die in diesem Buch bisher beschrieben worden sind. Dass die Anfangsbuchstaben der englische Begriff fürs Lernen sind, macht die Formel griffig. Das Akronym beschreibt damit eine Zielsetzung, die das Lernen in den Mittelpunkt stellt.

Liebe

Der Begriff mag viele überraschen, aber Liebe steht hier für Beziehung und Nähe, die, wie schon angeklungen ist, für das Lernen zentral sind. Auch bedeutet es eine umfassende Inklusion und damit die Liebe zu allen Menschen, um diesen die gleichen Rechte dafür einzuräumen, eine vollwertige Bildung zu erreichen.

Engagement

Das Engagement aller ist in einem Transformationsprozess wie dem, in dem wir uns befinden, zentral. Dabei geht es um die Veränderung, wie sie besprochen worden ist, aber auch um das

Engagement hinsichtlich der Unterstützung aller. Engagement bezieht sich zudem einmal mehr auf unsere Demokratie und ihren Erhalt. Es bedeutet, Lernen in einer Weise zu sehen, die das gemeinsame Handeln über Test und Prüfung stellt.

Aktivität

Genau dieses Tun wird mit dem A beschrieben. Es soll deutlich machen, dass die Rückkehr oder Hinwendung zu John Deweys »Learning by doing« eine zentrale Zielsetzung unseres schulischen Lernens ist. Außerhalb der Schule wird vielerorts schon so gelernt, aber die Art und Weise eines solchen offenen Lernens, das Fehler als Helfer berücksichtigt und in ihnen Entwicklungschancen sieht, ist für Schulen weiterhin ein Ziel, das es anzustreben lohnt.

Relevanz

Der Begriff der Relevanz meint die zentrale Argumentation dieses Buchs, dass das Warum ins Zentrum des Lernens muss. Und dass dieses Lernen fokussiert wird als Möglichkeit, sich selbst zu entwickeln. Auch jene Aspekte der Selbstwirksamkeit im Tun, der sozialen Eingebundenheit und der Autonomie, also alle Punkte, die eine aus sich selbst kommende Motivation erzeugen, sind hier mitgemeint. Wenn ich mein Lernen für relevant halte, bleibe ich neugierig, will weitermachen und bin gewappnet für all die Herausforderungen, die nach der Schule kommen.

Nachhaltigkeit

Und nicht zuletzt passiert dies nicht zu einem Selbstzweck, sondern auf eine Art und Weise, die Umwelt, Klima und den Erhalt unserer Erde als größtes Ziel betrachtet. Denn alles Lernen, das einem selbst hilft, ist nichts wert, wenn es bedeutet, die Grundlage zu zerstören, die unser gemeinsames Leben erst ermöglicht.

Alle diese Punkte, die die wichtigsten Argumente des Buchs zusammenfassen, dürfen aber nicht darüber hinwegtäuschen, dass die Hinwendung zu einer solchen Veränderung nicht nur ans Wollen geknüpft ist, sondern auch an die unterschiedlichen Voraussetzungen. Deshalb muss man sich in diesem Zusammenhang noch einmal gesondert mit dem Thema Armut befassen.

Politische Maßnahmen für mehr Bildung und gegen Armut

Wenn wir eine bessere Bildung haben wollen, muss in die frühkindliche Bildung investiert werden. Und zwar sehr viel Geld! Je später man investiert, desto schwächer der Effekt. Oder andersherum: Je früher man in Bildung investiert, desto stärker der Effekt.[283]

Für den Bildungsforscher Kai Maaz ist die Investition in die frühe Bildung deshalb eine von drei Bedingungen, wie man die Missstände im Bildungssystem beheben kann. Dazu fordert er die konsequente Diagnose der Lernvoraussetzungen und die Zusammenarbeit mit außerschulischen Bildungspartnern.[284] Dass also die Investition in frühkindliche Bildung der Schlüssel ist, bestreitet niemand mehr. Gleichzeitig erscheinen aber die politischen Maßnahmen nicht mehr zeitgemäß, wenn man bedenkt, dass die Kinderarmutsquote sich zwischen den Bundesländern um 50 Prozent unterscheidet: Während sie in Bayern bei 0,4 Prozent liegt, beträgt sie in Bremen 47 Prozent![285]

Marcel Helbig vom Wissenschaftszentrum Berlin arbeitete die Armutsquoten für Grundschulen in Deutschland heraus und zog dabei das Fazit: »Es geht um die Ballung von Armut.« Wollen wir als Gesellschaft eine tatsächliche Verbesserung der Gesamtsituation, bedeutet das neben einer ideellen (Bildung und Lernen) und einer politischen (Bildung in den frühkindlichen Bereichen) Anstrengung eine, die die empirischen Belege einbezieht und entsprechend handelt.

Ludger Wößmann vom ifo Zentrum für Bildungsökonomik ist in diesem Zusammenhang der Ansicht, dass ein »neuer PISA-Schock« durchs Land gehen müsse. »Die Verbesserung der schulischen Ergebnisse muss in Politik, Bildungsverwaltung, Schulen und Familien oberste Priorität haben.«[286]

Dem ist nichts entgegenzustellen, insofern dies tatsächlich in Angriff genommen wird. Prioritätensetzung hat politisch aber immer zur Folge, dass andere Dinge weniger beachtet werden. Dazu scheinen momentan noch zu wenige Politikerinnen und Politiker bereit. Sie sollten es aber sein, denn ansonsten wird dieses Versäumnis eine katastrophale Folge haben.

In der Konsequenz ist eine finanzielle Spritze dringend notwendig. Am Beispiel von Thüringen hat das Bildungsportal table.media herausgearbeitet, dass der dortige Bildungsminister Helmut Holter Gelder, die er bekommen hat, damit Kinder und Jugendliche Lernlücken aufholen, zweckentfremdet hat.[287] Christian Füller, der für das Portal arbeitet, schreibt dazu, dass die Zweckentfremdung aber nicht nur ein charakterliches Problem des Bildungsministers ist, sondern ein strukturelles: »Der Bund kann den Ländern für Steuereinnahmen keine Vorschriften machen. Verwaltungsvereinbarungen darüber sind im Konfliktfall null und nichtig.«[288] Mit anderen Worten: Die Forderung kann nicht nur lauten, dass mehr Geld ins Bildungssystem fließen muss. Die Forderung muss lauten, dass das Geld dort hinfließt, wo es am dringendsten gebraucht wird. Was heißt, dass dafür die gesetzlichen Rahmenbedingungen geschaffen werden müssen, wenn es sein muss mit einer weiteren Änderung des Grundgesetzes. Es ist nicht so, dass es eine solche Maßnahme nicht auch schon gegeben hatte. Erst 2008 wurde auf einem Bildungsgipfel beschlossen, 10 Prozent des Bruttoinlandsprodukts für Bildung auszugeben.[289] Eingehalten wurde das nicht.

Lehrkräfte, Ausbildung und die Sache mit den Innovationen

Wird die Forderung, Lernen ins Zentrum des Unterrichts zu stellen (und alle jene Implikationen, die dieses L.E.A.R.N-Konzept hat), ernst genommen, bräuchten wir mehr Lehrkräfte, denn Lehrkräfte verbringen nur ein Drittel ihrer Tätigkeit mit dem Unterrichten.[290] Die anderen Bereiche, in denen Lehrerinnen und Lehrer durchschnittlich 50 Stunden in der Woche arbeiten, haben nur am Rande mit dem eigentlichen Kerngeschäft zu tun. Dass das nicht leicht zu ändern ist, hat (einmal mehr) mit einem 150 Jahre alten System zu tun, in dem die Arbeitszeit von Lehrkräften im Deputatsmodell abgerechnet wird. Die Grundlage der Arbeitszeit ist dabei die Zeit, in der die Lehrkräfte vor der Klasse stehen. Ob dabei jemand beispielsweise das Fach Deutsch unterrichtet und in der Oberstufe deutlich mehr Arbeit mit Korrekturen hat als die Mathematik-Kolleginnen und -Kollegen, spielt dabei keine Rolle. Und auch nicht, ob ein oder mehrere mit der Administration der IT beschäftigt sind. Ein Beispiel ist der Digitalisierungsbeauftragte in Nordrhein-Westfalen, der sich nach Angaben des Ministeriums um die Weiterentwicklung des Medienkonzepts bemühen, den Austausch im Kollegium gestalten, Vernetzungsveranstaltungen besuchen und den Prozess der Vernetzung aktiv vorantreiben soll.[291] Für all diese Arbeit gibt es eine halbe Stunde in der Woche. Es möge jeder selbst beantworten, inwiefern sich dies nach einer Abbildung der tatsächlich aufgebrachten Arbeitszeit anhört.

Dabei ergeben die überladenen Lehrpläne schon ohne die Zusatzaufgaben eine Situation, mit der viele überfordert sind: »Ich komme sowieso nicht mit dem ganzen Stoff durch, und nun soll ich auch noch alles mit diesem neuen Schnickschnack machen? Ich kann erst dann anders arbeiten, wenn auch klar ist, dass dadurch alles besser wird.« So oder so ähnlich hört es sich in deutschen Lehrerzimmern an, wenn es um Digitalisierung, Integration, neue Lernkonzepte und Innovation geht. All das scheitert oftmals daran, dass Sinn und Möglichkeiten noch nicht ersichtlich geworden sind.

Wird der Kern einer Veränderung nicht deutlich, kann auch nicht erwartet werden, dass alle mit Feuereifer dabei sind. Man könnte plausibel argumentieren, dass Lehrkräfte mit dem gleichen Problem konfrontiert sind, mit dem Schülerinnen und Schüler zu kämpfen haben, jedoch auf einer anderen Ebene: Auch hier fehlt das Warum.

Weil ja selbst die einzelne Lehrkraft eine Keimzelle für Veränderungsprozesse sein kann, muss die Qualifizierung eine noch größere Rolle einnehmen, als sie es jetzt schon tut.[292] Qualifizierung meint hier, dass den Lehrkräften oder anderem pädagogischen Personal Zeit gegeben werden muss, um sich fortzubilden. Und auszubilden. Denn das die momentane schulische Praxis auch aus einer Ausbildung hervorgeht, in der das 10G-Modell noch die unangefochtene Praxis ist, ist auch klar.

Deshalb geht es dabei nicht nur um Digitalisierung. Schule in einer Migrationsgesellschaft verlangt von Lehrkräften, sich auf unterschiedliche Kulturen, Lernniveaus und sprachliche Unterschiede einzustellen. Gelingt es Schule, jedem einzelnen Schüler eine Bildung zu ermöglichen, die eine Integration in die Gesellschaft ermöglicht, ist eine solch plurale, multikulturelle Gesellschaft ein erstrebenswertes Ziel.

Ein solches Ziel stellt vor allem für Lehrkräfte in Ballungszentren erhebliche Herausforderungen dar, die nicht mit dem

Verweis auf ein paar individuelle Fortbildungsmaßnahmen geklärt werden können. Und der Hinweis auf die Verantwortung, die die Lehrkräfte haben, ist oft genug politisch dafür missbraucht worden, strukturelle Probleme zu individuellen umzudeuten.

Hinsichtlich des Lehrermangels sehen wir genau diese Strategie: »Lehrerinnen und Lehrern, die längst am Limit sind, erst zusätzliche Arbeit aufzubürden und ihnen dann Resilienztraining anzubieten, das ist schon frech. Denn diese Trainings vermitteln unterschwellig, dass es der Einzelne schon irgendwie schaffen kann, dem systemischen Versagen mit dem Lotussitz zu begegnen«, schrieb ich im *Spiegel*[293] über die Empfehlungen der Ständigen Wissenschaftlichen Kommission, den Lehrermangel mit Mehrarbeit auszugleichen.

Über einen längeren Zeitraum sind die Probleme des Bildungssystems also nur über die Lehrkräfteausbildung zu regeln. Entsprechend sollte man sich darüber Gedanken machen, ob der Praxisanteil im Lehramtsstudium genügt. In Baden-Württemberg hat das Kultusministerium immerhin einen Modellversuch gestartet, bei dem an drei Standorten ein dualer lehramtsbezogener Masterstudiengang erprobt wird.[294]

Bislang lässt sich über eine Verbesserung der Situation durch einen größeren Praxisanteil (noch) keine verbindliche Aussage treffen, da in einigen Ländern schon Praxiswochen oder ein halbjähriges Praktikum eingeplant sind – in anderen wiederum nicht. Aber der Anspruch muss es sein, Schulen auf die Herausforderungen der Zeit vorzubereiten, indem jene, die dort den Hauptjob machen, so gut auf die Realität vorbereitet werden, dass sie von dieser weder geschockt werden[295] noch die Schule nach einigen Jahren wieder verlassen.[296] Aus der momentanen Situation erwächst Widerstand gegen ein Schulsystem, das es nicht schafft, die dort Arbeitenden auf die Anforderungen vorzubereiten, die Schule bereithält. Oder die Anforderungen den Realitäten anzupassen.

Der Widerstand erwächst aber nicht nur aus einem Mangel an Verständnis. Ja, die Verweigerung gegenüber Veränderungen ist oftmals auch ein Kommunikationsproblem. Und dieses fällt in eine Struktur, die eine solche intensive Auseinandersetzung verunmöglicht. Oft ist zu wenig Zeit dafür, die Gründe zu besprechen, warum wir in Schulen das tun, was wir tun. Das ist fatal und muss sich ändern. Lehrkräften muss die Zeit gegeben werden, Veränderungsprozesse zu durchdenken und durchzuführen.

Warum das nicht einfach ist, kann an dem Beispiel der Digitalisierung beziehungsweise der Einführung des reflektierten Lernens im digitalen Wandel deutlich gemacht werden. Die Voraussetzungen, um den digitalen Wandel in Schulen zu forcieren, hängen zunächst an drei Personen oder Personengruppen:

1. einer Schulleitung, die den Wandel anstößt oder dafür sorgt, dass jene, die tiefer in der Materie sind, den nötigen Rückhalt und das kollegiale Mandat erhalten,
2. einem didaktischen Leiter, der die didaktischen, methodischen und pädagogischen Faktoren der Digitalisierung versteht und es schafft, ein Team zusammenzustellen, das gewillt ist, sich in der Materie fortzubilden,
3. einem Systemadministrator, der in enger Zusammenarbeit mit der Schulleitung und dem didaktischen Leiter eine digitale Infrastruktur zur Verfügung stellt, um die pädagogischen Überlegungen technisch zu unterstützen.

Zwei weitere Personengruppen kommen noch hinzu: Beim Schulträger, der dafür verantwortlich ist, dass die Gelder für die oftmals teuren Neuerungen bereitgestellt werden, müssen Menschen sitzen, die Interesse daran haben, die pädagogischen und infrastrukturellen Erwägungen der Schule in ihre Überlegungen einzubeziehen. Und nicht zuletzt das Kollegium, das aus einzelnen Personen besteht, die davon überzeugt sein müssen, dass die Veränderungen im Interesse der Schülerinnen und Schüler geschehen.

Ohne Schulleitungen geht nichts

Der Deutsche Schulleitungskongress (DSLK) bezeichnet sich stolz als »größte Fachveranstaltung für Schulleitungen im gesamten deutschsprachigen Raum«. Kein Wunder, dass ich ein wenig aufgeregt war, als ich im November 2022 auf der Bühne des Congress Centers Düsseldorf stand, wo der DSLK stattfand. Mein Vortrag hatte fünf Themenschwerpunkte: Schulentwicklung, Führung, Schulkultur, Umweltschutz – und Digitalisierung. Dass ich dabei über pädagogische Tage zum Thema Digitalisierung referierte, erschien zunächst seltsam kurz gedacht. Pädagogische Tage, an denen Lehrkräfte – und seltener auch Eltern und Schüler – zu selbst gewählten Themen der Schulentwicklung sprechen und Workshops besuchen, werden oftmals als Strohfeuer eingeschätzt, in denen der große Wurf nicht gelingen kann. Dass sie jedoch mehr als das sein können, davon handelte der Vortrag, den ich vor einigen hundert Schulleiterinnen und Schulleitern hielt.

Das ist erwähnenswert, weil man auch in diesem Zusammenhang von Lernen sprechen kann. Und zwar dadurch, dass Schulleitungen eine große Verantwortung bei der Weiterentwicklung von Schulen haben, bei der von lernenden Systemen, von lernenden Schulen. Die momentane Praxis, vor allem jene Lehrkräfte zu Schulleiterinnen und Schulleitern zu machen, die sich in der Verwaltung hervorgetan haben, ist dabei jedoch hinderlich.

Es gibt natürlich großartige Schulleitungen, die schon seit Jahren an einer Weiterentwicklung der Schule arbeiten, obwohl die Lage oder die soziale Zusammensetzung herausfordernd sind. Der Schulleiter Jan-Martin Klinge aus dem Raum Siegen hat dieses Kunststück vollbracht, erklärt aber gleichzeitig, dass Bürokratie und Verwaltung, die vor allem durch die Schulleitung geleistet werden müssen, dafür sorgen, dass es sehr viel langsamer weitergeht, als es gehen müsste.[297] Aber auch hier beißt sich die Katze in den Schwanz: Gäbe es weniger Bürokratie und mehr Zeit für pädagogische Konzepte, bräuchte es immer noch Schulleitungen, die eine Vision von Schule haben und davon, wie sie durch gute Führung das Kollegium dazu bewegen, aktiv an einer Veränderung des Status quo zu arbeiten. Andererseits muss dafür gesorgt werden, dass Schulleitungen flächendeckend so fortgebildet sind, dass die Führung von Menschen an erster Stelle steht. Dies hat nicht nur, aber auch mit anderen Anforderungen unserer Zeit zu tun. In dem Maße, in dem Schule ein Ort ist – oder wird –, in dem unterschiedliche Menschen zusammenarbeiten, in dem Maße müssen Schulleitungen in der Lage sein, konkrete Visionen für das Lernen zu implementieren. »Um in den Schulen eine neue Lernkultur zu begründen, ist Schulentwicklung der entscheidende Prozess.«[298]

Das mag sich trivial anhören, ist es aber nicht. Die Erfahrung zeigt, dass der fehlende Weitblick von Schulleitungen, aber ebenso die Unfähigkeit, Probleme im Kollegium zu lösen, zu Stillstand führen kann oder zu einer destruktiven Atmosphäre im Kollegium. Damit wird die dringende Weiterentwicklung der Schulen schon im Keim erstickt.

Schulen sind für Schülerinnen und Schüler da

Es mag merkwürdig erscheinen, dass dies erwähnt werden muss, aber: Schulen sind für Schülerinnen und Schüler da. Sie sind diejenigen, die es betrifft, diejenigen, die von guter Schule profitieren, diejenigen, die lernen und die im besten Fall die Voraussetzungen mit auf ihren Lebensweg bekommen, die es ihnen ermöglicht, in der Gesellschaft ein gutes Leben zu leben. Dies bedeutet eine radikale Schülerzentrierung! Das Lernen ins Zentrum zu stellen, ist eine solche Zentrierung. Im Mittelpunkt steht der lernende Mensch. Nicht das Produkt. Nicht die Prüfung. Nicht das Zertifikat. Nicht die Note. Nicht die Erfüllung von gestellten Aufgaben.

Es muss aber mit einem Missverständnis aufgeräumt werden: Eine radikale Hinwendung zu den Schülerinnen und Schülern bedeutet weder Willkür noch ist es die Forderung nach einer neuen schwarzen Pädagogik, in der jeder und jede aussuchen kann, wonach ihm oder ihr der Sinn steht. Steht das Lernen im Zentrum, bleibt die Leistungsorientierung erhalten – in einer anderen Form: Das, was gelernt wird, muss durchgeführt werden. In einer Schule, in der nicht solidarisch gehandelt wird, werden die Schülerinnen und Schüler nicht zur Solidarität erzogen. Und das wäre fatal.

Wo aber erlernt man aktive Solidarität, also die Fähigkeit, nicht nur an sich zu denken, weil der Gedanke an den anderen genauso wertvoll ist wie das eigene Wohl? Die Antwort findet sich (meist) in den zahlreichen Aktivitäten in der Schule, die unabhängig vom Lehrplan umgesetzt werden. Ob es Musik, Gesang, Literatur, Theater, Medien oder Klima ist – in den Arbeitsgemeinschaften liegt der Schlüssel für ebenjenen Erziehungsauftrag, der sich nicht nur in der Sanktion erschöpft. Nicht ausschließlich, aber dennoch sehr deutlich.

Deshalb müssen solche Arbeitsgemeinschaften aufgewertet werden. Durch die Schulen selbst, aber nicht nur durch Noten oder einen kurzen Satz im Zeugnis, sondern durch die Gemeinschaft. Und möglichst strukturell, indem Arbeitsgemeinschaften ab einem bestimmten Zeitpunkt eingetauscht werden können gegen Fächer, die die Schülerinnen und Schüler entweder nicht mehr wählen wollen, weil sie sich befähigt sehen, allein weiterzumachen. Oder weil es die Schule trotz der Anstrengung, die jeder Lehrkraft abverlangt wird, die Sinnhaftigkeit des Gelernten ins Zentrum des Lernens zu stellen, nicht geschafft hat, den Wert eines Fachs über die Grundfähigkeiten hinaus deutlich zu machen.

Und immer wieder geht es um das Zentralabitur

Ein Lernen, das im Zentrum schulischen Unterrichts steht, erfordert weiterhin, dass die Abschlüsse angepasst werden müssen. Ein Zentralabitur, bei dem alle die genau gleichen Aufgaben bekommen müssen, wäre jedoch wenig sinnvoll. Aber würde man die Kompetenzorientierung tatsächlich ernst nehmen, würden sich andere Fragen ergeben. Etwa jene, wie mit unterschiedlichen Stoffen dafür gesorgt werden kann, dass das Abitur vergleichbar wird. Bislang ist es das nicht. Das jedoch ist in einem Maße unfair, dass es nicht mehr tragbar ist. Es bedeutet, dass eine Schülerin oder ein Schüler beispielsweise aufgrund eines Numerus clausus nicht in ein Fach kommt, in dem sie oder er die ersten Prüfungen bestanden hätte. Andere Schüler kommen mit einem Abitur der weiterführenden Schule und G9 durchaus in den Studiengang und scheitern dann an den Klausuren. Das kann nicht sein.

Im Grunde spricht das für eine Abschaffung des Abiturs, wie wir es kennen, und für eine Verlagerung der Überprüfung in die Universitäten. Das ist de facto teilweise schon so.[299] Das liegt nicht nur aber auch daran, dass einige Universitäten das Abitur nicht mehr für valide halten.[300] Es liegt aber auch daran, dass eine Selektion stattfinden muss, weil es ansonsten nicht möglich ist, allen Studierenden eine Betreuung, Seminare und Vorlesungen anzubieten. Gleichzeitig sind solche Zugangstests für die Universitäten jedoch eine enorme Belastung.

Sowohl eine Forderung nach einem Zentralabitur, das das Abitur länderübergreifend vergleichbar macht, als auch jene, das Abitur in der Form, wie es jetzt existiert, abzuschaffen, ist utopischer als ein Tempolimit von drei Stundenkilometern auf deutschen Autobahnen zu fordern. Es wäre nicht umsetzbar, und vor allem würde es aufzeigen, dass es Länder gibt, deren Bildungspolitik keine entsprechend guten Schülerinnen und Schüler in die Welt entlässt. Das ist ein Hauptgrund dafür, warum Ergebnisse von Vergleichstests zurückgehalten werden und Vergleichbarkeit nicht gegeben ist. Damit wird der Bildungsföderalismus als Feigenblatt gescheiterter Politik missbraucht. Deshalb muss trotz des ersichtlich utopischen Charakters Chancengerechtigkeit nicht nur für Schülerinnen und Schüler gelten, die weniger gute Voraussetzungen haben, sondern auch für jene, die nach dem Abitur deutschlandweit studieren wollen.

10 Utopien, um nicht in einer Schulform stecken zu bleiben

Da ich schon bei einer Utopie bin: Für einen nicht geringen Teil der Schülerinnen und Schüler ist das drei- beziehungsweise viergliedrige Schulsystem (zählt man die Förderschulen hinzu) gescheitert. Dabei ist ein solches System »praktisch«: Kümmert es einen nicht, aus welchen Gründen jemand nicht in der Lage ist, so zu lernen, wie es die Schule fordert und erfordert, kann man sie oder ihn immer noch prima nach unten durchreichen. Vom Gymnasium zur Realschule und von dort zur Hauptschule ist es dann ein kurzer Weg, und in der Tat ist das die Durchlässigkeit, von der allenthalben gesprochen wird. Das ist aber keine, die mit Chancengerechtigkeit zu tun hat. Kein Wunder: Solange Schule von Voraussetzungen lebt, die jemand haben muss, so lange können sich die Beteiligten einreden, dass es nur die persönlichen Fähigkeiten sind. Einige sind eben schlau und andere dumm.

Aber sprechen nicht die Ergebnisse dafür, dass homogene Gruppen besser lernen können? Das wiederum kommt darauf an, was man als Lernen ansieht. Ich habe auf zahlreiche unterschiedliche Formen des Lernbegriffs hingewiesen, die sich nicht in der Fähigkeit des Einzelnen erschöpfen, möglichst viele Informationen aufzunehmen, damit sie wieder abgeschöpft werden können. Das jedoch ist die Sicht auf das Lernen, wenn es um homogene Gruppen geht. Wenn es aber um ein Lernen geht, bei dem man anderen hilft (das Erklären festigt das Gelernte), ist es nicht nachvollziehbar, warum man Kinder und Jugendliche in unterschiedliche Schulformen steckt. Nahezu alle europäischen Länder, die im PISA-Test hervorragend abgeschnitten haben, teilen die Kinder später auf. Nach ihren Interessen!

Die Forderung danach, allen die Möglichkeiten für ein gutes Lernen zu gewähren und dafür zu sorgen, dass sie eine breite Grundlage dafür haben, sich entscheiden zu können, welchen Weg sie einschlagen wollen, hat nichts damit zu tun, dass alle studieren müssen. Im Gegenteil! Schon heute gibt es – gerade durch das dreigliedrige Schulsystem – nicht nur Jugendliche, die aus unterschiedlichen Gründen in einer Schulform feststecken, obwohl sie die nächsthöhere besuchen könnten. Es gibt auch genügend Kinder und Jugendliche, deren Eltern – meist selbst Akademiker – sie auf ein Gymnasium schicken, obwohl sowohl Talent als auch Interesse eher im Praktischen liegen. Wer es nicht ganz so utopisch will, kann darauf schauen, dass mit Berlin zumindest ein Bundesland die Kinder erst nach sechs Jahren aufteilt.

Damit die Bundesländer aber so zusammenarbeiten, wie das Grundgesetz es vorsieht, müssten sie anerkennen, welche Schulformen sinnvoll sind und welche nicht. Die Frage danach, wie lange gemeinsames Lernen funktionieren kann, muss noch wissenschaftlich ergründet und politisch beantwortet werden.

Vor dem Hintergrund meiner Thesen ergeben sich Forderungen, die ich in den vorhergehenden Kapiteln ausgeführt habe, hier führe ich sie noch mal zusammen:

1. Eine neue Schule braucht einen Bildungsgipfel und eine Vision

Wüsste man nicht, wie schwer es den politischen Verantwortlichen fällt, sich einmal ernsthaft zusammenzusetzen, wäre die Forderung nach einem Bildungsgipfel, der seinen Namen verdient, wohl eine, die am einfachsten einzulösen wäre. Bildung muss Chefsache werden, das heißt, der Bundeskanzler Olaf Scholz (oder wer auch immer gerade an der Macht ist) wäre persönlich einzuladen. Nicht, weil er Entscheidungskompetenz hätte, sondern um das längst überfällige Signal zu senden, dass etwas passieren muss, das alle betrifft, also alle Bundesländer, alle Schulformen, alle Kommunen, alle Schulen. Folglich muss die Kultusministerkonferenz von ihrem hohen Ross steigen. Sowohl die Forderung der Bundesbildungsministerin Bettina Stark-Watzinger als auch ein Appell von 89 (!) Organisationen konnten die Ministerinnen und Minister der Länder nicht überzeugen. Damit sich etwas ändert, braucht es aus meiner Sicht eine Vision davon, was Bildung sein soll.

Man kann nämlich festhalten: Wird in Deutschland über Bildung gesprochen, dann meist nicht über Bildung. Widersprüchlich, aber wahr. Meist geht es um kleine Reförmchen, um Verwaltungsänderungen. Das reicht nicht mehr. Es muss darüber geredet werden, welche Bildung wir in Deutschland verfolgen. (Ich will natürlich, dass das Lernen, der konkrete Aneignungsprozess, in das Zentrum schulischer Bildung gestellt wird.)

Doch weil der Bildungsbegriff als bislang zu abstrakt und zu wenig praktikabel abgetan wird, öffnen sich Spielräume für unterschiedliche Sichtweisen, die von Persönlichkeitsentwicklung bis hin zur Berufsausbildung reichen. Präziser formuliert: Fehlt die Grundlage dessen, was man ändern möchte, sprechen alle über etwas anderes, obwohl sie meinen, über dasselbe zu reden. Ein Bildungsgipfel, der eine nationale Bildungsvision formuliert, an der Politiker, Wissenschaftlerinnen und Praktiker mitwirken, könnte eine Leitlinie dafür sein, was wir überhaupt meinen, wenn wir von Bildung oder Lernen sprechen.

Wir erinnern uns: Vor mehr als 50 Jahren wurde dies schon versucht. Wir brauchen einen neuen Aufschlag!

2. Eine neue Schule ermöglicht Chancengleichheit

Eine neue Schule muss das Versprechen der Chancengleichheit einlösen. Ohne Wenn und Aber. Deutschland kann es sich nicht leisten, dass so viele junge Leute auf der Strecke bleiben.

Das Versprechen der Chancengleichheit einzulösen, ist jedoch schwierig, weil Schule oftmals der einzige Ort ist, an dem sie gleichzeitig ermöglicht und entwickelt werden kann, da die sozioökonomischen Bedingungen, mit denen Kinder und Jugendliche starten, so unterschiedlich sind. Erneut einer der Gründe, warum mit einem Lernbegriff operiert werden sollte, bei dem es weniger um das geht, was herauskommt, wenn alle Voraussetzungen gegeben sind. Und mehr darüber nachgedacht wird, wie alle die gleichen Voraussetzungen für ihre persönliche Weiterentwicklung erwerben können, etwa durch gezielte Förderung.

In dem Buch *Mythos Bildung* von Aladin El-Mafaalani wird nachgewiesen, wie stark sich die Herkunft auf den schulischen Erfolg auswirkt, und wie wenig der Kontext bei der Bewertung der Schülerinnen und Schüler eine Rolle spielt. Das ist vor allem bei der Selektion ab der vierten (oder auch sechsten) Klasse fatal, weil unterschiedliche Faktoren dafür sorgen, dass über den (prognostizierten) Bildungserfolg im Vorhinein entschieden wird. Das Gegenteil von Chancengleichheit also. Ein längeres gemeinsames Lernen sorgt dagegen für eine größere Chance, Ungleichheit entgegenzuwirken. Letztlich ist es die Grundlage dafür, eigene Entscheidungen über den weiteren Bildungsweg zu treffen. Nicht nur, wenn es ums Abitur geht, sondern auch Richtung Ausbildung, zum Beispiel im Handwerk. Es sollte deutlich geworden sein, was das bedeutet, nämlich dem Lernen selbst – auch und gerade auf unterschiedlichen Niveaus – den Vorrang vor einem Kanon zu geben, der nur von einer ausgewählten Anzahl an besonders talentierten oder geförderten Schülerinnen und Schülern durchdrungen werden kann.

3. Eine neue Schule bietet Freiraum für schülerorientierte Projekte

Schülerorientierung wird häufig als eine Art neumodische Form der Kuschelpädagogik abgetan, sie hätte mit Leistung nichts zu tun. Das ist nicht nur falsch, sondern missversteht auch den Nutzen von Freiräumen für Schülerinnen und Schüler, bei denen es um eine andere Art des Lernens geht, bei dem die Fragen der Schülerinnen und Schüler genauso wichtig sind wie die Antworten.

Über einen Tweet des Erziehungswissenschaftlers Dennis Hauk wurde ich aufmerksam auf eine Studie über offenen Unterricht (die Forschenden haben sie zusammengefasst nochmals auf meinem Blog veröffentlicht). Auch wenn es schwierig ist, Pauschalaussagen zu treffen, ergibt sich doch ein deutliches Fazit: »Ein offener Unterricht, in dem die Lernenden ein Mitbestimmungsrecht in Fragen der Unterrichtsgestaltung erhalten, besitzt einen positiven Effekt auf die Lernmotivation von Schülerinnen und Schülern, er hat aber keinen nachhaltigen Einfluss auf das Erreichen kognitiver Ziele (z. B. das Verstehen von Inhalten oder das Memorieren von Fakten).«[301]

Das ist (mindestens) auf zwei verschiedene Arten zu lesen. Zum einen bestärkt es das Wissen darum, dass die individuelle Aneignung auf einer Progression basiert, die begleitet werden kann – und manchmal muss. Es geht darum, »Lernen zu einem unhintergehbar sozialen Prozess zu machen«.[302] Zum anderen zeigt sich aber auch, dass offene Formen die Sinnhaftigkeit vom Lernen ins Zentrum stellen. Das Warum des Lernens bekommt Vorrang, wenn die Schülerinnen und Schüler es bestimmen können. Sie erleben also jene Kontrolle, die dafür verantwortlich ist, dass man seine Aufgaben als sinnvoll betrachtet.

Statt Willkür geht es um Teilhabe. Um echte Partizipation, die in den meisten Schulen eine viel zu kleine Rolle spielt – und das, obwohl etwa Demokratie als Leitperspektive im Bildungsplan von Baden-Württemberg steht. Eine neue Schule muss das Versprechen nach Demokratieerziehung, nach Partizipation und Teilhabe ernst nehmen, allein deshalb, weil sich eine Demokratieverdrossenheit abzeichnet, die in ihrer radikalisierten Form eine Gefahr darstellt. Einmal im Jahr ein Projekttag dazu reicht nicht aus. Offene Formen müssen selbstverständliche Bestandteile eines Lernens sein, das darauf ausgerichtet ist, den Sinn des Erlernten in eigenen Projekten anzuwenden.

4. Eine neue Schule entschlackt den Bildungsplan fundamental

Seit Jahren werden Schulen und die in ihnen arbeitenden Menschen (Lehrkräfte, Schülerinnen und Schüler, Hausmeister, Sekretärinnen und Sekretäre) mit neuen Aufgaben überhäuft, ohne dass an anderer Stelle etwas wegfallen würde. Alle genannten Personen sind betroffen und müssen Mehrarbeit leisten, sich fortbilden. Entlastung: keine.

Wollen wir (Demokratie-)Erziehung, Bildung für nachhaltige Entwicklung, gemeinsames Lernen – und damit Integration, Inklusion und differenziertes Lernen – wörtlich nehmen (und das ist nicht meine Idee, sondern es steht in den Bildungsplänen), können wir die momentane »Stofffülle« nicht parallel erfüllen.

Ich plädiere nicht dafür, basale Kompetenzen oder Kulturtechniken zu beschneiden, die jede und jeder nach der Schule braucht. Aber ich gehe davon aus, dass jede Lehrperson auf Anhieb sagen könnte, welche Inhalte (die oftmals Kompetenzen heißen, aber sehr nah an einem Stoffkanon sind) weggelassen werden könnten. Zumindest dann, wenn in der anderen Waagschale fundamental wichtige Kompetenzen liegen, die für ein gesellschaftliches Zusammenleben essenziell sind.

Dieses Unterfangen ist noch schwieriger als viele andere Forderungen an das Bildungssystem. Nicht aus der Perspektive der einzelnen Lehrkraft oder Schule: Kraftanstrengungen, eigene Schwerpunkte zu setzen, sind schon jetzt möglich. Manchmal, indem stillschweigend so lange ein Thema behandelt wird, bis es wirklich alle verstanden haben. Manchmal, indem Schulen eigene Curricula erarbeiten und einzelne Aspekte besonders betonen. Doch eine flächendeckende Veränderung der Bildungspläne, mithin die eigenen Ansprüche in puncto Leitperspektiven einzuhalten, müsste bis ins letzte Detail ausformuliert werden. Es müsste sich jemand hinstellen und erklären: »Wir hatten den Anspruch, dass Kompetenzen beschreiben, ob jemand etwas kann. Und wir haben gemerkt, dass diese Kompetenzorientierung dazu führt, dass zwar immer mehr Bereiche als Kompetenz bezeichnet werden, aber die tatsächlichen Fähigkeiten der Schülerinnen und Schüler sich dadurch nicht verbessern. Oder gar verschlechtern.«

Wer würde so etwas sagen? Und was wäre dann zu tun? Aus der Praxis heraus müsste jedenfalls immer wieder rückgemeldet werden, dass der Anspruch so oder so nicht umgesetzt werden kann. Das wiederum hieße, Schwerpunkte zu setzen, die als Grundlage für alles Weitere dienen können.

Dass das theoretisch möglich ist, hat die Corona-Zeit gezeigt, in der viele Schulen das Kern-Curriculum durchführen sollten. Interessanterweise sah das Kultusministerium kein Problem in einem Abitur, das auf der Grundlage entschlackter Inhalte entstanden war.[303] Mit anderen Worten: Ist die Situation nur gravierend genug, geht es doch! Und die Situation ist gravierend, es fühlt sich nur nicht ganz so unmittelbar an wie in der Phase der weltweiten Pandemie.

5. Eine neue Schule differenziert später

Dies ist wohl der unrealistischste Gedanke: Eine neue Schule sollte den Schülerinnen und Schülern ermöglichen, sich erst nach der neunten Klasse entscheiden zu müssen, wie es weitergeht. Mein Vorschlag: eine Vorbereitung für ein Hochschulstudium, und zwar dual oder praktisch. Die grundsätzliche Möglichkeit der Differenzierung finde ich wichtig, schon deshalb, weil die Talente und Wünsche von (jungen) Menschen in unterschiedliche Richtungen gehen. Das erkennt man nicht nur daran, dass Schülerinnen und Schüler aus Hauptschulen unrealistische Berufswünsche haben und erst sehr spät merken, dass ihr Abschluss womöglich nicht für ihren Wunsch taugt. »In vielen Berufen reicht auch offiziell der Hauptschulabschluss, faktisch werden dann aber doch meistens Realschülerinnen und Realschüler eingestellt.«[304]

In den Gymnasien sitzen viele Schülerinnen und Schüler, die ab der neunten oder zehnten Klasse wissen, dass sie lieber praktisch arbeiten wollen, deren Eltern aber erwarten, dass sie Abitur machen. Die Entscheidung über die eigenen Schwerpunkte später fällen zu können, würde insofern Eltern und Schüler entlasten. Können aber durch eine viel zu frühe Differenzierung Entscheidungen gar nicht getroffen werden, ist das unfair.

In einem System, das erst später differenziert, würde das Gymnasium zu einem Schulabschnitt, einem gymnasialen Zweig. Dieser bedürfte eines eigenständigen Schwerpunkts in der Lehrerinnen- und Lehrerausbildung und hätte, falls die Prüfungen in der Form, wie sie bisher bestehen, zur Folge, dass Deputatsstunden unterschiedliches Gewicht hätten, um die massiven Korrekturanforderungen und die Rückmeldungen zu berücksichtigen. Ich bin vorsichtig mit dem Wort, aber: Das käme in der Tat einer Revolution gleich. Nicht nur, weil es auf ungleiche Stundenanzahlen und damit unterschiedliche Bezahlung hinauslaufen würde. Es würde auch bedeuten, dass die Gymnasien eine andere Funktion erhalten würden.

Kurz gefasst: Bei einem längeren gemeinsamen Lernen in einer Schule würde es bis zur neunten Klasse gar keine Schulformen mehr geben. Insofern ist dieser Vorschlag, der auch von unterschiedlichen Initiativen gemacht wird,[305] der Superlativ, wenn es um Utopie geht: Denn sowohl Eltern als auch diverse Interessensverbände würden – und werden – den Teufel tun und gewachsene Systeme mit Tradition einer so tiefgreifenden Veränderung unterziehen. Das käme einer Selbstdekonstruktion gleich. Dennoch erscheint es wichtig, dieses Luftschloss einmal in den Himmel zu malen, um deutlich zu machen, dass gravierende Veränderungen nur möglich sind, wenn man beim Fundament ansetzt.

6. Eine neue Schule ersetzt Noten durch Kriterien und Rückmeldungen

Noten verhindern Lernen! Schülerinnen und Schüler haben dann oft keine Ahnung, warum sie tun, was sie tun. Das ist das Gegenteil von meiner Argumentation. Weiß ich, warum ich etwas tue und wozu, fällt der Tauschwert weg. Die Abschaffung der Noten ist allerdings nicht leicht. Selbst Verfechter einer Schule ohne Noten ersetzen diese durch komplizierte Punktsysteme, die in letzter Instanz nichts anderes sind als eine Form der Pseudoobjektivität. Ob man nun 15 Punkte sammelt oder eine Eins bekommt, am Ende steht doch wieder eine Differenz.

Aus meiner Sicht bräuchten Schulen drei Kategorien: »Bestanden«, »Nicht bestanden« und »Mit Auszeichnung bestanden«. Die beiden ersten Kategorien sollen gewährleisten, dass dem Lernenden deutlich wird, ob eine Fähigkeit erlernt worden ist oder nicht. Dies funktioniert vor allem, wenn man den Prozess berücksichtigt, wie es in der Perspektive auf Lernen beschrieben worden ist. Wichtiger als die Kategorien sind jedoch die Rückmeldungen und Gespräche, die aus meiner Sicht eine andere Qualität annehmen, wenn es darum geht, ob man etwas beherrscht oder nicht.

Die Kategorie »Mit Auszeichnung bestanden« finde ich wichtig, weil sie Schülerinnen und Schülern einen (zusätzlichen) Schwerpunkt ermöglichen könnte. So könnte das dazu führen, dass nicht die holistische Abiturnote eine Rolle bei der Einstellung spielt, sondern dass diese Kategorie als erstes Indiz für die Eignung in selbst gewählten Fächern stehen könnte. Leistung bleibt so zentral, aber in einem individuellen Rahmen, der durch die Sinnhaftigkeit Relevanz erlangt: »Anstrengung bedeutet, dass man sich um etwas bemüht, was einem so wichtig ist, dass man dafür bereit ist, zu arbeiten.«[306]

Das bleibt aber nicht der einzige Maßstab, vor allem dann nicht, wenn die Relevanz des Lernens selbst die Frage auf den Gegenstand lenkt und nicht auf dessen Tauschwert. Aber die Gespräche würden andere werden, wenn es nicht mehr darum geht, was zu tun ist, um von einer Zwei minus auf eine Zwei zu kommen. Denn sind Lehrpersonen ehrlich, ist dieser Unterschied sowieso derart marginal, dass man ihn nur künstlich herbeireden kann.

7. Eine neue Schule fokussiert sich auf den Prozess, nicht das Produkt

Um einem Missverständnis vorzubeugen: Aus meiner Sicht ist in einem Fach wie Deutsch der Schritt zu einer zeitgemäßen Lernkultur gar nicht so weit, wie manche meinen. Zwar sollte die Kooperation zwischen den Schülerinnen und Schülern während eines Prozesses eine Rolle spielen, die Prüfung selbst sollte aber weiter eine Einzelleistung bleiben.

Warum? Weil das Hinzuziehen von Experten oder Mitschülerinnen und Mitschülern, wie es teilweise von »Fachleuten« propagiert wird, das Gegenteil von fairer Gestaltung ist. Stattdessen ist es eine Betonung der Privilegien (wenn der Vater eines Kindes Arzt ist, kennt er andere Experten; wenn das Kind populär ist, kann es mit allen zusammenarbeiten). Aber gerade hier bietet das Digitale und die Prozessorientierung einen Hebel für zeitgemäße Formen der Leistungsbewertung. Das materialgestützte Schreiben von Texten beispielsweise könnte die Recherche erst lehren und dann in die Überprüfung einfließen lassen, anstatt die Materialien vorzugeben. Eine Textanalyse könnte mit mobilen Endgeräten (aber der Referenzierungspflicht) geschrieben werden. Die Vorbereitung von Materialien und ihre Zusammenstellung könnten als Teil der Prüfung gewertet werden.

Der springende Punkt ist, dass das Lernen unterstützt und der Prozess begleitet wird. Es entscheidet nicht allein eine Prüfung über alles, in der man von den wichtigsten Ressourcen abgeschnitten ist.

8. Eine neue Schule verändert ihre Zertifikate

Vor dem Hintergrund der bisher beschriebenen Veränderungen sollte klar sein, dass am Ende einer Schulkarriere kein Zertifikat mehr stehen muss, in dem eine Gesamtpunktzahl oder eine scheinbar differenzierte Note steht. Das ist fundamental, weil schon jetzige Noten länderspezifisch so unterschiedlich sind, dass es nicht selten vorkommt, dass jemand mit einer sehr guten Abiturnote jemand anderem den Studienplatz »wegnimmt«, obwohl im Grunde die gleichen (Eingangs-)Leistungen vorhanden sind.

Das bedeutet nicht, dass man nicht dazulernen könnte, im Gegenteil. Aber wenn die gleichen Notenziffern unterschiedlich viel wert sind, geben sie keine Rückmeldung über das, was sie sollten: Qualifizierung. Eine Qualifizierung sollte anders geschehen. Zum einen durch die zuvor besprochenen Auszeichnungen. Zum anderen dadurch, dass das Zertifikat an Wert verliert und die Verantwortung auf die Universitäten und Hochschulen übertragen wird. Auch hier sind diese Veränderungen fundamental. So sehr, dass es im Augenblick nicht vorstellbar ist, dass sich das Bildungssystem entsprechend verändert. Andererseits ergeben sich aus den Problemen, die die nicht zu vergleichenden Abiture der verschiedenen Länder mit sich bringen, Alternativen. Durchaus machbar wäre eine wissenschaftliche Begleitung von Praxisversuchen, wie sie bereits existieren, um zu überprüfen, inwiefern eine Veränderung möglich und sinnvoll ist.

9. Eine neue Schule wird unterstützt durch Hochschulen, die die Aufgabe der Auswahl übernehmen

Schon jetzt ist es so, dass Universitäten durch Klausuren ihre Studenten bestimmen. Aber das tun sie nicht offiziell und auch innerhalb eines unfairen Wettbewerbs. Warum? Weil eine Studienbeschränkung, die etwa mittels Numerus clausus ermittelt wird, den föderalen Unterschieden nicht gerecht wird. Will heißen: Es kann sein, dass ein Student aus Bundesland A eine Arbeit bestehen würde, die eine Studentin aus Bundesland B nicht bestehen würde. Das nützt A aber nichts, wenn B als Einzige von beiden die Chance bekommt, die Arbeit zu schreiben.

Jede und jeder sollte studieren dürfen und können, keine Frage. Aber Auswahlmechanismen zu einem Zeitpunkt, in dem das Grundlagenverständnis ermittelt wird, sind relevant. Und auch *nach* dem Schulabschluss muss die gleiche Chance bestehen – egal aus welchem Bundesland man kommt.

Daraus ergibt sich die Frage, ob eine weiterführende Schule, die neun Jahre dauert, hier nicht Abhilfe schaffen könnte. Nicht nur, weil Schülerinnen und Schüler dann älter und reifer sind, wenn sie die Schulen verlassen und weniger unter Druck stehen. Sondern auch, weil die Universitäten dann ihre Ressourcen nicht in etliche Kurse überführen müssten, in denen die jungen Studierenden die Basics lernen, wie es bislang oftmals der Fall ist. Anstatt das dreizehnte Schuljahr durch einen Taschenspielertrick in die Universität zu verlagern, könnte seine Wiedereinführung dazu führen, dass kompetentere Studierende in den Universitäten anfangen. Die freien Ressourcen könnten für eine qualitative Auswahl mittels Eingangsklausuren oder Tests gewährleistet werden.

10. Eine neue Schule qualifiziert ihre Lehrkräfte gemäß den Anforderungen für eine neue Zeit

Der Lehramtsstudiengang muss der digitalen Gesellschaft entsprechen, von Anfang an teamorientiert sein und hinsichtlich der schulischen Realität geplant und strukturiert werden. Letzteres ist nicht zu verwechseln mit einer bloßen Praxisorientierung.

Es wäre aus meiner Sicht fatal, wenn im Studium nur noch das gelehrt würde, was vermeintlich in der Schule relevant ist. Das Studium braucht auch zukünftig Entfaltungsmöglichkeiten, vor allem dann, wenn es »nur« um eigene Interessen geht. Aber die Fähigkeit, unterschiedliche Themen zielorientiert aufzubereiten und das in unterschiedlichen Medien und mit unterschiedlichen Methoden, sollte ein zentraler Kern des Studiums werden.

Übrigens nicht nur des Lehramtsstudiums. Denn die Aufbereitung von Information, die es Unwissenden (im weitesten Sinne) erlaubt, diese zu verstehen, ist nahezu in jedem Berufszweig eine basale Fähigkeit. Das gilt auch für Teamorientierung. Lehrpersonen seien Einzelkämpfer, heißt es öfter. Wie aber soll die Fähigkeit, mit anderen zu arbeiten, nach Jahren der optionalen Isolation vom Himmel fallen? Wenn eine Fähigkeit im Beruf zentral ist, muss sie auch in dessen Vorbereitung zentral sein.

Dass die Befähigung, reflektiertes Lernen im digitalen Wandel zu initiieren, wichtig ist, sollte im Grunde keiner Erwähnung wert sein. Aber nochmals: Wir leben in einer digitalen Gesellschaft oder einer Gesellschaft, die geprägt wird von den Bedingungen der Digitalität, was zwangsläufig bedeutet, dass Lehrpersonen Experten dafür sein müssen, wie sich in einem solchen Kontext gut lernen lässt.

Diese zehn Forderungen bilden nur einen Bruchteil dessen ab, was nötig ist, damit das Lernen in den Fokus rückt. Ein Lernen, das sinnhaft und bedeutsam ist, und ein Lernen, das selbstverständlicher Teil einer Bildung ist, die jedem zugutekommt. »›Bildung‹ meint dabei eine bestimmte Art des Lernens und der Selbstvervollkommnung.«[307] Das muss unser Anspruch sein.

Das Wichtigste auf einen Blick: Auf das kommt es an!

Was aber wären die wichtigsten Argumente für ein sinnstiftendes Lernen? Denn hat man den Kern der Aussage, kann man einfacher auf Rückfragen reagieren. Eine Möglichkeit des kurzen Überblicks hat das L.E.A.R.N-Konzept gegeben. Auf einer Party, der Arbeit, in einem Workshop oder in einer anderen Situation könnte es aber nützlich sein, die wichtigsten Argumente dieses Buchs parat zu haben. Deshalb hier eine Liste für einige mögliche Situationen.

Argumente für die Fünf-Minuten-Pause

Wir wissen aus unserer Erfahrung: Der fruchtbarste Austausch findet oftmals zwischen Tür und Angel statt. Aber was kann man anderen Eltern erzählen, während man darauf wartet, dass das Kind aus dem Kindergarten oder aus der Schule kommt. Oder Kolleginnen und Kollegen während der kurzen Pause?

Wir müssen das Lernen ins Zentrum der Schule bringen, damit alle in die Lage versetzt werden, zu verstehen, warum Lernen wichtig ist und wie es geht, und damit sie nach der Schule Lust haben, weiter zu lernen. Das ist entscheidend, da wir in einer Gesellschaft leben, in der Lernen die Grundlage für jede weitere Entwicklung ist.

Zugegeben, es ist etwas kurz. Aber doch das wichtigste Argument für eine neue Schule.

Argumente für eine große Pause

Wenn man gerade auf dem Spielplatz steht, eine gemeinsame Pause macht oder aus anderen Gründen sowieso schon im Gespräch über Schule ist, kann man etwas ausführlicher sprechen: Das Lernen sollte Mittelpunkt einer Bildungsreform sein, die viele der Aspekte, die wir für gegeben halten, sei es Unterricht, Unterrichtszeit, Verwaltung oder Politik, umstoßen würde. Es geht darum, dass nicht nur diejenigen gut lernen, die es sowieso schon können, sondern alle Kinder und Jugendliche. Und das vor dem Hintergrund einer sich schnell verändernden Zeit, in der künstliche Intelligenz, Klimawandel und Migrationsgesellschaft die Bildung prägen. Deshalb muss Lernen ins Zentrum der schulischen Bildung. Zunächst, damit alle von der Grundlage profitieren, die sich aus der Fähigkeit zu lernen und der Einschätzung dieses Lernens als wertvoll und sinnstiftend ergibt. Und dann, weil die Art und Weise, wie Schulen bisher funktioniert haben, in einer Welt schneller technischer Entwicklungen nicht mehr funktioniert. Nur wenn man das Lernen ins Zentrum stellt, kann in eine Tiefe vorgedrungen werden, die gebraucht wird, um tatsächliche Fähigkeiten zu erlangen, mit denen man dann auch weiter lernen kann. Insofern bedeutet der Fokus auf das Lernen einen veränderten Bildungsbegriff, bei dem nicht mehr das Produkt eines endlichen Prozesses Bildung ist, sondern der Prozess des Erwerbs selbst.

Zusammenfassung für ein längeres Gespräch

Das Lernen ist ins Zentrum von Schule zu bringen, damit alle in die Lage versetzt werden zu verstehen, warum Lernen wichtig ist, wie es geht und damit nach der Schule noch Lust besteht, weiter zu lernen. Das ist entscheidend, da wir in einer Gesellschaft leben, in der Lernen die Grundlage für jede weitere Entwicklung ist.

Es geht um den momentanen Zustand des Bildungssystems, bei dem vor allem seine Verlierer betont werden. Die Verantwortung in diesem System liegt auf so vielen Schultern, dass es sehr kompliziert ist nachzuvollziehen, wo man überhaupt anfangen soll. Der Ausgangspunkt einer Veränderung ist der Lernbegriff, das Warum. Zu argumentieren ist damit, dass Lernen sinnstiftend und bedeutsam sein muss. Um dies zu erreichen, ist es fundamental, darauf zu achten, dass die Relevanz eines jeden Inhalts, der gelernt wird, verstanden wird. Das muss nicht bedeuten, dass danach jede und jeder das Wissen oder die Fähigkeiten, die sie oder er erlangt hat, als das Wichtigste betrachtet, was je gelernt worden ist. Aber bei einer angemessenen Tiefe bedeutet das, dass man Orientierung gewinnt und jene Beurteilungsfähigkeit, die nötig ist, um in einer komplizierten Welt zu bestehen.

Bei der Wie-Frage geht es darum, wie ein solches Lernen den schulischen Unterricht verändern könnte. Vor allem steht das Lernen im Gleichschritt einem Lernen entgegen, das zwar von der Lehrkraft initiiert, begleitet und durchaus auch angeleitet werden kann, das aber nicht mehr auf unverrückbaren Strukturen fußt.

Bei der Was-Frage stehen weniger die konkreten Inhalte, deren Gehalt für das Verständnis der Welt durchaus hervorzuheben ist, im Mittelpunkt. Eher: Was ist zu tun? Und: Mit was für einer Gesellschaft haben wir es zu tun? Das Was konzentriert sich auf die Kultur der Digitalität, in der vieles, was zuvor unsichtbar war, diskutiert und neu ausgehandelt wird.

Entscheidend sind dann die Umsetzungen eines solchen Lernens. In der Schule, zu Hause und innerhalb des gesamten Bildungssystems. Letztlich ist es der Ruf nach einer Verschiebung des Fokus auf Bildung: von kanonischen Wissensbeständen hin zu der Fähigkeit, sich auf unterschiedliche Weise mit sich, der Gesellschaft, der Kultur und der Wirtschaft auseinandersetzen zu können – und es zu genießen, sich weiter fortzubilden und zu lernen.

Nachwort: Warum ich etwas bewegen will

Am Vorabend des Digitalgipfels der *Süddeutschen Zeitung* hatte ich ein intensives Gespräch mit einer Expertin für Nachhaltigkeit in einem DAX-Unternehmen. Nachdem wir über einige wichtige Aspekte unserer Berufe gesprochen hatten, stellte sie mir eine Frage, die mich nachdenken ließ: »Woran erkennst du, ob deine Arbeit Wirkung entfaltet?« Damit war jene Arbeit als Autor, Wissenschaftskommunikator und Podcaster gemeint. Denn, auch das kam mir in dem Augenblick in den Sinn, die Wirkung der Arbeit als Lehrkraft ist nach sehr kurzer Zeit spürbar. Dadurch, dass die Schülerinnen und Schüler sich etwa inhaltlich steigern, ihre Potenziale entdecken oder schlicht die Lust am Lernen (wieder)finden. Genau das macht die Arbeit als Lehrkraft, Erzieherin oder Sozialarbeiterin auch so sinnstiftend.

Die Wirkung einer Arbeit zu prüfen, die sich potenziell an sehr viele Menschen richtet, die man daraufhin nicht befragen kann, ist hingegen ungleich schwerer. Es sind eher viele kleine Rückmeldungen von Menschen aus ganz unterschiedlichen Bereichen der Gesellschaft – von Lehrkräften, Journalisten, Politikerinnen und Politikern und Menschen aus der Zivilgesellschaft –, die spiegeln, dass Impulse aufgenommen, thematisiert und weiterentwickelt werden. Anders als in der Wissenschaft wird dabei nicht jeder Gedanke zitiert. Und das würde ich auch weder fordern noch wünschen. Vielmehr ist die Wirkung, nach der gefragt wurde, Teil eines großen Zusammenhangs, in dem es um nicht weniger als um die Zukunft der Gesellschaft geht.

In den letzten Jahren habe ich mit den verschiedensten Menschen über Bildung und Lernen gesprochen. Oft sind solche Gespräche selbst sehr lehrreich, jede Perspektive kann einem helfen, weiter zu lernen. Und das auch, wenn man längst nicht mehr in der Schule ist. Gerade die Gedanken von Eltern, Unternehmern oder Menschen, die weit weg sind vom Schulsystem, können wichtige Impulse bieten. All diese Perspektiven brauchen jedoch auch einen roten Faden, eine Geschichte darüber, welche Bildung möglich ist. Eine Geschichte, die zu einem Fundament werden kann, auf das man sich zurückbesinnen kann. Ich würde mir wünschen, dass meine Arbeit ein solches Fundament bietet.

Dabei ist insbesondere das Feedback der Kinder und Jugendlichen, mit denen ich in den letzten zehn Jahren arbeitete, besonders wichtig. Zum einen für die eigene Arbeit als Lehrer. Zum anderen aber auch, weil jede Form der Rückmeldung zeigt, was ist und was möglich wäre.

Was schon möglich ist, konnte ich in einem Gespräch mit dem Schulleiter der bereits zitierten Alemannenschule Wutöschingen, Stefan Ruppaner, erfahren. Seine Schule setzt jetzt schon viele der Punkte um, die in diesem Buch vorgestellt worden sind. An einigen Stellen geht seine Schule sogar noch weiter. Ruppaner sagt: »Unterricht ist aller Übel Anfang.« Und weiter: »Wir brauchen eine Transformation der Schulen vom Ort des Lehrens zu Orten des Lernens.«[308]

So drastisch die Worte des Übels sind – nach der Lektüre dieses Buchs werden sie Ihnen nicht fremd sein. In der Alemannenschule gibt es keinen traditionellen Unterricht, die

Selbstregulierung der Schülerinnen und Schüler wird begleitet, indem sie zur Autonomie erzogen werden. Je mehr Autonomie, desto mehr Freiheit, sich in der Schule zu bewegen. Ob die Schülerinnen und Schüler beim Input eines Lehrers dabei sein wollen, können sie selbst aussuchen. Und am Ende kommen nicht nur passable, sondern herausragende Abiturleistungen heraus.

Dass eine »Schule ohne Druck« möglich ist, zeigte auch die Professorin der Technischen Universität Dresden, Anke Langner, mit der ich darüber sprach, wie Schülerleistungen auch ohne Noten (bis zur neunten Klasse) und mithilfe von digitalen Unterstützungssystemen und inhaltlichen Lernpfaden erreicht werden können. Über beide Schulen könnte ein eigenes Buch verfasst werden. Die wichtige Botschaft ist: All das, was in diesem Buch als Überlegung fungiert, was zusammengetragen und im Kleinen ausprobiert wurde, was als Ideal formuliert und skizziert wird, ist in den meisten Fällen schon da. Nur eben nicht flächendeckend. Und das darf nicht so bleiben. Deshalb brauchen die richtigen Personen, aber auch die Mitte der Gesellschaft einen Schubs. *Nudge*, wie es auf Englisch heißt. Wenn man so will, ist der Nudge dieses Buchs der Titel und dessen schrittweise Entfaltung zu einem Gedanken, der Grundlage für das Denken über Lernen und damit auch über Bildung sein könnte. Darin unterscheidet es sich von jenen Stimmen, die die Revolution ausrufen wollen. Nicht dass ich diesen Ansatz nicht verstehe. Aber nur über ein Verständnis der Strukturen und der Intentionen derjenigen, die darin arbeiten und den Fragen, wie wir aus dem System heraus Veränderungen einführen, kommen wir meiner Meinung nach weiter. Forderungen nach »der Revolution« scheitern aus meiner Sicht oft daran, dass sie diejenigen nicht mitnehmen, ohne die es nicht geht. Auf der anderen Seite wird es nicht wenige geben, die auch die hier geäußerten Gedanken im weitesten Sinne revolutionär finden. Vielleicht ist es beides. Die Forderung einer Revolution – aber in Zeitlupe. Und damit meine ich nicht Stagnation, sondern eine beobachtbare Entwicklung in die richtige Richtung.

Auch das ist viel verlangt.

Aber es ist ein Ziel, das mich motiviert und das mich am Schreibtisch sitzen und über gute Bildung und gutes Lernen nachdenken lässt. Und das mich, genau wie ich es in dem Buch fordere, schon seit Jahren neue Konzepte ausprobieren lässt. Meine Inspiration entsteht vor allem aus der Arbeit mit den Schülerinnen und Schülern. Wirklich fassbar und als Werkzeug des Denkens nutzbar werden die daraus entstehenden Gedanken aber erst, nachdem sie klar umrissen und auf die verschiedenen Ebenen des Bildungssystems angewendet wurden. Wenn sie hängen bleiben, ist jener Stupser notwendig, den ich für so wichtig halte.

Gerne würde ich darüber berichten, wie ich an einem schönen Juniabend die letzten Wörter schreibe und mich zufrieden nach hinten lehne. Mit einem Glas Wein in der Hand, das ich lächelnd gegen das Licht schwenke.

Schreiben bedeutet allerdings vor allem eines: Aktuelles, nicht Aktuelles und wieder Aktuelles zu lesen und mit den eigenen Gedanken zu verbinden – das ist vielleicht der ultimative Lernprozess. Ein Lernen, dessen Unfertigkeit gerade dann ersichtlich wird, wenn man all das bedenkt, was weggelassen wurde, was vielleicht hätte beachtet und ergänzt werden müssen. Zugleich ist keine Erleichterung möglich, weil momentan vieles, was Bildung betrifft, im Fluss ist. Wir haben es mit wiederkehrenden hohlen Phrasen der Landes- und Bundespolitik zu tun. Wir bemerken, dass zwar keiner zufrieden, aber auch keiner wütend genug ist, um sich dem Sturm auszusetzen, den tatsächliche Veränderung mit sich bringt. Dabei hilft in dieser unübersichtlichen Welt nur die Fähigkeit, sich dem Neuen zuzuwenden, sich darauf einzulassen, es sich zu eigen zu machen und sich darauf aufbauend weiterzuentwickeln. Und dass wir dies müssen, das steht außer Frage. Zumindest dann, wenn wir nicht weiterhin die ewig selben Fehler wiederholen wollen. Fehler, die nach oben skaliert das Ende unseres Planeten bedeuten können.

Ich hoffe sehr, dass ich einen Beitrag leisten konnte, wie die Bildungsdiskussion um einen weiteren Gedanken bereichert werden kann. Erst nachdem große Teile geschrieben waren, entdeckte ich den Pädagogen und Hochschullehrer Alfred Petzelt (1886–1967), der in seinem einflussreichen Buch *Grundzüge der systematischen Pädagogik* die Frage Warum ins Zentrum seiner Überlegungen um pädagogische Prinzipien stellte.

Viele Fragen standen am Anfang dieses Buchs: Warum wissen so wenige Schülerinnen und Schüler, was sie tun sollen, wenn sie die Schule verlassen haben? Warum fühlen sie sich so schlecht vorbereitet? Warum meinen so viele, dass sie nichts gelernt haben?

Schon 2010 fand eine österreichische Studie heraus, dass von 850 befragten Schülern zwischen 14 und 18 nur 10 Prozent der Ansicht sind, dass sie in der Schule etwas für ihr Leben lernen. Angesichts einer solchen Zahl macht man es sich zu einfach, wenn man behauptet, dass dies daran läge, dass Schüler einfach zu jung seien, um den Sinn des Lernens zu erkennen. Und auch der umgekehrte Weg einer (sowieso unmöglichen) panischen Veränderung führt in die Sackgasse, zumindest wenn man Bildung umfassend betrachtet.

Selbst jene Schüler, die mit dem Abitur den höchsten deutschen Bildungsabschluss gemacht haben, finden ihre eigene Bildung oftmals sinnlos. In anderen Schularten ist das weniger der Fall, was mit einer Praxisorientierung zu tun hat, die die jungen Menschen näher an Berufe bringt, für die sie sich hinterher entscheiden können. Mit einem Abitur scheint dagegen nicht selten einherzugehen, dass man gar nicht versteht, was genau nun eigentlich bescheinigt wird.

Ich habe versucht, die Fragen zu beantworten, indem ich das Lernen als zentrale Kategorie schulischer Bildung begründet habe. Erst wenn dieser Schritt getan ist, kann über Veränderung, Innovation und Weiterentwicklung des Bildungssystems nachgedacht werden, weil die Beantwortung der Fragen zeigt, wo wir ansetzen müssen. Gleichzeitig brauchen wir aber eine breitere gesellschaftliche Diskussion über die fundamentalen Bestandteile einer Bildung, die Lernen einbezieht und es nicht voraussetzt.

Wir alle wissen, dass wir von Dingen profitieren, die im monetären oder wirtschaftlichen Sinn nicht nützlich sind. Erst kulturelle Teilhabe erlaubt es uns, Musik oder Kunst zu genießen. Dabei müssen wir nicht zu Kritikern werden, aber es bedeutet, dass Kulturgüter einen wichtigen Platz in der Schule haben müssen. Damit in der Schule nicht nur sinnloses Zeug gelehrt wird, müssen wir die Frage nach dem Sinn der Schule und nach all ihren Bestandteilen nochmals grundsätzlich und ernsthaft stellen.

Denn sinnstiftendes Lernen, das als motivierend und relevant wahrgenommen wird, ist der Grundbaustein für ein erfülltes Leben, in dem auch das weitere Lernen einen wichtigen Teil einnehmen kann. Es gibt keinen Bereich, in dem wir unsere Urteile nicht an die Relevanz knüpfen, die eine Entscheidung für uns hat. Wenn eine Sache keine Bedeutung, keine Relevanz hat, entscheiden wir uns entweder dagegen oder leiden darunter, wenn wir uns dennoch damit befassen müssen. Man denke an die Steuererklärung. Für zu viele Kinder und Jugendliche sind viele Jahre der Schule wie eine gigantisch lange Steuererklärung, mit dem Unterschied, dass sie noch nicht einmal verstehen, warum sie diese ausfüllen müssen.

Das muss nicht so sein. Jedenfalls dann, wenn wir das Lernen ins Zentrum schulischer Bildung stellen und so dafür sorgen, dass jedes Kind, das in der Schule war, weiß, dass Lernen ein erfüllender Prozess ist, weiß, wie es geht, und Lust hat, damit weiterzumachen.

Machen wir das Beste aus der schwierigen Situation. Starten wir ein Jahrzehnt des Lernens. Eines neuen, gemeinsamen, bedeutungsvollen Lernens, das uns die Zukunft mit Mut und Freude willkommen heißen lässt. Ich bin dabei. Und ich hoffe, Sie sind es auch!

Danksagung

Ein Buch zu schreiben ist ein Unterfangen, das ohne die Hilfe und Unterstützung von anderen nicht zu stemmen ist. Ihnen gebührt mein außerordentlicher Dank.

Insbesondere danke ich meiner Frau, der ich in Liebe verbunden bin. Ohne deine Hilfe würde ich es nicht schaffen. Und meiner Tochter, die durch die Art und Weise, wie sie die Dinge sieht und mit ihnen umgeht, meine tägliche Inspiration ist.

Außerdem bedanke ich mich bei Sarah Fianke, die beim Exzerpieren unterschiedlicher Bücher geholfen hat und durch ihre Impulse und Anmerkungen vieles für mich vereinfacht hat. Sie half mir auch, zusammen mit Janis Huber, bei der Sichtung einiger Folgen des großartigen Podcasts »Psychologie fürs Klassenzimmer« von Benedikt Wisniewski. Ihm bin ich aus diesem und anderen Gründen sehr dankbar.

Zudem bedanke ich mich bei meiner Agentin Andrea Wildgruber für die konstruktive, offene und kritische Zusammenarbeit. Herzlichen Dank auch an Nelly Hemmann für die konstruktive Zusammenarbeit, die Organisation und die Unterstützung. Danke auch an meinen Verlag Mosaik bei Penguin Random House, dort besonders Karin Weber, die einmal mehr an das Projekt geglaubt und das auch deutlich gemacht hat. Dank gilt ebenso der Lektorin Regina Carstensen, durch deren detailverliebte Arbeit das Buch lesbarer und nachvollziehbarer wurde.

Danke an Sven Lembke, Sebastian Schmidt, Tim Reichel, Dirk von Gehlen, Lisa Niendorf, Milena Pflügl, Arne Bleckmann, Jörg Stratmann und Hannah Blume. Der Austausch mit euch macht mich schlauer, schärft meine Gedanken und inspiriert mich. Außerdem ein Dank an all die inspirierenden Gäste meines Podcasts, deren Gedanken mich immer weiterbringen. Ein ganz herzlicher Dank an Thomas Clemens für die vielfache, dauerhafte Hilfe. Und Dank an Bernhard Clemens. Danke an meine Followerinnen und Follower, deren Unterstützung mir zusichert, dass meine Stimme gehört wird.

Danke an meine Mama, meinen Papa und Schorsch dafür, dass ihr immer an mich glaubt.

Anmerkungen

1 Humboldt, Wilhelm von: »Theorie der Bildung des Menschen«. In: Lauer, Gerhard (Hrsg.): Wilhelm von Humboldt. Schriften zur Bildung. Reclam 2017. S. 6.
2 www.datenportal.bmbf.de/portal/de/Tabelle-2.5.23.html, aufgerufen am 01.06.2023.
3 www.spiegel.de/netzwelt/netzpolitik/risiko-der-ausloeschung-ki-koryphaeen-von-openai-und-google-warnen-a-b5c4539b-26cc-4461–8884-a784061e4e25, aufgerufen am 01.06.2023.
4 Stöcker, Christian: Das Experiment sind wir. Karl Blessing Verlag 2020.
5 Sascha Lobo: Realitätsschock. Zehn Lehren aus der Gegenwart. Kiepenheuer & Witsch 2019, 2. Aufl., S. 205 ff.
6 Stöcker, Christian: Das Experiment sind wir. Blessing. 2. Auflage, 2020. S.9.
7 www.spiegel.de/panorama/bildung/referendariat-fuer-lehrkraefte-system-aus-willkuer-und-ungerechtigkeit-a-67a0daaa-6fa2–4567–88c9-c795f6fb6766, aufgerufen am 15.02.2024.
8 John Hattie und Gregory Yates: Lernen sichtbar machen aus psychologischer Perspektive. Überarbeitete deutschsprachige Ausgabe von *Visible Learning and the Science of How We Learn* von Wolfgang Beywl und Klaus Zierer. Schneider Verlag Hohengehren, S. 108.
9 www.zeit.de/gesellschaft/2023–01/lehrermangel-14000-unbesetzte-stellen-umfrage, aufgerufen am 02.02.2023.
10 www.fr.de/ratgeber/buchtipps/viertel-grundschueler-lesekompetenz-schlecht-iglu-studie-lesen-vorlesen-schule-bildung-92288018.html, aufgerufen am 20.05.2023.
11 Vgl. Lisa Graf: Abgehängt. Von Schule, Klassen und anderen Ungerechtigkeiten. Weckruf einer Lehrerin. Heyne 2022.
12 https://deutsches-schulportal.de/bildungswesen/die-zehn-wichtigsten-ergebnisse-der-pisa-studie/, aufgerufen am 02.02.2024.
13 Aladin El-Mafaalani: Mythos Bildung, a. a. O., S. 47.
14 Schulgesetz für Baden-Württemberg (SchG) in der Fassung vom 1. August 1983. *Zum 05.02.2023 aktuellste verfügbare Fassung der Gesamtausgabe.* https://www.landesrecht-bw.de/bsbw/document/jlr-SchulGBW1983rahmen, *aufgerufen am 05.02.2023.*
15 www.institut-fuer-menschenrechte.de/themen/wirtschaftliche-soziale-und-kulturelle-rechte/recht-auf-bildung, aufgerufen am 20.05.2023.
16 www.ndr.de/nachrichten/info/Bildungsniveau-Hamburg-liegt-im-Norden-weiter-vorne,bildungsmonitor132.html, aufgerufen am 02.02.2024.
17 Georg Picht: Die deutsche Bildungskatastrophe. dtv 1965.
18 www.rnd.de/politik/schule-in-deutschland-bis-2030-fehlen-81–000-lehrkraefte-I4CMQDPVHFFN7OIKL2BB7EPUKU.html, aufgerufen am 02.02.2023.

19 www.watson.de/unterhaltung/tv/934147408-markus-lanz-soziologe-nennt-bildung-groesstes-innenpolitisches-problem, aufgerufen am 19.02.2023.
20 https://www.kfw.de/Über-die-KfW/Newsroom/Aktuelles/Pressemitteilungen-Details_725760.html, aufgerufen am 19.02.2023.
21 https://deutsches-schulportal.de/bildungswesen/was-hat-der-digitalpakt-schule-bislang-gebracht/, aufgerufen am 19.02.2023.
22 https://www.dasding.de/newszone/arbeitsagentur-weniger-schulabbrecher-100.html, aufgerufen am 02.02.2023.
23 https://www.sueddeutsche.de/bildung/hauptschueler-staatliche-gepruefte-abgehaengte-1.2432601, aufgerufen am 05.02.2023.
24 Banse, Philip, Buermeyer, Ulf: Baustellen der Nation. Was wir jetzt in Deutschland ändern müssen. Ullstein. Berlin 2023. S. 247.
25 https://www.kas.de/de/web/die-politische-meinung/artikel/detail/-/content/pichts-bildungskatastrophe-, aufgerufen am 15.03.2023.
26 https://www.lis.bremen.de/fortbildung/politische-bildung-588858, aufgerufen am 05.02.2023.
27 https://www.spiegel.de/panorama/bildung/lehrermangel-an-schulen-und-die-ratschlaege-der-swk-noch-mehr-arbeit-fuer-die-die-noch-stehen-a-1d19ae27-9b68-411c-a009-ef5276686d96, aufgerufen am 05.02.2023.
28 https://www.kmk.org/fileadmin/Dateien/pdf/KMK/SWK/2023/SWK-2023-Gutachten_Lehrkraeftebildung.pdf, aufgerufen am 02.02.2024.
29 https://bildungsrat.org/wp-content/uploads/2023/12/Stellungnahme-Bildungsrat-zu-SWK-Empfehlungen.pdf, aufgerufen am 02.02.2024.
30 Bob Blume: 10 Dinge, die ich an der Schule hasse und wie wir sie ändern können. Mosaik 2022.
31 Stöcker, Christian: Das Experiment sind wir. Blessing. 2. Auflage, 2020. S. 65.
32 https://www.kmk.org/fileadmin/veroeffentlichungen_beschluesse/2021/2021_12_09-Lehren-und-Lernen-Digi.pdf, aufgerufen am 03.02.2024.
33 https://deutsches-schulportal.de/bildungswesen/die-zehn-wichtigsten-ergebnisse-der-pisa-studie/, aufgerufen am 04.02.2024.
34 https://www.swr.de/swraktuell/baden-wuerttemberg/karlsruhe/schulen-in-karlsruhe-gehackt-100.html, aufgerufen am 10.03.2023.
35 Armin Nassehi: Unbehagen. Theorie einer überforderten Gesellschaft. C. H. Beck 2021, S. 83.
36 Hans-Georg Herrlitz, Wulf Hopf, Hartmut Titze und Ernst Cloer. Deutsche Schulgeschichte von 1900 bis Gegenwart. Eine Einführung. Juventa 2005, S. 265.
37 Brockhaus: Algorithmus (Mathematik). Siehe: http://brockhaus.de/ecs/enzy/article/algorithmus-mathematik, aufgerufen am 10.12.2022.
38 Ebd.
39 Ebd.
40 https://www.br.de/nachrichten/netzwelt/chinas-sozialkredit-system-ueberwachen-und-strafen,StYDxsj, aufgerufen am 10.12.2022.
41 media.ccc.de/v/rc3-2021-chaosstudiohamburg-380-chinas-sozialkreditsystem-das-gefhrlichste-bonittssystem-der-welt, aufgerufen am 10.12.2022.
42 https://teamfreiheit.info/2017/12/03/europaeische-werte-im-alltag/, aufgerufen am 10.12.2022.
43 Armin Nassehi: Unbehagen, a. a. O., S. 27 f.

44 Deutscher Ethikrat: Mensch und Maschine – Herausforderungen durch Künstliche Intelligenz. Stellungnahme. 20. März 2023.
45 Aladin El-Mafaalani: Mythos Bildung, a. a. O., S. 41.
46 Armin Nassehi: Unbehagen, a. a. O., S. 229.
47 https://brockhaus-de.ezproxy.blb-karlsruhe.de/ecs/enzy/article/circulus-vitiosus-logik, aufgerufen am 10.12.2022.
48 Armin Nassehi: Unbehagen, a. a. O., S. 229.
49 https://de.wikipedia.org/wiki/Bildungspflicht, aufgerufen am 07.06.2023.
50 Aladin El-Mafaalani: Mythos Bildung, a. a. O., S. 41.
51 Eva Borst: »Über die kritische Bildungstheorie Heinz-Joachim Heydorns«. In: Pädagogische Korrespondenz 55, 2017, S. 7.
52 Ebd., S. 8.
53 Konrad Paul Liessmann: Geisterstunde. Die Praxis der Unbildung. Eine Streitschrift. Zsolnay 2014, S. 42.
54 John Hattie: Lernen sichtbar machen für Lehrpersonen, a. a. O., S. 46 f. https://www.kmk.org/fileadmin/veroeffentlichungen_beschluesse/2021/2021_12_09-Lehren-und-Lernen-Digi.pdf, S. 13, aufgerufen am 12.06.2023.
55 https://www.spiegel.de/start/chatgpt-an-schulen-und-hochschulen-welchen-platz-hat-ki-in-unterricht-und-lehre-a-94329b65-8214-40f6-86e7-03eda44dce5f, aufgerufen am 12.06.2023.
56 https://www.gew.de/aktuelles/detailseite/hausaufgaben-sind-tot, aufgerufen am 12.06.2023.
57 Zentralblatt für die gesamte Unterrichtsverwaltung in Preußen (1911), S. 528.
58 https://www.sciencedirect.com/science/article/pii/S2213020915001226, aufgerufen am 25.03.2023.
59 https://www.dhm.de/blog/2018/08/15/geschichten-aktuell-warum-hat-eine-schulstunde-45-minuten/, aufgerufen am 25.03.2023.
60 John Hattie und Gregory Yates: »Lernen sichtbar machen aus psychologischer Perspektive«. Überarbeitete deutschsprachige Ausgabe von Visible Learning and the Science of How We Learn von Wolfgang Beywl und Klaus Zierer. Schneider Verlag Hohengehren, S. 108.
61 https://www.soederblom.de/news-detailseite/article/675-minuten-rhythmus-am-soederblom-gymnasium-hat-sich-bewaehrt.html
62 https://www.telekom-stiftung.de/aktivitaeten/lehrkraeftearbeitszeit-deutschland, aufgerufen am 13.06.2023.
63 Bücker, Teresa: Alle Zeit. Eine Frage von Macht und Freiheit. Ullstein 2022. S. 23.
64 https://deutsches-schulportal.de/expertenstimmen/finnland-schafft-die-schulfaecher-ab/?utm_source=pocket_saves, aufgerufen am 09.07.2023.
65 Konrad Paul Liessmann: Geisterstunde, a. a. O., S. 66.
66 https://www.oberschule-berenbostel.de/der-unterricht-in-jg-5-10/, aufgerufen am 09.07.2023.
67 https://www.fritz-schubert-institut.de/schulfachglueck, aufgerufen am 09.07.2023.
68 https://www.lehrplanplus.bayern.de/uebergreifende-ziele/textabsatz/24768, aufgerufen am 05.02.2024.
69 Isabell van Ackeren, Klaus Klemm und Svenja Mareike Kühn: Entstehung, Struktur und Steuerung des deutschen Schulsystems. Eine Einführung. Springer VS 2015, 3. überarb. und durchgesehene Aufl., S. 19.

70 Aladin El-Mafaalani: Mythos Bildung, a. a. O., S. 199.
71 https://www.zeit.de/2011/36/C-Interview-Ipad?utm_referrer=https%3A%2F%2Fwww.google.com%2F, aufgerufen am 17.06.2023.
72 https://link.springer.com/chapter/10.1007/978-3-658-05442-7_2, aufgerufen am 25.04.2024.
73 https://pisaversteher.com/2023/04/18/das-ware-echte-inklusion/, aufgerufen am 30.06.2023.
74 Michael Felten: Unterricht ist Beziehungssache. Reclam 2022, S. 9.
75 Ebd., S. 28.
76 Aladin El-Mafaalani: Mythos Bildung, a. a. O., S. 199.
77 https://www.youtube.com/watch?v=19vIlQkiotc, aufgerufen am 11.02.2024.
78 Aladin El-Mafaalani: Mythos Bildung, a. a. O., S. 20.
79 Lorenz Maroldt und Susanne Vieth-Entus: Klassenkampf. Was die Bildungspolitik aus Berlins Schuldesaster lernen kann. Suhrkamp 2022.
80 https://www.swr.de/swraktuell/rheinland-pfalz/schule-der-zukunft-hubig-rlp-100.html, aufgerufen am 11.02.2024.
81 https://www.bifie.at/system/files/dl/bist_vs_sek1_kompetenzorientierter_unterricht_2011-03-23.pdf, aufgerufen am 21.06.2023.
82 https://www.michaelfullan.ca/wp-content/uploads/2014/09/Education-Plus-A-Whitepaper-July-2014-1.pdf, aufgerufen am 11.02.2024.
83 Konrad Paul Liessmann: Geisterstunde, a. a. O., S. 53.
84 Parabeln bezeichnen kurze, gleichnishafte Texte, die neben einer konkreten auch eine abstrakte Ebene haben. In ihnen verweist etwas Gesagtes auf etwas Gemeintes, das vom Lesenden erfasst werden muss, um den Sinn zu verstehen.
85 https://www.spiegel.de/panorama/bildung/investitionsrueckstand-an-schulen-kfw-sieht-weiterhin-milliardenluecke-bei-schulsanierungen-a-721dc495-cb3b-4b4b-b654-1cec1e6c75b2, aufgerufen am 22.12.2022.
86 Hermes, Roger (Hg.): Franz Kafka. Die Erzählungen. Fischer Taschenbuch Verlag. Frankfurt am Main 1996, Seite 163.
87 Man denke an *Warten auf Godot* von Samuel Beckett, wenngleich man argumentieren könnte, dass letztlich doch eine Handlung aus dem Warten erzeugt wird, das sich nur nicht in dem Ende des Wartens auflöst.
88 Rainer Geißler: Die Metamorphose der Arbeitertochter zum Migrantensohn. Zum Wandel der Chancenstruktur im Bildungssystem nach Schicht, Geschlecht, Ethnie und deren Verknüpfungen. In: Peter A. Berger und Heike Kahlert (Hrsg.): Institutionalisierte Ungleichheiten. Wie das Bildungswesen Chancen blockiert. Juventa 2005, S. 71.
89 Ebd.
90 Aladin El-Mafaalani: Mythos Bildung, a. a. O., S. 70.
91 Wolfgang Klafki: Neue Studien zur Bildungstheorie und Didaktik. Beltz 2007, S. 19.
92 Ebd.
93 Vgl. Wolfgang Klafki: Neue Studien zur Bildungstheorie und Didaktik, a. a. O.
94 Wilhelm von Humboldt: Rechenschaftsbericht an den König. Dezember 1809. Zit. nach Thomas Ellwein: Die deutsche Universität. Vom Mittelalter bis zur Gegenwart. fourier 1985, S. 116.
95 Wolfgang Klafki: Neue Studien zur Bildungstheorie und Didaktik, a. a. O., S. 214.

96 https://www.bpb.de/themen/asien/china/507519/das-chinesische-bildungssystem/, aufgerufen am 27.12.2022.
97 https://www.landesrecht-bw.de/bsbw/document/jlr-SchulGBW1983rahmen, aufgerufen am 27.12.2022.
98 Ebd.
99 Aladin El-Mafaalani: Mythos Bildung, a. a. O., S. 41.
100 Pierre Bourdieu: Wie die Kultur zum Bauern kommt. Über Bildung, Schule und Politik. Schriften zu Politik & Kultur 4. Hrsg. von Margareta Steinrücke u. a. VSA 2006, S. 16.
101 Vgl. Wolfgang Klafki: Neue Studien zur Bildungstheorie und Didaktik, a. a. O., S. 12.
102 https://fra.europa.eu/de/eu-charter/article/14-recht-auf-bildung, aufgerufen am 19.02.2023.
103 Der Neurowissenschaftler und Autor Henning Beck schreibt: »Denn Verstehen bedeutet, dass man die Art ändert, *wie* man denkt. Es geht nicht darum, *was* man ins Gedächtnis packt, sondern wie man es verwenden kann.« Siehe: Henning Beck: Das neue Lernen: heißt Verstehen. Ullstein 2021, 3. Aufl.
104 Gerald Hüther: Mit Freude lernen ein Leben lang. Vandenhoeck & Ruprecht 2016, S. 124.
105 Siehe auch: Bob Blume: 10 Dinge, die ich an der Schule hasse, a. a. O., S. 44 ff.
106 Konrad Paul Liessmann: Geisterstunde, a. a. O., S. 41.
107 Richard David Precht: Anna, die Schule und der liebe Gott. Der Verrat des Bildungssystems an unseren Kindern. Goldmann 2015, 6. Aufl., S. 28.
108 Ebd., S. 25.
109 Ebd., S. 28.
110 Ebd., S. 35.
111 Ebd., S. 48.
112 Lisa Graf: Abgehängt, a. a. O.
113 Ebd., S. 67 f.
114 https://www.zeit.de/2007/32/Peter-Bieri, aufgerufen am 26.12.2022.
115 Ebd.
116 Ulrich Herrmann (Hrsg.): Neurodidaktik. Grundlagen und Vorschläge für gehirngerechtes Lehren und Lernen. Beltz 2006, S. 14.
117 https://www.youtube.com/watch?v=hGNS5G8kJrE, aufgerufen am 19.03.2023.
118 Sascha Friesike und Johanna Sprondel: Träge Transformation. Welche Denkfehler den digitalen Wandel blockieren. Reclam 2022, S. 9.
119 https://www.schulministerium.nrw/textgenerierende-ki, aufgerufen am 19.02.2023.
120 https://www.kmk.org/fileadmin/Dateien/pdf/KMK/SWK/2024/SWK-2024-Impulspapier_LargeLanguageModels.pdf, aufgerufen am 15.02.2024.
121 https://www.heise.de/news/New-York-City-Groesster-US-Schulbezirk-sperrt-Zugang-zu-ChatGPT-7449728.html, aufgerufen am 19.02.2023.
122 https://deutsches-schulportal.de/kolumnen/chatgpt-das-ende-vom-lernen-wie-wir-es-kennen/, aufgerufen am 19.03.2023.
123 https://mia.phsz.ch/MIA/ChatGPT, aufgerufen am 19.03.2023.
124 Bob Blume: 10 Dinge, die ich an der Schule hasse, a. a. O., S. 152.
125 Stöcker, Christian: Das Experiment sind wir. Blessing. 2. Auflage, 2020. S. 62.
126 Sascha Lobo: Realitätsschock, a. a. O., S. 220.

127 Stöcker, Christian: Das Experiment sind wir. Blessing. 2. Auflage, 2020. S. 10.
128 Richard H. Mackey: *Translating Vision into Reality: The Role of the Strategic Leader.* U.S. Army War College 1992.
129 https://www.vedducation.de/2019/04/07/schule-im-wandel-eine-geschichte-in-15-bildern/, aufgerufen am 13.04.2023.
130 https://ageofbani.com/2022/04/bani-and-chaos/, aufgerufen am 13.04.2023.
131 Nguyen-Kim, Mai Thi: Die kleinste gemeinsame Wirklichkeit. Droemer 2021.
132 Sascha Lobo: Realitätsschock, a. a. O., S. 253.
133 Andreas Reckwitz: Die Gesellschaft der Singularitäten. Zum Strukturwandel der Moderne. Suhrkamp 2017, S. 36.
134 Ebd., S. 289 ff.
135 Ebd., S. 202.
136 Ebd.
137 Ebd., S. 3.
138 Vgl. S. 204.
139 Ebd., S. 205.
140 https://www.stifterverband.org/medien/future-skills-2021, aufgerufen am 21.03.2023.
141 https://edarxiv.org/qbaze, aufgerufen am 16.07.2023.
142 Gerald Hüther: Mit Freude lernen ein Leben lang, a. a. O., S. 200.
143 https://www.vedducation.de/2023/03/14/schule-mit-zukunft-befreit-den-kraken/, aufgerufen am 15.04.2023.
144 Werner Hartmann und Alois Hundertpfund: Digitale Kompetenz. Was die Schule dazu beitragen kann. hep verlag 2015.
145 Ebd.
146 Ebd.
147 https://www.stifterverband.org/medien/future-skills-strategische-potenziale-fuer-hochschulen, aufgerufen am 15.04.2023.
148 Ebd., S. 6.
149 Ebd.
150 https://www.bundesregierung.de/breg-de/themen/nachhaltigkeitsziele-erklaert-232174, aufgerufen am 15.02.2024.
151 https://bobblume.de/2022/12/14/toetet-chatgpt-das-lernen/, aufgerufen am 19.02.2023.
152 Ebd.
153 Wilhelm von Humboldt: »Der Königsberger und der Litauische Schulplan«. In: Wilhelm von Humboldt: Werke in fünf Bänden, herausgegeben von Andreas Flitner und Klaus Giel. Bd. 4. Schriften zur Politik und zum Bildungswesen. Stuttgart: Cotta, 1964, S. 188–95.
154 Sascha Lobo: Realitätsschock, a. a. O., S. 245.
155 https://www.ted.com, aufgerufen am 12.12.2022.
156 https://deutsches-schulportal.de/kolumnen/bob-blume-warum-wir-einen-bundesweiten-schul-ted-talk-brauchen/, aufgerufen am 21.03.2023.
157 Siehe auch: Bob Blume: 10 Dinge, die ich an der Schule hasse, a. a. O., S. 141 ff.
158 Reed W. Larson und Maryse H. Richards: Boredom in the middle school years: Blaming schools versus blaming students. In: *American Journal of Education* 99, 1991, S. 418.

159 Thomas Götz, Anne C. Frenzel und Reinhard Pekrun: Regulation von Langeweile im Unterricht. Was Schülerinnen und Schüler bei der »Windstille der Seele« (nicht) tun. In: *Unterrichtswissenschaft* 35 (4), 2007, S. 312–333.

160 https://deutsches-schulportal.de/unterricht/potenziale-im-deutschunterricht-werden-oft-nicht-genutzt/, aufgerufen am 18.02.2024.

161 Elena Carolin Daschmann, Thomas Goetz und Robert Stupnisky: Exploring the antecedents of boredom: Do teachers know why students are bored? In: *Teaching and Teacher Education* 39, 2014, S. 22–30.

162 https://www.podcast.de/episode/598089472/folge-9-daschmann-et-al-2014, aufgerufen am 21.03.2023.

163 Rasfeld, Margret: »Ein neues Paradigma des Lernens. Die Gesellschaft denkt um«. In: Spiegel, Peter/ Pechstein, Arndt/ Anabel Ternès von Hattburg: Future Skills. Vahlen 2021. S. 28.

164 https://www.tagesschau.de/inland/bildung-proteste-100.html, aufgerufen am 26.02.2024.

165 https://de.statista.com/statistik/tipps/#faq51d187f829f8d0766a000003, aufgerufen am 07.12.2022.

166 Silvia Schwarz-Jung: Allgemeinbildende Gymnasien in Baden-Württemberg – flächendeckend fünf Jahrgänge im »G8«. In: Statistisches Landesamt Baden-Württemberg (Hrsg.): Statistisches Monatsheft Baden-Württemberg 10, 2008, S. 3.

167 https://mosaik-blog.at/gostudent-nachhilfe-industrie-profit-soziale-ungleichheit/, aufgerufen am 07.12.2022.

168 Mathias Brodkorb und Katja Koch: Der Abiturbetrug. Vom Scheitern des deutschen Bildungsförderalismus. Eine Streitschrift. Zu Klampen Verlag 2020, S. 13.

169 https://www.kmk.org/fileadmin/Dateien/pdf/Eurydice/Bildungswesen-dt-pdfs/hintergrund.pdf, aufgerufen am 07.12.2022.

170 https://www.deutschlandfunk.de/wettbewerb-der-laender-statt-bundesweiter-vorschriften-100.html, aufgerufen am 07.12.2022.

171 Armin Nassehi: Unbehagen, a. a. O., S. 19.

172 https://www.schulministerium.nrw/impulspapier-1-didaktische-hinweise, aufgerufen am 7.12.2022.

173 https://www.kmk.org/aktuelles/artikelansicht/kmk-praesenzbetrieb-ist-das-gebot-der-stunde.html, aufgerufen am 07.12.2022.

174 Ralf Koerrenz, Karsten Kenklies, Hanna Kauhaus und Matthias Schwarzkopf: Geschichte der Pädagogik. utb basics 2017, S. 213.

175 Ebd.

176 John Dewey: »My Pedagogic Creed«. In: *School Journal* 54, 1897, S. 77–80.

177 Ebd., S. 77.

178 Ebd., S. 78.

179 Ebd.

180 Der Begriff »zeitgemäßes Lernen« wird hier wertneutral als jenes Lernen verstanden, das sinnstiftend und bedeutsam ist und diese Bedeutsamkeit auch aus dem Blick auf momentane Entwicklungen zieht. Warum der Begriff nicht als Sammelbecken taugt, kann man unter anderen hier nachlesen: https://unterrichten.digital/2022/11/09/bob-blume-zeitgemaesses-lernen/, aufgerufen am 06.06.2023.

181 Ebd., S. 214.

182 Gerald Hüther: Mit Freude lernen ein Leben lang, a. a. O., S. 44.

183 Daniel H. Pink: Drive. Was Sie wirklich motiviert. ecoWING 2020, 7. Aufl., S. 75.

184 Reinhard Fatke (Hrsg.): Jean Piaget. Meine Theorie der geistigen Entwicklung. Beltz 2016.

185 Ebd., S. 26.

186 https://sarahsanatomyblog.wordpress.com/2019/11/24/bloggen-uebers-bloggen/, aufgerufen am 28.05.2023.

187 Dewey, John: My Pedagogic Creed, a. a. O., S. 79.

188 Jürgen Kaube: Ist die Schule zu blöd für unsere Kinder? Rowohlt 2019, S. 315.

189 Benedikt Wisniewski: Psychologie für die Lehrerbildung. Julius Klinkhardt, 3. Aufl., S. 165.

190 Ebd., S. 166.

191 Daniel H. Pink: Drive. Was Sie wirklich motiviert, a. a. O., S. 81.

192 Ebd.

193 Ebd., S. 52.

194 John Hattie: Lernen sichtbar machen für Lehrpersonen, a. a. O., S. 108.

195 Daniel H. Pink: Drive, a. a. O., S. 215.

196 Bob Blume: 10 Dinge, die ich an der Schule hasse und wie wir sie ändern können. Mosaik Verlag 2022. S. 11.

197 Zitiert nach: Lesch, Harald/ Forstner, Ursula: Wie Bildung gelingt. Ein Gespräch. Wbg. Theiss. 2020.

198 Tobias Künkler: »Lernen im Zwischen: Zum Zusammenhang von Lerntheorien, Subjektkonzeptionen und dem Vollzug des Lernens«. In: Konstantin Mitgutsch, Elisabeth Sattler, Kristin Westphal und Ines Maria Breinbauer (Hrsg.): Dem Lernen auf der Spur. Die Pädagogische Perspektive. Klett-Cotta 2008, S. 45.

199 Ines Maria Breinbauer: »Nachhaltiges Lernen: Über die Unmöglichkeit, Prozess und Ergebnis mit dem gleichen Begriff zu verhandeln«. In: Konstantin Mitgutsch, Elisabeth Sattler, Kristin Westphal und Ines Maria Breinbauer (Hrsg.): Dem Lernen auf der Spur, a. a. O., S. 53.

200 Aladin El-Mafaalani: Mythos Bildung, a. a. O., S. 39.

201 https://www.schule-bw.de/faecher-und-schularten/berufliche-schularten/berufliches-gymnasium-oberstufe/hr-neue-bp/semk-kombi.pdf, aufgerufen am 04.06.2023.

202 https://www.bllv.de/vollstaendiger-artikel/news/positionspapier-zu-leistung-im-21-jahrhundert/, aufgerufen am 07.06.2023.

203 https://www.bwp-zeitschrift.de/en/bwp.php/de/publication/download/6627, aufgerufen am 02.03.2024.

204 Vgl. https://brockhaus-de.ezproxy.blb-karlsruhe.de/ecs/enzy/article/bildung, aufgerufen am 02.06.2023.

205 In seinem Bildungsbuch *Ist die Schule zu blöd für unsere Kinder* erklärt *FAZ*-Mitherausgeber Jürgen Kaube das Denkenlernen als *die* zentrale Aufgabe von Schule.

206 John Hattie: Lernen sichtbar machen aus psychologischer Perspektive, a. a. O., S. XV.

207 Ebd.

208 https://ibbw-bw.de/,Lde/Startseite/Empirische-Bildungsforschung/unterrichtsfeedbackbogen, aufgerufen am 02.06.2023.

209 Hilbert Meyer: Was ist guter Unterricht? Cornelsen 2011.

210 https://ibbw-bw.de/,Lde/Startseite/Empirische-Bildungsforschung/unterrichtsfeedbackbogen, aufgerufen am 02.06.2023.

211 Vgl. Anna-Katharina Praetorius, Eckard Klieme, Benjamin Herbert und Petra Pinger: »Generic dimensions of teaching quality: The German framework of Three Basic Dimensions«. In: *ZDM – Mathematics Educations* 50 (3), 2018, S. 407–426.

212 https://www.zeit.de/2022/26/felicitas-thiel-lehrermangel-schule-bildungspolitik?, aufgerufen am 02.06.2023.

213 Benedikt Wisniewski: Psychologie für die Lehrerbildung, a. a. O., S. 173.

214 Bob Blume: 10 Dinge, die ich an der Schule hasse, a. a. O., S. 37 ff.

215 Pirmin Stadler: »Wenn Schüler ihr Lernen steuern. Endlich Lösungen für ein 200-jähriges Problem?« Zertifikatsarbeit Luzern 2016.

216 Hauk, D., und Gröschner, A. (2022): »How effective is learner-controlled instruction under classroom conditions? A systematic review«. *Learning and Motivation*, *80*, 101 850. https://doi.org/10.1016/j.lmot.2022.101850

217 John Hattie: Lernen sichtbar machen für Lehrpersonen, a. a. O., S. 77 f.

218 Ebd., S. 76.

219 https://lehrerfortbildung-bw.de/u_gewi/religion-ev/gym/bp2004/fb1/1_organizer/, aufgerufen am 08.06.2023.

220 John Hattie: Lernen sichtbar machen für Lehrpersonen, a. a. O., S. 109.

221 Ebd., S. 108.

222 Ein prominenter Vertreter dieses Ansatzes ist Dietrich Schwanitz, der mit seinem Buch *Bildung. Alles, was man wissen muss* nicht nur eine beachtliche Arbeit leistete, sondern quasi die gesamten Naturwissenschaften aufbrachte, da sich deren Vertreter zu Unrecht nicht genug gewürdigt und erwähnt sahen.

223 Martin Suter und Benjamin von Stuckrad-Barre: Alle sind so ernst geworden. Diogenes 2020, S. 181.

224 Vgl. Felix Stalder: Kultur der Digitalität. Suhrkamp 2017, 3. Aufl., S. 10.

225 https://www.nzz.ch/feuilleton/die-theorie-der-filterblasen-ist-nicht-laenger-haltbar-denn-wir-leiden-bereits-unter-dem-filter-clash-ld.1402553, aufgerufen am 11.06.2023.

226 Vgl. Felix Stalder: Kultur der Digitalität, a. a. O., S. 95.

227 Ebd., S. 146.

228 https://taz.de/Was-ist-Wahrheit/!5408771/, aufgerufen am 11.06.2023.

229 https://www.tagesschau.de/faktenfinder/demonstrationen-rechtsextremismus-bilder-100.html, aufgerufen am 02.03.2024.

230 Felix Stalder: Kultur der Digitalität, a. a. O., S. 164 ff.

231 https://www.youtube.com/watch?v=fwk3xVAiG9M, aufgerufen am 11.06.2023.

232 Deutscher Bildungsrat: Strukturplan für das Bildungswesen. Ernst Klett 1972, 4. Aufl., S. 29.

233 Ebd.

234 Ebd., S. 30.

235 Ebd.

236 Ebd.

237 https://d-nb.info/740081330/04, aufgerufen am 04.06.2023.

238 Franz-Michael Konrad: Geschichte der deutschen Schule. Von der Antike bis zur Gegenwart. C. H. Beck 2007, S. 103.

239 https://www.bildungsplaene-bw.de/,Lde/LS/BP2016BW/ALLG/LP, aufgerufen am 12.06.2023.

240 https://www.bildungsplaene-bw.de/,Lde/LS/BP2016BW/ALLG/LP/BTV, aufgerufen am 12.06.2023.

241 https://sdg-portal.de/de/ueber-das-projekt/17-ziele?gad_source=1&gclid=CjwKCAiA_5WvBhBAEiwAZtCU73FSoGh39gdtOlLnu3ZXIH5ZOEkENjbeDxFOfPu-ZagigwYgfsbzJeBoCv_AQAvD_BwE, aufgerufen am 02.03.2024.

242 https://deutsches-schulportal.de/bildungswesen/kmk-praesidentin-2023-astrid-sabine-busse-das-ueben-muss-wieder-staerker-in-den-fokus-ruecken/, aufgerufen am 01.04.2023.

243 Wilhelm von Humboldt: »Der Königsberger und der Litauische Schulplan«. In: Wilhelm von Humboldt: Werke in fünf Bänden, herausgegeben von Andreas Flitner und Klaus Giel. Bd. 4. *Schriften zur Politik und zum Bildungswesen*. Stuttgart: Cotta, 1964, S. 188–95.

244 William G. Chase und Herbert A. Simon: »Perception in chess«. In: *Cognitive Psychology* 4 (1), 1973, S. 55–81.

245 Gerald Hüther: Mit Freude lernen ein Leben lang, a. a. O., S. 137.

246 Stefanie Stahl: Das Kind in dir muss Heimat finden. Der Schlüssel zur Lösung (fast) aller Probleme. Kailash 2015, S. 59 ff.

247 Carol S. Dweck: Mindset. Changing the Way You Think to Fulfil Your Potential. Robinson 2017, S. 5. Übers. d. Autors.

248 Caroline von St. Ange: Alles ist schwer, bevor es leicht ist. Wie Lernen gelingt. Rowohlt 2023, S. 8.

249 Vgl. Ebd., S. 13.

250 https://theconversation.com/education-expert-john-hatties-new-book-draws-on-more-than-130-000-studies-to-find-out-what-helps-students-learn-201952, aufgerufen am 01.04.2023.

251 Ebd.

252 Franz Hütter und Sandra Mareike Lang: Neurodidaktik für Trainer. Trainingsmethoden effektiver gestalten nach den neuesten Erkenntnissen der Hirnforschung. managerSeminare Verlags GmbH. Bonn 2017, 3. Aufl.

253 https://www.education.sa.gov.au/docs/curriculum/tfel/tfel-resource-library/12_brain_mind_natural_learning_principles.pdf, aufgerufen am 01.04.2023.

254 https://deutsches-schulportal.de/unterricht/entspannung-und-bewegung-im-unterricht-fuer-einen-gesunden-unterrichtsrhythmus-beltz/, aufgerufen am 01.04.2023.

255 Franz Hütter und Sandra Mareike Lang, a. a. O., S. 123.

256 Bob Blume: 10 Dinge, die ich an der Schule hasse, a. a. O., S. 149 ff.

257 Gerald Hüther: Mit Freude lernen ein Leben lang, a. a. O., S. 45.

258 Ebd., S. 125.

259 Bernd Fichtner: Lernen und Lerntätigkeit. Phylogenetische, ontogenetische und epistemologische Studien. Lehman 2008, 2. verbesserte Aufl.

260 https://bobblume.de/2022/10/10/unterricht-die-triple-a-methode/, aufgerufen am 28.04.2023.

261 https://shiftingschool.wordpress.com/2019/05/22/projektlernen-im-digitalen-zeitalter/, aufgerufen am 29.04.2023.

262 https://www.bpb.de/lernen/digitale-bildung/werkstatt/278835/der-raum-als-dritter-paedagoge-ueber-neue-konzepte-im-schulbau/, aufgerufen am 29.04.2023.

263 https://www.ganztaegig-lernen.de/12-thesen-zum-bau-einer-zukunftsfaehigen-schule, aufgerufen am 28.04.2023.

264 John Hattie: Lernen sichtbar machen aus psychologischer Perspektive, a. a. O., S. XV.

265 https://www.spiegel.de/start/sieben-lernmythen-im-check-nein-sie-sind-kein-visueller-lerntyp-a-d2e2e176-15ec-4b83-9b2a-6d2319888fe1, aufgerufen am 15.06. 2023.

266 Bernd Fichtner: Lernen und Lerntätigkeit, a. a. O., S. 11.

267 Silvia-Iris Beutel, Katrin Höhmann, Hans Anand Pant und Michael Schratz (Hrsg.): Handbuch Gute Schule. Sechs Qualitätsbereiche für eine zukunftsweisende Praxis. Kallmeyer 2017, 2. Aufl., S. 145.

268 Ebd., S. 147.

269 Ebd., S. 151.

270 Gerald Hüther: Mit Freude lernen ein Leben lang, a. a. O., S. 52.

271 Elmar Philipp: Multiprofessionelle Teamentwicklung. Erfolgsfaktoren für die Zusammenarbeit in der Schule. Beltz 2014, S. 31.

272 Stefan Kühl: Organisationskulturen beeinflussen. Eine sehr kurze Einführung. Springer VS 2018, S. 43.

273 Ebd.

274 https://de.wikipedia.org/wiki/Unbeabsichtigte_Folgen, aufgerufen am 06.07.2023.

275 Olaf-Axel Burow: »Die Zukunft der Schule – grundlegend, pragmatisch oder visionär betrachtet«. In: Olaf-Axel Burow und Charlotte Gallenkamp (Hrsg.): Bildung 2030. Sieben Trends, die die Schule revolutionieren. Beltz 2017, S. 9.

276 Joachim Bauer: Lob der Schule. Sieben Perspektiven für Schüler, Lehrer und Eltern. Hoffmann und Campe 2007, S. 51.

277 Olaf-Axel Burow, eigene Folien, Vortrag am Windeck-Gymnasium Bühl am 21. Februar 2023.

278 https://www.tjfbg.de/aus-und-fortbildung/kon-te-xis-bildungswerkstatt/praxisanregungen/methode-zukunftswerkstatt, aufgerufen am 02.03.2024.

279 Silvia-Iris Beutel, Katrin Höhmann, Hans Anand Pant und Michael Schratz (Hrsg.): Handbuch Gute Schule, a. a. O., S. 180.

280 Ebd., S. 181.

281 https://www.bildungsplaene-bw.de/,Lde/LS/BP2016BW/ALLG/GYM/RRK/IK/9-10/04, aufgerufen am 23.07.2023.

282 https://taz.de/Michel-Friedman-ueber-Menschenhass/!5477285/, aufgerufen am 19.06.2023.

283 https://www.bmfsfj.de/resource/blob/90096/57941b40ecbe0e604e0e7f4a0547a3eb/erklaerung-investitionen-fruehe-bildung-data.pdf, aufgerufen am 19.06.2023.

284 https://www.swr.de/swraktuell/rheinland-pfalz/demokratieforum-was-muss-sich-in-der-bildungspolitik-aendern-100.html, aufgerufen am 19.06.2023.

285 https://table.media/bildung/analyse/wzb-modelliert-armutsballung-an-grundschulen/, aufgerufen am 19.06.2023.

286 https://www.merkur.de/wirtschaft/pisa-studie-deutschland-bildung-schule-schulstystem-folgen-ludger-woessmann-ifo-muenchen-stimme-der-oekonomen-zr-92347708.html, aufgerufen am 19.06.2023.

287 https://table.media/bildung/analyse/zweckentfremdete-bildungsgelder-in-thueringen/, aufgerufen am 23.07.2023.

288 https://twitter.com/ciffi/status/1682682823398883329?s=20, aufgerufen am 23.07.2023.

289 https://www.bundestag.de/resource/blob/374886/60194dffa7e4e1bbb3e174675f912839/Vorlage_Qualifizierungsinitiative-2008-data.pdf, aufgerufen am 23.07.2023.

290 https://www.telekom-stiftung.de/presse/ein-modernes-modell-fuer-die-lehrkraeftearbeitszeit, aufgerufen am 23.07.2023.

291 https://www.schulministerium.nrw/digitalisierungsbeauftragte, aufgerufen am 23.07.2023.

292 John Hattie: Lernen sichtbar machen für Lehrpersonen, a. a. O.

293 https://www.spiegel.de/panorama/bildung/lehrermangel-an-schulen-und-die-ratschlaege-der-swk-noch-mehr-arbeit-fuer-die-die-noch-stehen-a-1d19ae27-9b68-411c-a009-ef5276686d96, aufgerufen am 03.03.2024.

294 https://km-bw.de/,Lde/startseite/service/2023-07-26-Modellversuch-dualer-lehramtsbezogener-Masterstudiengang, aufgerufen am 27.07.2023.

295 https://www.br.de/nachrichten/bayern/veraltete-lehrerausbildung-wenig-praxis-falsche-schwerpunkte,TGwtkSW, aufgerufen am 23.07.2023.

296 https://www.news4teachers.de/2023/03/zahl-der-kuendigungen-hat-sich-verdreifacht-immer-mehr-lehrkraefte-quittieren-den-schuldienst/, aufgerufen am 23.07.2023.

297 https://www.daserste.de/information/politik-weltgeschehen/morgenmagazin/politik/Jan-Martin-Linge-Lehrer-Alltag-Luecken-stopfen-Maengel-verwalten-100.html, aufgerufen am 23.07.2023.

298 Christian Füller: Muss mein Kind aufs Gymnasium? Duden 2018, S. 211.

299 https://www.tagesschau.de/inland/hochschulzugang-eignungspruefung-101.html, aufgerufen am 24.07.2023.

300 https://www.spiegel.de/panorama/bildung/noteninflation-und-neue-zugangsbeschraenkungen-zum-studium-nach-dem-abi-erstmal-zum-test-a-37038c03-0d39-44b6-a038-7223f62f0513, aufgerufen am 23.07.2023.

301 https://bobblume.de/2023/01/26/studie-offener-unterricht-guter-unterricht-eine-systematische-untersuchung/, aufgerufen am 28.07.2023.

302 Tobias Künkler: Lernen im Zwischen, a. a. O., S. 45.

303 https://www.baden.fm/nachrichten/trotz-corona-beste-abinoten-in-baden-wuerttemberg-seit-jahrzehnten-928875/, aufgerufen am 27.08.2023.

304 Lisa Graf: Abgehängt, a. a. O., S. 109.

305 https://www.eine-schule.de, aufgerufen am 23.07.2023.

306 Ebd., S. 155.

307 Ralf Koerrenz, Karsten Kenklies, Hanna Kauhaus und Matthias Schwarzkopf: Geschichte der Pädagogik, a. a. O., S. 178.

308 https://www.instagram.com/reel/C5fSFaJs-Q9/?utm_source=ig_web_copy_link&igsh=MzRlODBiNWFlZA==, aufgerufen am 07.05.2024.

Literatur

Ackeren, Isabell van, Klemm, Klaus, und Svenja Mareike Kühn: *Entstehung, Struktur und Steuerung des deutschen Schulsystems. Eine Einführung.* Springer VS 2015, 3. überarb. und aktualisierte Aufl.

Bauer, Joachim: *Lob der Schule. Sieben Perspektiven für Schüler, Lehrer und Eltern.* Hoffmann und Campe 2007.

Beutel, Silvia-Iris, Höhmann, Katrin, Anand Pant, Hans, und Michael Schratz: *Handbuch Gute Schule. Sechs Qualitätsbereiche für eine zukunftsweisende Praxis.* Kallmeyer 2017, 2. Aufl.

Burow, Olaf-Axel, und Charlotte Gallenkamp (Hrsg.): *Bildung 2030. Sieben Trends, die die Schule revolutionieren.* Beltz 2017.

Diekmann, Nicole: Die Shitstorm-Republik. Wie Hass im Netz entsteht und was wir dagegen tun können. Kiepenheuer & Witsch 2021.

Döbeli Honegger, Beat: *Mehr als 0 und 1. Schule in einer digitalisierten Welt.* hep Verlag 2017, 2. Aufl.

Dweck, Carol S.: *Mindset. Changing the Way You Think to Fulfil Your Potential.* Robinson 2017.

El-Mafaalani, Aladin: *Mythos Bildung. Die ungerechte Gesellschaft, ihr Bildungssystem und seine Zukunft.* Kiepenheuer & Witsch 2020.

Fatke, Reinhard (Hrsg.): *Jean Piaget. Meine Theorie der geistigen Entwicklung.* Beltz 2016, 4. Aufl.

Felten, Michael: *Unterricht ist Beziehungssache.* Reclam 2022.

Fichtner, Bernd: *Lernen und Lerntätigkeit. Phylogenetische, ontogenetische und epistemologische Studien.* Lehman 2008, 2. verbesserte Aufl.

Friesike, Sascha, und Johanna Sprondel: *Träge Transformation. Welche Denkfehler den digitalen Wandel blockieren.* Reclam 2022.

Füller, Christian: *Muss mein Kind aufs Gymnasium?* Duden 2018.

Gehlen, Dirk von: *Das Pragmatismus-Prinzip. 10 Gründe für einen gelassenen Umgang mit dem Neuen.* Piper 2018.

Gelhard, Andreas: *Kritik der Kompetenz.* Diaphanes 2018, 3. überarb. und erw. Aufl.

Graf, Lisa: *Abgehängt. Von Schule, Klassen und anderen Ungerechtigkeiten. Weckruf einer Lehrerin.* Heyne 2022.

Hartmann, Werner, und Alois Hundertpfund: *Digitale Kompetenz. Was die Schule dazu beitragen kann.* hep Verlag 2015.

Hattie, John: *Lernen sichtbar machen für Lehrpersonen.* Überarb. deutschsprachige Ausgabe von *Visible Learning for Teachers* von Wolfgang Beywl und Klaus Zierer. Schneider Verlag Hohengehren 2017.

Hattie, John: *Visible Learning. The Sequel. A Synthesis of over 2.100 Meta-Analyses Relating to Achievement.* Routledge 2023.

Herrlitz, Hans-Georg, Hopf, Wulf, Titze, Hartmut, und Ernst Cloer: *Deutsche Schulgeschichte von 1900 bis zur Gegenwart. Eine Einführung.* Juventa 2005.

Herrmann, Ulrich (Hrsg.): *Neurodidaktik. Grundlagen und Vorschläge für gehirngerechtes Lehren und Lernen.* Beltz 2006.

Humboldt, Wilhelm von: »Der Königsberger und der litauische Schulplan«. In: Wilhelm von Humboldt: *Werke in fünf Bänden.* Hrsg. von Andreas Flitner und Klaus Giel. Wissenschaftliche Buchgesellschaft 1980, hier Bd. IV, S. 168–195.

Hüther, Gerald: *Mit Freude lernen ein Leben lang. Weshalb wir ein neues Verständnis vom Lernen brauchen.* Vandenhoeck & Ruprecht 2018.

Hütter, Franz, und Sandra Mareike Lang: *Neurodidaktik für Trainer. Trainingsmethoden effektiver gestalten nach den neuesten Erkenntnissen der Hirnforschung.* managerSeminare Verlags GmbH Bonn 2017, 3. Aufl.

Kaube, Jürgen: *Ist die Schule zu blöd für unsere Kinder?* Rowohlt 2019.

Klafki, Wolfgang: *Neue Studien zur Bildungstheorie und Didaktik. Zeitgemäße Allgemeinbildung und kritisch-konstruktive Didaktik.* Beltz 2007, 6. neu ausgestattete Aufl.

Koerrenz, Ralf, Kenklies, Karsten, Kauhaus, Hanna, und Matthias Schwarzkopf: *Geschichte der Pädagogik.* utb basics 2017.

Konrad, Franz-Michael: *Geschichte der deutschen Schule. Von der Antike bis zur Gegenwart.* C. H. Beck 2007.

Lauer, Gerhard (Hrsg.): *Wilhelm von Humboldt. Schriften zur Bildung.* Reclam 2017.

Liessmann, Konrad Paul: *Geisterstunde. Die Praxis der Unbildung. Eine Streitschrift.* Zsolnay 2014.

Lobo, Sascha: *Realitätsschock. Zehn Lehren aus der Gegenwart.* Kiepenheuer & Witsch 2019, 2. Aufl.

Maroldt, Lorenz, und Susanne Vieth-Entus: *Klassenkampf. Was die Bildungspolitik aus Berlins Schuldesaster lernen kann.* Suhrkamp 2022.

Mitgutsch, Konstantin, Sattler, Elisabeth, Westphal, Kristin, und Ines Maria Breinbauer (Hrsg.): *Dem Lernen auf der Spur. Die pädagogische Perspektive.* Klett-Cotta 2002.

Nassehi, Armin: *Die letzte Stunde der Wahrheit. Kritik der komplexitätsvergessenen Vernunft.* kursbuch.edition 2018, 2. Aufl.

Nassehi, Armin: *Muster. Theorie der digitalen Gesellschaft.* C. H. Beck 2019, 3. Aufl.

Nassehi, Armin: *Unbehagen. Theorie der überforderten Gesellschaft.* C. H. Beck 2021.

Nida-Rümelin, Julian: *Der Akademisierungswahn. Zur Krise beruflicher und akademischer Bildung.* Edition Körber 2014.

Philipp, Elmar: *Multiprofessionelle Teamentwicklung. Erfolgsfaktoren für die Zusammenarbeit in der Schule*. Beltz 2014.

Pink, Daniel H.: *Drive. Was Sie wirklich motiviert*. ecoWing 2020, 7. Aufl.

Probst, Isabell: *Ausgelehrt. Ab morgen läuft die Schule ohne mich! So gelingen Ausstieg und Umorientierung als Lehrer. Erfahrungen, Praxistipps und Strategien für Abwägung und Neuanfang*. BoD – Books on Demand 2019.

Reckwitz, Andreas: *Die Gesellschaft der Singularitäten. Zum Strukturwandel der Moderne*. Suhrkamp 2017.

Roß, Jan: *Bildung. Eine Anleitung*. Rowohlt Berlin 2020.

Schelling, Friedlich Wilhelm Joseph: »Vorlesungen über die Methode des akademischen Studiums (1803)«. In: Friedrich Wilhelm Joseph Schelling. *Ausgewählte Werke. Schriften 1801–1804*. Suhrkamp 1968, S. 441–586.

Stahl, Stefanie: *Das Kind in dir muss Heimat finden. Der Schlüssel zur Lösung (fast) aller Probleme*. Kailash 2015.

Stalder, Felix: *Kultur der Digitalität*. Suhrkamp 2017.

St. Ange, Caroline von: *Alles ist schwer, bevor es leicht ist. Wie Lernen gelingt*. Rowohlt 2023.

Stöcker, Christian: *Das Experiment sind wir*. Blessing. 2. Auflage, 2020.

Türcke, Christoph: *Lehrerdämmerung. Was die neue Lernkultur an den Schulen anrichtet*. C. H. Beck 2016, 2. durchgesehene Aufl.

Waldenfels, Bernhard: *Grundmotive einer Phänomenologie des Fremden*. Suhrkamp 2018, 6. Aufl.

Weinberger, David: *Too Big to Know. Das Wissen neu denken, denn Fakten sind keine Fakten mehr, die Experten sitzen überall und die schlauste Person im Raum ist der Raum*. Huber 2013.

Sachregister

Vom Lehrer und Bildungsinfluencer – die junge Stimme aus der Praxis, die etwas verändern möchte.

Schule muss endlich zukunftsfähig werden!

GESCHENK-TIPP

Die Welt hat sich verändert – die Schule nicht. In diesem Buch prangert Lehrer und Blogger des Jahres Bob Blume zehn Dinge an, die verändert werden müssen, damit die Schule endlich im 21. Jahrhundert ankommt. Denn wir können es uns in einer globalisierten Welt nicht leisten, die wichtigste Ressource, die wir haben, in guter Hoffnung sich selbst zu überlassen. Bob Blume kennt die Probleme an Schulen aus eigener Erfahrung. Er legt die Defizite offen und zeigt Lösungswege auf.

mosaik
www.mosaik-verlag.de

240 Seiten

978-3-442-39396-1
Auch als E-Book erhältlich